GRAMMAIRE

FRANÇAISE

THÉORIQUE ET PRATIQUE.

N°

Chacun de mes exemplaires est numéroté et revêtu de ma griffe.

Les formalités légales ayant été remplies, on poursuivra les contrefacteurs, qui seraient reconnus d'autant plus facilement que les noms des acquéreurs de chaque numéro seront enregistrés.

GRAMMAIRE
FRANÇAISE
THÉORIQUE ET PRATIQUE,

PAR DEMANDES ET PAR RÉPONSES ;

PAR

A. STÉVENIN,

CURÉ DE GUINCOURT (ARDENNES

SECONDE ÉDITION.

Second Volume.

PARIS,

IMPRIMERIE DE P. DUPONT ET LAGUIONIE,
RUE DE GRENELLE-SAINT-HONORÉ, N° 55.

—

1833

LISTE

DES ABRÉVIATIONS EMPLOYÉES DANS CET OUVRAGE.

Ab.	absolu.	F.	féminin.
Ac.	actif.	Fu.	futur.
Adj.	adjectif.	Gén.	général.
Adv.	adverbe.	Impar.	imparfait.
Adv^{le}.	adverbiale.	Impé.	impératif.
Ant.	antécédent.	Imp.	impersonnel.
Antér.	antérieur.	Indéf.	indéfini.
Ar.	article.	Indic.	indicatif.
Aux.	auxiliaire.	Indir.	indirect.
Car.	cardinal.	Infé.	infériorité.
Col.	collectif.	Infi.	infinitif.
Com.	commun.	Interj.	interjection.
Compa.	comparatif.	Inter.	interrogatif.
Comp.	composé.	Ir.	irrégulier.
Cond.	conditionnel.	Loc.	locution.
Conj.	conjonction.	M.	masculin.
Conj^{ve}.	conjonctive.	Neu.	neutre.
Conju.	conjugaison.	N.	nom.
Déf.	défini.	Num.	numéral.
Dém.	démonstratif.	Or.	ordinal.
Dér.	dérivé.	P.-q.	parce que
Dét.	déterminatif.	Parf.	parfait.
Dir.	direct.	Part.	participe.
Ég.	égalité.	Parti.	partitif.

1

Pas.	passé.	Qual.	qualificatif.
P.	passif.	Rég.	régime.
Pers.	personne.	Régu.	régulière.
Pers^el.	personnel.	Rel.	relatif.
Pl.	pluriel.	Sim.	simple.
P.-q.-p.	Plus-que-parfait.	S.	singulier.
Pos.	positif.	Sub.	subjonctif.
Poss.	possessif.	Subs.	substantif.
Pré.	préposition.	Suj.	sujet.
Pré^ve.	prépositive.	Sup^té.	supériorité.
Prés.	présent.	Sup.	superlatif.
Prét.	prétérit.	T.	temps.
Prim.	primitif.	Term^on.	terminaison.
Pro.	pronom.	Term^né.	terminé.
Pro^al.	pronominal.	V.	verbe.
Pr.	propre.		

GRAMMAIRE

FRANÇAISE

THÉORIQUE ET PRATIQUE.

EXERCICES.

PREMIÈRE PARTIE.

LA LECTURE.

CHAPITRE PREMIER.

LES LETTRES.

Nota. Les élèves achèveront les endroits incomplets marqués par plusieurs points.

1. Des caractères qui désignent les sons dont les mots sont composés se nomment... —Les lettres qui, seules, désignent un son achevé se nomment...—Une voyelle que l'on prononce seule et sans la joindre à aucune autre lettre s'appelle... — Deux ou trois voyelles simples qui, jointes ensemble, représentent un son unique, sans le secours d'aucune autre lettre, forment ce qu'on

appelle.... — Une voyelle simple à laquelle on joint un *n* ou un *m* pour lui donner le son nasal, c'est-à-dire pour la faire prononcer du nez, est appelée...

2. La réunion de deux voyelles qui, jointes ensemble, se prononcent d'un seul coup de voix, de manière cependant à faire entendre deux sons à la fois, se nomme... — Une diphtongue qui est formée de deux voyelles simples se nomme...—Une diphtongue qui est formée d'une voyelle simple et d'une voyelle composée s'appelle...—Lorsqu'une diphtongue est formée d'une voyelle simple ou composée et d'une voyelle nasale, elle se nomme...—Les lettres qui, seules, ne désignent pas un son achevé, mais indiquent seulement les différentes modifications qu'on peut faire subir aux sons des voyelles, se nomment...—Une consonne qui, seule, peut modifier le son d'une voyelle, s'appelle... — La réunion de deux consonnes simples, qui sont jointes ensemble pour n'exprimer qu'une seule modification du son d'une voyelle, se nomme...

3. La lettre *a* est une voyelle, parce qu'elle désigne, seule, un son achevé. — La lettre *b* est une consonne, parce que, seule, elle ne désigne pas un son achevé, mais sert seulement à modifier le son d'une voyelle. — *Ai* est une voyelle, parce que ces deux lettres,

jointes ensemble, expriment, seules, un son achevé.—*Ia* est une diphtongue, parce que ces deux lettres sont deux voyelles qui, jointes ensemble, se prononcent d'un seul coup de voix, de manière cependant à faire entendre deux sons à la fois. — *Oin* est une diphtongue, parce que ces trois lettres forment deux voyelles qui, jointes ensemble, se prononcent d'un seul coup de voix, de manière pourtant à faire entendre deux sons en même temps.

4. La lettre *d* est une consonne, parce que... — La lettre *a* est une voyelle, parce que... —*Ei* est une voyelle, parce que... —*X* est une consonne, parce que...—*Ou* est une voyelle, parce que...—*Ia* est une dipthongue, parce que... — *U* est une voyelle, parce que... — *Ieu* est une diphtongue, parce que... —La lettre *o* est une ..., parce que...—La lettre *m* est une..., parce que...—*Io* est une..., parce que... —*Au* est une..., parce que...—*An* est une..., parce que... — *Oin* est une..., parce que...

5. *A* est une voyelle simple, parce que cette lettre se prononce seule et sans la joindre à aucune autre lettre.— *On* est une voyelle nasale, parce que le *n* qui est joint à l'*a* donne à cette dernière lettre le son nasal, c'est-à-

dire la fait prononcer du nez. — *Au* est une voyelle composée, parce que ce sont deux voyelles simples qui, jointes ensemble, représentent un son unique, sans le secours d'aucune autre lettre. — *Ia* est une diphtongue simple, parce que cette diphtongue est composée de deux voyelles simples. — *Oin* est une diphtongue nasale, parce qu'il s'y trouve une voyelle nasale. — *Ieu* est une diphtongue composée, parce que cette diphtongue renferme une voyelle simple et une voyelle composée. — *N* est une consonne simple, parce que cette lettre, seule, modifie un son voyelle. — *Ph* est une consonne composée, parce que ces deux consonnes simples ne désignent qu'une seule modification de la voyelle.

6. *E* est une voyelle simple, parce que ... — *Un* est une voyelle nasale, parce que ... — *Ua* est une diphtongue simple, parce que ... — *Oui* est une diphtongue composée, parce que ... — *Ien* est une diphtongue nasale, parce que ... — *Ch* est une consonne composée, parce que ... — *K* est une consonne simple, parce que ... — *Y*, voyelle simple, parce que ... — *Uin*, diphtongue nasale, parce que ... — *Æ*, voyelle composée, parce que ... — *Ph*, consonne composée, parce que ... — *Iai*, diphtongue composée, parce que ... — *In*, voyelle nasale, parce

que... — *Oi*, diphtongue simple, parce
que... — *Z*, consonne simple, parce
que...

7. *E*, voyelle, parce que...; voyelle simple, parce que... — *Om*, voyelle, parce
que...; voyelle nasale, parce que... —
M, consonne, parce que...; consonne simple, parce que... — *Gn*, consonne, parce
que...; consonne composée, parce que... —
Œu, voyelle, parce que...; voyelle composée, parce que... — *Uin*, diphtongue,
parce que...; diphtongue nasale, parce que
... — *Ia*, diphtongue, parce que...; diphtongue simple, parce que... — *Oue*, diphtongue, parce que...; diphtongue composée,
parce que... — *Y*, voyelle, parce que...;
voyelle simple, parce que... — *Em*,
voyelle, parce que...; voyelle nasale, parce
que...

8. La lettre *e* est une...; simple, parce que
... — La lettre *f* est une..., parce que...;
simple, parce que... — *Ai* est une..., parce que...; composée, parce que... — *On*
est une..., parce que...; nasale, parce
que... — *Io* est une..., parce que..., simple, parce que... — *Ph* est une..., parce
que...; composée, parce que... — *Oin* est
une..., parce que...; nasale..., parce que
... — *Ou* est une..., parce que...; composée, parce que... — *Iau* est une..., parce

que...; composée, parce que.... — *L* est une..., parce que...; simple, parce que ... — Une lettre qui, seule, désigne un son achevé se nomme... —Une lettre qui, seule, ne désigne pas un son achevé, mais qui sert seulement à modifier un son voyelle, se nomme... —Une voyelle à laquelle on joint un *n* ou un *m*, pour la faire prononcer du nez, se nomme... —La réunion de deux ou trois voyelles simples qui, jointes ensemble, représentent un son unique, sans le secours d'aucune autre lettre, se nomme...

CHAPITRE SECOND.

ARTICLE PREMIER.

ARTICULATION DES VOYELLES SIMPLES.

9. (Sur les n°s 32 et 33.) L'*e* qui ne s'articule presque pas, et qui se prononce la bouche presque fermée, se nomme... — A la fin des mots *vie, vue, monde, e* est muet, parce qu'il n'est surmonté d'aucun accent, et qu'il termine le mot. —Dans le corps des mots *re-ve-nir, pape-te-rie, che-mise, e* est muet, parce qu'il n'est surmonté d'aucun accent, et qu'il termine la syllabe. — A la fin des mots les *hommes,* les *roses,* tu *aimes,* vous *dites, e* est muet, parce qu'il n'est surmonté d'aucun accent, qu'il est dans la dernière syllabe du mot, et suivi d'un *s* non-articulé. —Dans les mots ils *aiment,* ils *par-*

lent, ils *finissaient*, ils *furent*, *e* est muet, parce qu'il n'est surmonté d'aucun accent, qu'il est dans la dernière syllabe du mot, et suivi de *nt* non-articulés.

10. (Sur le n° 33.) A la fin des mots *envie*, je *prie*, *revue*, *cohue*, *me*, *le*, *e* est muet, parce que... — Dans le corps des mots *re-te-nue*, *che-ve-lure*, *se-conde-ment*, *e* est muet, parce que... —A la fin des mots les *hommes célèbres*, tu *portes*, vous *faites*, les *belles roses*, *e* est muet, parce que... — A la fin des mots ils *portent*, ils *rendaient*, ils *reçurent*, *e* est muet, parce que... — Dans le corps des mots *ve-nir*, *pe-tit*, *pre-mière-ment*, *e* est muet, parce que... — A la fin des mots *envie*, *sortie*, *tenue*, *e* est muet, parce que... — A la fin des mots les *bonnes mères*, tu *parles*, *e* est muet, parce que...

11. (Sur les n°s 34 et 35.) L'*e* que l'on prononce en ouvrant la bouche un peu plus fort que pour l'*e* muet se nomme... — A la fin des mots *bonté*, *charité*, *aimé*, *e* est fermé et prend un accent aigu, parce qu'il n'est pas muet, et qu'il termine le mot. — Dans les mots *pénétration*, *négligence*, il a *réfléchi*, *e* est fermé et prend un accent aigu, parce qu'il n'est pas muet, et qu'il termine une syllabe suivie d'une syllabe non muette. —Dans les mots *aimer*, *porter*, *danger*, *pre-mier*, l'*e* est fermé, parce qu'il est suivi d'un *r* final non-articulé. — A la fin des mots *assez*, *nez*, vous *aimez*, vous *auriez*, vous *finirez*, l'*e* est fermé, parce qu'il est suivi d'un *z* final non-articulé.

12. (Sur le n° 35.) A la fin des mots *bonté*, *unité*, *pitié*, il a *porté*, *e* est fermé, parce que... — Dans le corps des mots *pénétration*, *réfléchir*, *éléphant*, *e* est fermé et prend un accent aigu, parce que... — A la fin des mots *manger*, *rocher*, *danger*, *premier*, *e* est fermé, parce que... — A la fin des mots *chez*, vous *mangez*, vous *aurez*, vous *finissiez*, l'*e* est fermé, parce que... — Les mots *manger*, *marcher*, *rocher*, *poirier*, *assez*, *nez*, vous *avez*, se prononcent comme s'il y avait : *mangé*, *marché*, *roché*, *poirié*, *assé*, *né*, parce que... — Les mots *atterrer*, *assujettir*, *beccard*, *beffroi*, se prononcent comme s'il y avait : *atté-rrer*, *assu-jé-ttir*, *bé-ccard*, *bé-ffroi*, parce que... — Les mots *clef*, *pied*, *pluriel*, se prononcent comme s'il y avait : *clé*, *pié*, *plurié*, parce que...

13. (Sur les n°ˢ 36 et 37.) L'*e* qui se prononce en ouvrant la bouche un peu plus fort que pour prononcer l'*e* fermé se nomme... — Le premier *e* des mots *même*, *prêtre*, *être*, est ouvert, parce qu'il est surmonté d'un accent circonflexe. — A la fin des mots *procès*, *progrès*, *après*, *e* est ouvert et prend un accent grave, parce qu'il est suivi d'un *s* final qui n'est pas la marque du pluriel. — Dans les mots *père, mère, prière,* ils *allèrent,* le premier *e* est ouvert et prend un accent grave, parce qu'il termine une syllabe suivie d'une syllabe muette.—Dans les mots *sexe, texte, complexe,* le premier *e* est ouvert, parce qu'il est suivi d'un *x.* — Dans le corps des mots *peste, perle, certain, e* est ouvert, parce qu'il est suivi d'une consonne appartenant à la même syllabe.

14. (Sur le nº 37.) A la fin des mots *Jérusalem, amen, hiver,* l'*e* est ouvert, parce qu'il est suivi d'un *m,* d'un *n,* et d'un *r* final articulé.—A la fin des mots *Caleb, sec, Obed, chef, ciel, salep, regret,* l'*e* est ouvert, parce que *e* est ouvert toutes les fois que, à la fin des mots, il est suivi d'une consonne finale articulée ou non, excepté quand il est suivi d'un *r* ou d'un *z* non-articulé.—Le premier *e* des mots *elle, greffe, terre, muette, caresse, ancienne,* est ouvert, parce qu'il est suivi d'un redoublement de consonnes.—Dans les mots *prêtre, carême, chêne,* le premier *e* est ouvert, parce que... —*E* est ouvert à la fin des mots *progrès, succès, exprès,* parce que ....—Dans les mots *frère, prière,* ils *portèrent,* le premier *e* est ouvert, parce que... — Le premier *e* des mots *sexe, texte, convexe,* est ouvert, parce que... — Dans les mots *perte, vergé, modeste,* le premier *e* est ouvert, parce que...— L'*e* est ouvert à la fin de *Bethléem, amen, amer,* parce que...—*E* est ouvert à la fin de *bec, chef, cruel, complet,* parce que:...— Dans les mots *greffe, telle,* je *jette,* le premier *e* est ouvert, parce que...

15. (Sur le n° 37.) Les mots *complexe, prétexte, convexe,* se prononcent comme s'il y avait : *complèxe, prétèxte, convèxe,* parce que... — Les mots *vierge, cierge, peste, certain, modeste,* se prononcent comme s'il y avait : *vièrge, cièrge, pèste, cèrtain, modèste,* parce que... — Les mots *Jérusalem, Sem, amen, dictamen, mer, hiver,* se prononcent comme s'il y avait : *Jérusalème, Sème, amène, dictamène, mère, hivère,* parce que... — Les mots *Caleb, sec, chef, cruel salep, Japhet, verset,* se prononcent comme s'il y avait : *Calèbe, sèque, chèfe, cruèle, salèpe, Japhète, versè,* parce que... — Les mots *elle, telle, greffe, chrétienne, accessible,* je *jette, lettre,* se prononcent comme s'il y avait : *èle, tèle, grèfe, chrétiène, accèssible,* je *jète, lètre,* parce que... — Les mots *Metz, Rodez, Sénez,* se prononcent comme s'il y avait : *Méce, Rhodéce, Sénéce,* parce que... — Les mots tu *es, les, des, mes, tes, ses, ces,* se prononcent comme s'il y avait : tu *è, lè, dè, mè, tè, sè, cè,* parce que...

16. (Sur le n° 38.) Les mots *ardemment, prudemment, conséquemment*, se prononcent comme s'il y avait : *ardament, prudament, conséquament*, parce que.. — Les mots *femme, femmelette, solennel*, se prononcent comme s'il y avait : *fame, famelette, solanel*, parce que... — Dans les adverbes où l'*e* est suivi de deux *m*, il se prononce comme... — Les mots *fréquemment, diligemment*, se prononcent comme s'il y avait : ..., parce que... —*Solenniser, hennir, nenni*, se prononcent comme s'il y avait : ..., parce que...

17. (Sur les n°ˢ 33, 35, 37, et 38.) Dans les mots *envie*, je *prie, morue, revue, monde ne, de*, l'*e* final est..., parce que... —Dans les mots *bonté, vérité*, il a *pénétré*, l'*e* est..., parce que... — A la fin de *danger, marcher, pommier, premier, assez*, vous *aurez*, e est ..., parce que... —Dans le corps des mots *venir, petit, retenue*, l'*e* est..., parce que ... — Au commencement des mots *perle, perte, modestie*, l'*e* est..., parce que... — A la fin des mots les *roses*, vous *faites*, vous *dites*, ils *aiment*, ils *disent*, l'*e* est..., parce que... — Dans les mots *ardemment, confidemment, diligemment*, le premier *e* a le son de..., parce que... —Dans le corps des mots *pierre, pincette, échelle*, e est..., parce que... — Dans les mots *dessus, dessous, ressort, ressaisir*, e est... —Au commencement des mots *essieu, greffer, terreau, terrier, e* est... — Dans les mots *mère, poussière,* ils *portèrent,* le premier *e* est..., parce que...

18. (Sur les n°s 33, 35, 37, et 38.) Les mots *venir, chevelure, retenir, devenir,* se prononcent comme s'il y avait : *ve-nir, che-ve-lure, re-te-nir, de-ve-nir,* parce que... — Les mots *ressort, dessus, ressouder,* se prononcent comme s'il y avait : *re-ssort, de-ssus, re-ssouder,* parce que... — Les mots *rocher, clocher, aimer, poirier, nez, assez,* se prononcent comme s'il y avait : ..., parce que... — Les mots *essieu, effet, effigie, ressusciter,* se prononcent comme s'il y avait : ..., parce que... — *Et, pied, trépied, pluriel, chef-d'œuvre,* se prononcent comme s'il y avait : ..., parce que... — Les mots *Béthléem, amen, hier, mer,* se prononcent comme s'il y avait : ..., parce que... — Les mots *Horeb, bec, bref, Elisabeth, cabinet,* se prononcent comme s'il y avait : ..., parce que...

19. (Sur les n°s 33, 35, 37, et 38.) Les mots *ardemment, prudemment, confidemment,* se prononcent comme s'il y avait : ..., parce que... — *Sexe, convexe, texte,* se prononcent comme s'il y avait : ..., parce que... — Les mots *terre, caresse, muette,* se prononcent comme s'il y avait : ..., parce que... — *Les, des, mes, tes, ses, ces,* se prononcent comme s'il y avait :. . . , parce que. . .—Les mots *Rodez*, *Metz*, *Sénez*, se prononcent comme s'il y avait :. . ., parce que. . .—*Dessus*, *dessous*, *ressaluer*, *ressauter*, se prononcent comme s'il y avait : . . ., parce que. . . —*Revenir*, *papeterie*, *Sedan*, se prononcent comme s'il y avait :. . ., parce que. . .—*Atterrer*, *assujettir*, *beffroi*, *essieu*, *dessécher*, *dessein*, se prononcent comme s'il y avait : . . ., parce que. . .

20. (Sur le n° 40.) Les mots *pays*, *moyen*, *tuyau*, se prononcent comme s'il y avait : *paï-is*, *moi-ien*, *tui-iau*, parce que. . .— Les mots *Andaye*, *Aveyron*, *Bayonne*, se prononcent comme s'il y avait : *Anda-ie*, *Avei-ron*, *Ba-ionne*, parce que. . .—Les mots *mystère*, *style*, *syntaxe*, se prononcent comme s'il y avait : *mistère*, *stile*, *sintaxe*, parce que. . . — Les mots *Yonne*, *Nancy*, *dey*, se prononcent comme s'il y avait : *Ionne*, *Nanci*, *dei*, parce que. . .—Les mots *paysan*, *royaume*, *moyennant*, *essuyer*, *payer*, se prononcent comme s'il y avait : . . ., parce que. . .—Les mots *martyre*, *tyran*, *mystérieux*, *myope*, se prononcent commé s'il y avait : . . ., parce que. . .—*Bayeux*, *Biscaye*, *biscayen*, *Cayenne*, *Ceylan*, se prononcent comme s'il y avait : . . ., parce que. . .—*Yeux*, *Attigny*, *Belley*, *Jersey*, *bey*, se prononcent comme s'il y avait : . . ., parce que. . .

21. (Sur les n°s 41 , 42, et 43.) Les mots *sloop, boobook, boot*, se prononcent comme s'il y avait : *sloupe, boubouke, boute*, parce que dans ces mots les deux *o* se prononcent comme *ou*. — Les mots *duumvir, triumvir, triumvirat*, se prononcent comme s'il y avait : *duomevir, triomevir, triomevirat*, parce que . . .—Les mots *rhum, opium, compendium*, se prononcent comme s'il y avait : *rhome, opiome, compendiome*, parce que. . . — Les mots *poésie, poème, j'obéis, déicide, Isaïe, Moïse, haïr, Esaü*, se prononcent comme s'il y avait : *po-ésie, po-ème, j'ob-éis, dé-icide, Isa-ie, Mo-ise, ha-ir, Esa-u*, parce que. . . — Les mots *pensum, maximum, minimum*, se prononcent comme s'il y avait : . . ., parce que. . .—Les mots *athéisme, Séméi, aïeul, faïence, naïf, Sinaï, Achaïe, Ephraïm, Emmaüs, Saül, Capharnaüm*, se prononcent comme s'il y avait : . . ., parce que. . . — Les mots *Liverpool, kanguroo, boobook*, se prononcent comme s'il y avait : . . ., parce que.

ARTICLE SECOND.

ARTICULATION DES VOYELLES COMPOSÉES.

22. (Sur le n° 44.) Les mots *aide, aigre, maison, salaire, Courtray, attrayant, frayeur*, se prononcent comme s'il y avait : *ède, ègre, mèson, Courtrè, attrè-iant, frè-ieur*, parce que. . .—Les mots *faiseur, faisant, je* *faisais*, je *refaisais*, se prononcent comme s'il y avait : *feseūr*, *fesant*, je *fesais*, je *refesais*, parce que... — J'*ai*, j'*aurai*, je *serai*, j'*allai*, je *montrai*, je *lirai*, se prononcent comme s'il y avait : j'*é*, je *seré*, j'*auré*, j'*allé*, je *montré*, je *liré*, parce que... — Les mots *abbaye*, *bégayer*, *défrayer*, *égayer*, se prononcent comme s'il y avait : *abbé-ie*, *bégué-ier*, *défré-ier*, *égué-ier*, parce que... — Les mots *affaiblir*, *aiguière*, *aiguille*, se prononcent comme s'il y avait : *afféblir*, *éguière*, *éguille*, parce que...

23. (Sur le n° 44.) Dans les mots *faire*; *neuvaine*, *saison*, *baisser*, *Epernay*, la voyelle composée *ai* s'articule comme..., parce que..., et l'on doit prononcer comme s'il y avait :... — Dans les mots *faiseur*, nous *faisons*, *faisant*, je *contrefaisais*, nous *défaisions*, *ai* s'articule comme..., parce que..., et l'on doit prononcer comme s'il y avait :... — Dans j'*ai*, j'*aurai*, je *portai*, je *rendrai*, *ai* s'articule comme..., parce que..., et l'on prononce comme s'il y avait... — Les mots *effrayer*, *pays*, *paysage*, *déblayer*, *regayoir*, se prononcent comme s'il y avait :..., parce que... — Les mots *aiguillon*, *aiguiser*, *aisselle*, *gaieté*, *quai*, se prononcent comme s'il y avait :..., parce que...

24. (Sur le n° 45.) Les mots *baleine*, *peigne*, *reine*, *Aveyron*, *dey*, *grasseyer*, se prononcent comme s'il y avait : *balène*, *pègne*, *rène*, *Avèron*, *dè*, *grasseier*, parce que… — Les mots *heiduque*, *reinaire*, *Ceylan*, se prononcent comme s'il y avait : *héduque*, *rénaire*, *Célan*, parce que… — Les mots *enseigne*, *seigle*, *neige*, *Eymet*, *Belley*, *grasseyeur*, se prononcent comme s'il y avait :…, parce que… — Les mots *Seyssel*, *ceylanite*, *éteignoir*, *peiné*, *seizain*, se prononcent comme s'il y avait :…, parce que… — Les mots *enseignement*, *veine*, *peigner*, *Jersey*, *bey*, *dey*, se prononcent comme s'il y avait :…, parce que… — Dans les mots *heiduque*, *reinaire*, *Ceylan*, la voyelle composée *ei* se prononce comme…, et l'on doit prononcer comme s'il y avait :…

25. (Sur les nᵒˢ 46 et 47.) Les mots *ægilops*, *ægiphile*, *et-cætera*, se prononcent comme s'il y avait : *égilops*, *égiphile*, *et-cétéra*, parce que… — Les mots *œcuménique*, *cœcale*, *œdème*, se prononcent comme s'il y avait : *écuménique*, *cécale*, *édème*, parce que… — Dans les mots *œil*, *œillet*, *œilleton*, la voyelle composée *œ* s'articule comme…, parce que …, et l'on prononce comme s'il y avait : *e-li-e*, *e-liet*, *e-li-eton*. — Les mots *Ænéis*, *nymphæa*, *Palæmon*, se prononcent comme s'il y avait :…, parce que… — Les mots *œcuménicité*, *œnomètre*, *OEdipe*, *cœcum*, se prononcent comme s'il y avait :…, parce que… — Dans les mots *œillade*, *œillet*, *œil*, *œ* s'articule comme....., parce que....., et l'on doit prononcer comme s'il y avait : *e-liade, e-liet, e-li-e.*

26. (Sur les n°s 48 et 50.) Les mots *auteur, mauvais, cause, pauvre,* se prononcent comme s'il y avait : *ôteur, môvais, côse, pôvre,* parce que... — Les mots *œuf, bœuf,* se prononcent comme s'il y avait : *e-fe, be-fe,* parce que. .. — Les mots *œuvre, cœur, manœuvre,* se prononcent comme s'il y avait : *euvre, keur, maneuvre,* parce que.... — Les mots *baudet, laurier, autel, tableau, saut,* se prononcent comme s'il y avait :...., parce que... — Les mots des *œufs,* des *bœufs, vœu,* se prononcent comme s'il y avait :....., parce que.... — Les mots *chœur, désœuvrement, nœud,* se prononcent comme s'il y avait :...., parce que...

ARTICLE TROISIÈME.

ARTICULATION DES VOYELLES NASALES.

27. Les mots *ambition, camphre, Champagne,* se prononcent comme s'il y avait : *anbition, canphre, Chanpagne,* parce que.... — Les mots *sentir, sentiment, entendre, tempéte, empire,* se prononcent comme s'il y avait *santir, santimant, antandre, tanpéte, anpire,* parce que... — Les mots *ancien, soutien, moyen, européen,* se prononcent comme s'il y avait : *anciin, soutiin,* *moyin*, *européin*, parce que ... — Dans les mots *Agen*, *appendice*, *examen*, *Éden*, la voyelle nasale *en* s'articule comme..., et l'on doit prononcer comme s'il y avait : ... Dans les mots *sempiternel*, *Nuremberg*, *em* s'articule comme..., et il faut prononcer comme s'il y avait : ... — Les mots *impôt*, *simple*, *symbole*, *faim*, se prononcent comme s'il y avait : *inpôt*, *sinple*, *synbole*, *fain*, parce que... — Les mots *ombre*, *trompeur*, *sombre*, se prononcent comme s'il y avait : *onbre*, *tronpeur*, *sonbre*, parce que... — Les mots *humble*, *parfum*, se prononcent comme s'il y avait : *hunble*, *parfun*, parce que... — Les mots *Dunbar*, *Funchal*, *punch*, *fungus*, se prononcent comme s'il y avait : *Donbar*, *Fonchal*, *ponche*, *fongus*, parce que dans ces mots *un* s'articule comme... — *Dumbarton*, *umbilic*, se prononcent comme s'il y avait : *Donbarton*, *onbilic*, parce que...

28. Les mots *Adam*, *ample*, *crampe*, se prononcent comme s'il y avait :..., parce que ... — *Encore*, *enfer*, *sentence*, *rempart*, *temple*, se prononcent comme s'il y avait : ..., parce que... — Les mots *bien*, *bientôt*, *entretien*, *moyen*, *doyen*, *galiléen*, *européen*, se prononcent comme s'il y avait :..., parce que ... — *Benjamin*, *Mentor*, *Bengale*, *Bender*, *spencer*, se prononcent comme s'il y avait :..., parce que ... — *Lemberg*,

Wurtemberg, Gothembourg, se prononcent comme s'il y avait :..., parce que...—*Simple, imposer, Olympe*, se prononcent comme s'il y avait :..., parce que... — *Tombeau, tromper, trompette*, se prononcent comme s'il y avait :..., parce que...—*Humblement, parfum*, se prononcent comme s'il y avait :..., parce que... — *Unguis, unzaine*, le *Sund, unciforme, nuncupatif*, se prononcent comme s'il y avait :... parce que... — *Dumfries, lumbago, Dumbarton, umbilic*, se prononcent comme s'il y avait :..., parce que...

ARTICLE QUATRIÈME.

ARTICULATION DES DIPHTONGUES.

29. On articule les diphtongues en :... — Les mots *poéle, moelle, foi, toile*, se prononcent comme s'il y avait : *pou-ale, mou-ale, fou-a, tou-ale*, parce que les diphtongues *oe* et *oi* se prononcent comme *ou-a*. — Les mots *équateur, Guadeloupe, quadrupède*, se prononcent comme s'il y avait : *équateur, Gouadeloupe, qouadrupède*, parce que la diphtongue *ua* se prononce aussi comme *oua*.—Les mots *couenne, couenneux*, se prononcent *cou-anne, cou-anneux*, parce que dans ces mots *oue* se prononcent comme *ou-a*. Les mots *soin, besoin, moindre*, se prononcent comme s'il y avait : *sou-in, besou-in, mou-indre*, parce que la diphtongue *oin* se prononce *ou-in*.

30. Les mots *moelleux, moellon, poêlée, coeffe, coeffer,* se prononcent comme s'il y avait:..., parce que.... — *Moine, moineau, loi, emploi, soigner, proie, choix,* se prononcent comme s'il y avait :...., parce que.... — *Loquacité, équation, quadruple, alguazil,* se prononcent comme s'il y avait :...., parce que.... — *Couenne, couenneux,* se prononcent comme s'il y avait :...., parce que.... — Les mots *point, foin, lointain, moins, joindre,* se prononcent comme s'il y avait:...., parce que... — *Quarto, quaterne,* se prononcent comme s'il y avait :... parce que....

ARTICLE CINQUIÈME.

VOYELLES NON-ARTICULÉES.

31. (Sur le n° 59.) Les mots *pain, main, saint, faim, daim,* se prononcent comme s'il y avait : *pin, min, sint, fim, dim,* parce que la voyelle *a* ne s'articule jamais quand elle est suivie immédiatement des voyelles nasales *in* ou *im.* — Les mots *août, aoriste,* se prononcent comme s'il y avait *oût, oriste,* parce que l'*a* ne s'articule pas dans ces mots. — Les mots *Ain, airain, ainsi, certain, craindre, humain,* se prononcent comme s'il y avait : ..., parce que... — Les mots *août, aoûteron, curaçao, Saône,* se prononcent comme s'il y avait :..., parce que... — *Faouet, taon, saoul, dessaouler,* se prononcent comme s'il y avait :...., parce que... — *De-*

main, dédain, faim, grain, parrain, Paimpol, train, se prononcent comme s'il y avait :...., parce que...

32. (Sur le n° 60.) Les mots *mangeant, geôlier, gageure,* se prononcent comme s'il y avait : *manjant, jôlier, gajure,* parce que la voyelle *e* ne s'articule pas dans les mots où elle est précédée d'un *g* articulé comme *j,* et qu'elle est suivie d'un *a,* d'un *o* ou d'un *u.* — Les mots *j'eus,* nous *eûmes,* il a *eu,* se prononcent comme s'il y avait : j'*us,* nous *ûmes,* il a *u,* parce que l'*e* ne s'articule pas dans les temps du verbe *avoir* où il est suivi d'un *u.* —Le mot *Caen* se prononce *Can,* parce que l'*e* ne s'articule pas dans ce mot. Les mots *ceinture, dessein, beau, couteau,* se prononcent comme s'il y avait : *cinture, dessin, bau, coutau,* parce que l'*e* ne s'articule pas dans les mots où il est suivi de la voyelle nasale *in* ou de la voyelle composée *au.*—Les mots *armée, année, soirée, Énée, Pompée,* se prononcent comme s'il y avait : *armé, anné, soiré, Ené, Pompé,* parce que l'*e* ne s'articule pas à la fin des mots où il est précédé d'un *e* fermé.—Les mots *plaie, taie, joie, soie,* se prononcent comme s'il y avait : *plai, tai, joi, soi,* parce que l'*e* ne s'articule pas à la fin des mots où il est précédé des voyelles *ai* et *oi.*

33. (Sur le n° 60.) Les mots *mangeable,*

il *changea, geôlier, Georges, chargeure, man-geure,* se prononcent comme s'il y avait..., parce que....—Tu *eus ;* il *eut,* vous *eûtes,* il a *eu,* se prononcent comme s'il y avait :..., parce que...—Les mots *frein, seing, teinture, agneau, rideau, Beaune, Beauvais,* se pro-noncent comme s'il y avait :..., parce que...—Les mots *journée, hottée, Orphée,* il *crée,* se prononcent comme s'il y avait:..., parce que...—Les mots *haie, plaie, voie, proie,* se prononcent comme s'il y avait :..., parce que...— Les mots *geôlière, geôlage,* il *jugea,* il *partagea, dégrugeure, égrugeure,* se prononcent comme s'il y avait:..., parce que...

34. (Sur les n°s 61 et 62.) Les mots *poignée, poignet,* se prononcent comme s'il y avait *pognée, pognet,* parce que l'*i* ne se pro-nonce pas dans ces mots. — *Oignon, poignard, poignarder,* se prononcent comme s'il y avait:..., parceque...—Les mots *Craon, Craonne, paon,* se prononcent comme s'il y avait : *Cran, Cranne, pan,* parce que dans ces mots l'*o* ne s'articule pas. — Les mots *paonne, faon, faonner, Laon,* se prononcent comme s'il y avait:..., parce que...—*Poignet, poignée, poignard,* se prononcent comme s'il y avait:..., parce que...; ces mots se pronon-cent aussi comme s'il y avait:...

35. (Sur le n° 63.) Les mots *aiguade, ai-guière,* se prononcent comme s'il y avait : *ai-*

gue-ade, *aigue-ière*, parce que la voyelle *u* ne s'articule pas quand elle forme avec *g* le son *gue*.—Les mots *Guise, aiguille, aiguiser, inextinguible*, se prononcent comme s'il y avait : *Gu-ise, aigu-ille, aigu-iser, inextingu-ible*, parce que dans ces mots l'*u* ne s'articule pas et forme diphtongue avec la voyelle suivante.—Les mots *qualité, quelque, quoi*, se prononcent comme s'il y avait : *kalité, kelke, koi*, parce que l'*u* ne s'articule pas après la lettre *q*. Les mots *loquacité, équateur, quadrupède, équestre, questeur*, se prononcent comme s'il y avait : *loqou-acité, éqou-ateur, qou-adrupède, équ-estre, qu-esteur*, parce que l'*u* forme diphtongue avec la voyelle suivante.

36. (Sur le n° 63.) Les mots *Guadeloupe, alguazil, aiguë, ciguë, bisaiguë aiguillon, aiguisement, exiguité, ambiguité*, se prononcent comme s'il y avait:..., parce que...Les mots *quantité, quolibet, quille, quinquina*, se prononcent comme s'il y avait:..., parce que —Les mots *adéquat, quanquam, quinquagénaire, questure, équitation, Quirinal, Quintilien*, se prononcent comme s'il y avait :..., parce que... —Les mots *contiguë, aiguillade, onguiculé, sanguisorbe*, se prononcent comme s'il y avait:..., parce que...—Les mots *loquèle, équestre, Quinquagésime*, se prononcent comme s'il y avait:..., parce que...

ARTICLE SIXIÈME.

ARTICULATION DES CONSONNES.

37. (Sur le nº 65.) Les mots *cacao, coco, culte, sac, conclusion,* se prononcent comme s'il y avait : *kakao, koko, kulte, sak, konklusion,* parce que la consonne *c,* si elle n'a pas de cédille souscrite, s'articule comme *k* quand elle est immédiatement suivie d'un *a,* d'un *o* ou d'un *u,* ou lorsqu'elle est à la fin des mots ou devant une consonne. — Les mots *français, garçon, conçu, ceinture, ciel,* se prononcent comme s'il y avait : *fransais, garson, consu, seinture, siel,* parce que le *c* s'articule comme *s,* lorsqu'il a une cédille souscrite ou qu'il est immédiatement suivi d'un *e,* d'un *i,* ou d'un *y.* — Les mots *second, seconder, seconde,* se prononcent comme s'il y avait : *segond, segonder, segonde,* parce que dans ces mots le *c* s'articule comme *g.*

38. (Sur le nº 65.) Les mots *cabaret, carcan, cocarde, cuivre, roc, crocodile, clarté, réclamer,* se prononcent comme s'il y avait : … parce que… — Les mots *garçon, rançon, façade, reçu,* se prononcent comme s'il y avait : …, parce que… — Les mots *enceinte, ceci, cécité, scie, cerceau,* se prononcent comme s'il y avait : …, parce que… — Les mots *second, seconde, secondement, seconder,* se prononcent comme s'il y avait : ..., parce que ... —Les mots *sac*, *bec*, *pic*, se prononcent comme s'il y avait : ..., parce que ...

39. (Sur le n° 68.) Les mots *rouge*, *rougir*, *gymnase*, se prononcent comme s'il y avait : *rouje*, *roujir*, *jymnase*, parce que le *g* s'articule comme *j*, lorsqu'il est suivi d'un *e*, d'un *i* ou d'un *y*.—Les mots *gangrène*, *gangrené*, se *gangrener*, se prononcent comme s'il y avait : *kangrène*, *kangrené*, se *kangrener*, parce que dans ces mots le *g* s'articule comme *k*.—Le mot *bourg* se prononce quelquefois comme s'il y avait *bourk*, parce que dans ce mot le *g* est articulé comme *k*.—Les mots *manger*, *genre*, *girafe*, *agir*, *gymnique*, se prononcent comme s'il y avait : ..., parce que ...—*Gangrène*, *gangrené*, se *gangrener*, se prononcent comme s'il y avait : ... parce que ... — *Bourg* se prononce quelquefois comme s'il y avait : ..., parce que ...,— Le mot *toug* se prononce aussi *touke*, parce que ...—*Reggio* se prononce comme s'il y avait : *Redgio*, parce que ...

40. (Sur les n°ˢ 69 et 70.) Le *h* qui fait prononcer avec aspiration, avec effort du gosier la voyelle suivante se nomme ...—Lorsque le *h* ne s'articule pas, il se nomme ...—Dans les mots *le hameau*, *le héros*, *le hibou*, *la honte*, *la hotte*, le *h* est aspiré, parce que ...—Dans les mots *l'homme*, *l'honneur*, *l'histoire,* que l'on prononce comme s'il y avait : *l'omme, l'onneur, l'istoire,* le *h* est. . ., parce que. . . — Dans les mots *les harengs, les haricots, les haines, les hurlemens, éhonté, enhardir,* le *h* est. . ., parce que. . .

41. (Sur le n° 74.) Les mots *ail, bail, soleil, cerfeuil,* se prononcent comme s'il y avait : *ali-e, bali-e, soleli-e, cerfeuli-e,* parce que si *l* simple à la fin des mots est précédé d'un *i,* cet *i* ne s'articule pas et *l* se prononce comme *li-e.* — Les mots *bataille, funérailles, détailler, travailler, meilleur,* se prononcent comme s'il y avait : *batali-e, funérali-e, détali-er, travali-er, meli-eur,* parce que quand *l* redoublé à la fin ou dans le corps des mots est précédé d'un *i,* cet *i* ne s'articule pas et *ll* se prononce comme *li-e.* — Lorsque *l* ou *ll* se prononce comme *li-e,* il se nomme. . .—Les mots *civil, exil, Brésil, bissextil,* se prononcent comme s'il y avait : *civile, exile, Brésile, bissextile,* parce que dans ces mots *l* n'est pas mouillé et conserve sa prononciation ordinaire. — Les mots *Achille, distillerie, Lille, mille,* se prononcent comme s'il y avait : *Achile, distilerie, Lile, mile,* parce que dans ces mots *ll* conserve sa prononciation ordinaire et n'est pas mouillé.

42. (Sur le n° 74.) Les mots *bétail, bercail, camail, soupirail, éventail, portail,* se prononcent comme s'il y avait :…, parce que… — Les mots *paille, muraille, abeille, grenouille,* se prononcent comme s'il y avait : …, parce que… — *Appareil, éveil, sommeil, vieil,* se prononcent comme s'il y avait : …, parce que… —*Bouvreuil, deuil, chevreuil, péril, avril,* se prononcent comme s'il y avait : … parce que… —*Ailleurs, souillure, brouillard, fusilier, pointiller, piller,* se prononcent comme s'il y avait : …, parce que… — *Puéril, volatil, fil, poil, viril,* se prononcent comme sil y avait : …, parce que… — *Capillaire, millimètre, cavillation, ville, distiller, vaciller,* se prononcent comme s'il y avait :…, parce que… — Les mots *soleil, vermeil, détail, émail, orgueil,* se prononcent comme s'il y avait :…, parce que… —Les mots *bouteille, patrouille, fouiller,* se prononcent comme s'il y avait : …, parce que… — *Mil, fil, subtil, pusillanime,* se prononcent comme s'il y avait : …, parce que…

43. (Sur le nº 80.) Les mots *usage, rose, prison, usure,* se prononcent comme s'il y avait : *uzage, roze, prizon, uzure,* parce que la consonne *s* s'articule comme *z* lorsqu'elle est entre deux voyelles. — Les mots *transiger, transaction, transition,* se prononcent comme s'il y avait : *tranziger, tranzaction, tranzition,* parce que dans ces mots *s* s'articule comme *z*, quoiqu'il ne soit pas

entre deux voyelles. — Les mots *parasol,
entresol, désuétude*, se prononcent comme
s'il y avait : *paraçol, entreçol, déçuétude*,
parce que dans ces mots *s* conserve sa prononciation ordinaire, quoiqu'il soit placé
entre deux voyelles. Les mots *poison, rosier,
cuisine, trésor, mesure*, se prononcent
comme s'il y avait :..., parce que... —
*Résonner, tournesol, vraisemblable, mo-
nosyllabe, présupposer*, se prononcent
comme s'il y avait:..., parce que... —
Transitoire, transitif, balsamier, balsamine,
se prononcent comme s'il y avait:... parce
que... — *Préséance, polysyllabe, désudation, resaluer*, se prononcent comme s'il y
avait :..., parce que...—Les mots *shako,
shérif, shire, Candish*, se prononcent comme
s'il y avait : *chako, chérif, chire, Candiche*,
parce que...

44. (Sur le n° 81.) Les mots *action, dévotion, partiel, patience, démocratie*, se
prononcent comme s'il y avait : *ac-sion,
dévo-sion, par-siel, pa-sience, démocra-sie*,
parce que le *t* s'articule comme *s*, lorsqu'il s'unit avec *i* pour former une syllabe,
et que l'*i* est suivi d'une autre voyelle. —
Les mots *question, mixtion*, se prononcent
comme s'il y avait: *ques-tion, mix-tion*, parce que dans tous les mots où le *t* est précédé
d'un *s* ou d'un *x* il conserve sa prononciation ordinaire, quoiqu'il s'unisse avec *i* pour

former une syllabe, et que l'*i* soit suivi d'une autre voyelle.—Les mots *portier*, *entière*, se prononcent comme s'il y avait: *por-tier*, *en-tiè-re*, parce que dans tous les mots terminés en *tier* et en *tière* le *t* conserve sa prononciation ordinaire, quoique. . .—Nous *portions*, vous *étiez*, se prononcent comme s'il y avait: nous *por-tions*, vous *é-tiez*, parce que dans les mots terminés en *tions* et en *tiez*, lorsqu'ils sont précédés de *nous*, *vous*, le *t* conserve sa prononciation ordinaire, quoique . . .— Les mots *initier*, *balbutier*, nous *balbutions*, vous *initiez*, se prononcent comme s'il y avait : *ini-sier*, *balbu-sier*, nous *balbu-sions*, vous *balbu-siez*, parce que dans ces mots le *t* s'articule comme *s*. — Les mots *sortie*, *avertie*, *bâtie*, se prononcent comme s'il y avait : *sor-tie*, *aver-tie*, *bâ-tie*, parce que le *t* conserve sa prononciation ordinaire dans tous les participes passés qui sont terminés en *tie*. —Les mots *septième*, *huitième*, *centiare*, se prononcent comme s'il y avait : *sep-tième*, *hui-tième*, *cen-tiare*, parce que dans ces mots *t* conserve sa prononciation ordinaire.

45. (Sur le n° 81.) Les mots *portion*, *mention*, *partialité*, *pestilentiel*, *patience*, *diplomatie*, se prononcent comme s'il y avait : . . ., parce que. . . — Les mots *indigestion*, *suggestion*, *mixtion*, se prononcent comme s'il y avait: . . ., parce que. . .—Dans les mots *portier, entier, tabatière, entière*, le *t* conserve sa prononciation ordinaire, parce que… — Dans nous *étions*, nous *partions*, vous *sortiez*, le *t* conserve sa prononciation ordinaire, parce que… — Dans les mots *avertie, bâtie*, le *t* conserve sa prononciation ordinaire, parce que… — Dans les mots *trentième, garantie, soutien, amitié*, le *t* conserve sa prononciation ordinaire, parce que… — Les mots *position, satiété, partiel*, se prononcent comme s'il y avait : …, parce que… — Les mots *étiologie, sitiologie*, je *châtie, antienne*, se prononcent comme s'il y avait :…, parce que… — *Balbutier, initier*, vous *balbutiez*, se prononcent comme s'il y avait :…, parce que…

46. (Sur le n° 82.) Les mots *Wilna, Wolga, Wurtemberg, landwer*, se prononcent comme s'il y avait : *Vilna, Volga, Vurtemberg, landver*, parce que le double *w* se prononce ordinairement comme le *v* simple. — Les mots *Wallon, Watigny, Wahabis, wiski*, se prononcent comme s'il y avait : *Ouallon, Ouatigny, Ouahabis, ouisky*, parce que dans ces mots le double *w* se prononce comme *ou*. — Les mots *Newton, Newcastle, New-York, Cowper*, se prononcent comme s'il y avait : *Neuton, Neucastle, Neu-York, Couper*, parce que le double *w* équivaut à un *u*, lorsqu'il finit la syllabe. — Les mots *Azow, Augustow*, se prononcent comme s'il y avait : *Azove*, *Augustove*, parce que dans ces mots le double *w* se prononce comme le *v* simple, quoiqu'il finisse la syllabe.

47. (Sur le n° 82.) Les mots *Westphalie*, *Norwège*, *Wurtzbourg*, se prononcent comme s'il y avait : ..., parce que... — Les mots *Wavignies*, *Wailly*, *Longwy*, *Worms*, se prononcent comme s'il y avait :..., parce que... —Les mots *newtonien*, *New-Jersey*, *Brisgaw*, *Galloway*, se prononcent comme s'il y avait : ..., parce que ... — *Azow*, *Augustow*, se prononcent comme s'il y avait : ..., parce que ... — *Wilna*, *Wurtemberg*, *Wolga*, *wolfram*, *landwer*, *Westphalie*, se prononcent comme s'il y avait : ..., parce que...., — *Waterloo*, *wisky*, *wigh*, *Walcourt*, *wisk*, se prononcent comme s'il y avait : ..., parce que ... — *New-London*, *Newkent*, *Newborow*, *Moscow*, *Kaniow*, *Breslaw*, *Mittaw*, se prononcent comme s'il y avait :..., parce que...

48. (Sur le n° 83.) Les mots *Félix*, *index*, *sexe*, *fixe*, *axe*, se prononcent comme s'il y avait: *Félikse*, *indekse*, *sekse*, *fikse*, *akse*, parce que la consonne *x* s'articule ordinairement comme *ks*. — Les mots *Aix*, *Auxerre*, *Bruxelles*, *dix*, se prononcent comme s'il y avait : *Ai-se*, *Au-serre*, *Bru-selles*, *di-se*, parce que dans ces mots *x* s'articule comme *s*. — Les mots *deuxième*, *deuxièmement*, *dix-neuf*, se prononcent comme s'il y avait: *deuzième*, *deuzième-ment*, *diz-neuf*, parce que dans ces mots *x* s'articule comme *z*. — Les mots *Xénophon*, *Xavier*, *Xerxès*, *examen*, *exil*, se prononcent comme s'il y avait: *Gzénophon*, *Gzavier*, *Gzerxès*, *egzamen*, *egzil*, parce que *x* se prononce comme *gz* lorsqu'il est au commencement d'un mot ou qu'il est précédé d'un *e* et suivi d'une voyelle ou d'un *h* muet. — Les mots *excès*, *exciter*, se prononcent comme s'il y avait: *ekcès*, *ekciter*, parce que *x* s'articule comme *k*, lorsqu'il est suivi d'un *c* articulé comme *s*.

49. (Sur le n° 83.) Les mots *Astyanax*, *sphynx*, *fixe*, *luxé*, se prononcent comme s'il y avait: ..., parce que... — Les mots *Aix-la-Chapelle*, *Auxerrois*, *Auxerre*, *Cadix*, se prononcent comme s'il y avait: ..., parce que ... — Les mots *sixième*, *dixième*, *dix-huit*, *dix-neuf*, se prononcent comme s'il y avait: ..., parce que... — *Xantippe*, *xanthium*, *exemple*, *exiler*, *exhorter*, se prononcent comme s'il y avait: ..., parce que... — *Storax*, *phénix*, *Pollux*, *sexe*, *luxure*, *exclusion*, *élixir*, se prononcent comme s'il y avait:..., parce que... — *Auxois*, *Luxeuil*, *six*, *soixante*, *soixantaine*, se prononcent comme s'il y avait:..., parce que... — *Deuxième*, *sixain*, *dixième*, *dix-huit*, se prononcent comme s'il y avait : ..., parce que... — Les mots *Xerxès, exister, exhausser, exhumer*, se prononcent comme s'il y avait : ..., parce que...

50. (Sur les nᵒˢ 84 et 85.) Les mots *Metz, Rodez, Badajoz*, se prononcent comme s'il y avait : *Mèce, Rodèce, Badajoce*, parce que à la fin de ces mots le *z* s'articule comme *s*. — Les mots *mezzanine, mezzo-terminé, mezzo-tinto*, se prononcent comme s'il y avait : *medzanine, medzoterminé, medzo-tinto*, parce que dans ces mots le premier *z* s'articule comme *d*. — Les mots *Hénoch, Baruch, Lamech, Munich*, se prononcent comme s'il y avait : *Hénok, Baruk, Munik*, parce que... — Les mots *chrétien, chrême, technique*, se prononcent comme s'il y avait : *krétien, krême, teknique*, parce que.... — Les mots *Antiochus, archonte, Chaldée, Eucharistie*, se prononcent comme s'il y avait : *Antiokus, arkonte, Kaldée, Eukaristie*, parce que.... — Le mot *drachme* se prononce comme s'il y avait : *dragme*, parce que...

51. (Sur les nᵒˢ 84 et 85.) Les mots *Sénez, Suez, Coblentz*, se prononcent comme s'il y avait : ..., parce que... — Les mots *mezzanine, mezzo-terminé, mezzo-tinto*, se prononcent comme s'il y avait : ..., parce que... — Les mots *Roch, sidrach, Amélech, endrach*, se prononcent comme s'il y avait : ...., parce que.... — Les mots *Auch, punch, kirsch,* se prononcent comme s'il y avait : *Auche, punche, kirsche,* parce que... — Les mots *polytechnique, chronologie, anachronisme,* se prononcent comme s'il y avait : ...., parce que.... — Les mots *orchestre, Machabées, anachorète, catéchumène, Michel-Ange,* se prononcent comme s'il y avait :...., parce que .... — Le mot *drachme* se prononce : ...., parce que... — *Achaïe, chaldéen, chorus, chaos, Achéloüs, chorobate, Jéricho,* se prononcent comme s'il y avait :..., parce que... — *Melchisédech, Terpsichore, Nabuchodonosor, dichorée,* se prononcent :...,parce que....

52. (Sur les nᵒˢ 86 et 87.) Les mots *philosophe, phosphore, phrase, Joseph,* se prononcent comme s'il y avait : *filosofe, fosfore, frase, Josef,* parce que la consonne composée *ph* s'articule toujours comme *f.* — Les mots *magnificat, stagnant, agnus,* se prononcent comme s'il y avait : *mag-nificat, stag-nant, ag-nus,* parce que dans ces mots la consonne composée *gn* s'articule comme les deux consonnes séparées *g-n.* — Les mots *philosophie, Pharaon, métamorphose, Phrygie,* se prononcent comme s'il y avait :..., parce que... — *Agnat, cognatique, ignicole, stagnation, diagnostique,* se prononcent comme s'il y avait :......, parce que.... — *Cognition, stagnante, inex-*

pugnable, *syngnathe*, se prononcent : ...,
parce que... — *Agnat*, *agnus*, *pathogno-*
monique, *igname*, *stégnotique*, *magnolier*,
se prononcent : ..., parce que...

ARTICLE SEPTIÈME.

CONSONNES NON-ARTICULÉES.

55. (Sur les nᵒˢ 89 et 90.) Les mots *plomb*,
aplomb, se prononcent comme s'il y avait :
plom, *aplom*, sans *b*, parce que dans ces
mots le *b* ne s'articule pas. — Les mots *ab-*
baye, *sabbat*, se prononcent comme s'il y
avait : *abaye*, *sabat*, avec un seul *b*, parce
que lorsqu'il y a deux *b* de suite dans le
même mot, on n'en articule qu'un. — Les
mots *accroc*, *blanc*, *clerc*, *jonc*, se prononcent comme s'il y avait : *accro*, *blan*, *cler*,
jon, sans *c*, parce que le *c* ne s'articule pas
à la fin de ces mots. — Les mots *Lucques*,
bifteck, se prononcent comme s'il y avait :
Luques, *biftek*, sans *c*, parce que le *c* ne
s'articule pas lorsqu'il est suivi d'un *q* ou
d'un *k*.—Les mots *accabler*, *accord*, *accu-*
ser, se prononcent comme s'il y avait : *aca-*
bler, *acord*, *acuser*, avec un seul *c*, parce
que dans les mots où le *c* est redoublé on
n'en articule ordinairement qu'un. — Les
mots *Bacchus*, *impeccable*, se prononcent
comme s'il y avait : *Bak-chus*, *impek-cable*,
parce que dans ces mots les deux *c* s'articulent.—Les mots *accès*, *accident*, se pronon-

cent comme s'il y avait: *ak-cès*, *ak-cident*, parce que les deux *c* s'articulent dans les mots où le second *c* est suivi d'un *e* ou d'un *i*.

54. (Sur les n°s 89 et 90.) Les mots *plomb*, *tire-plomb*, se prononcent comme s'il y avait: ..., parce que... — Les mots *abbé*, *abbesse*: *sabbatine*, *rabbin*, se prononcent comme s'il y avait: ..., parce que... — Les mots *banc*, *franc*, *estomac*, *instinct*, *je vaincs*, se prononcent comme s'il y avait: ..., parce que... — Les mots *acquérir*, *acquit*, *Bellocq*, *Danemarck*, *jockey*, se prononcent comme s'il y avait:..., parce que... — *Accablement*, *accorder*, *accusation*, se prononcent comme s'il y avait:..., parce que... — *Impeccable*, *peccavi*, *occase*, se prononcent comme s'il y avait:..., parce que... — *Accessible*, *occident*, se prononcent comme s'il y avait:..., parce que... — *Abbeville*, *abbatial*, se prononcent comme s'il y avait: ..., parce que... — *Accapareur*, *accommodement*, *accourir*, *accueil*, se prononcent comme s'il y avait:..., parce que... — *Acquisition*, *Necker*, se prononcent comme s'il y avait:..., parce que... — *Peccadille*, *saccharoïde*, se prononcent comme s'il y avait:..., parce que...

55. (Sur les n°s 91 et 92.) Les mots *bord*, *accord*, *égard*, *nid*, se prononcent comme

S'il y avait: *bor, accor, égar, ni,* sans *d,* parce que le *d* ne s'articule pas ordinairement à la fin des mots.—Les mots *David, Galaad, sud,* se prononcent comme s'il y avait : *Davide, Galaade, sude,* parce que le *d* s'articule à la fin de ces mots.—Les mots *addition, ad-ditionner, additionnel,* se prononcent comme s'il y avait: *adition, aditionner, aditionnel,* avec un seul *d,* parce que lorsqu'il y a un redoublement de *d,* on n'en articule qu'un. —Les mots *adducteur, reddition,* se prononcent comme s'il y avait: *ad-ducteur, red-di-tion,* parce que dans ces mots les deux *d* s'articulent. — Les mots *clef, cerf-volant, chef-d'œuvre,* des *nerfs,* des *œufs,* se prononcent comme s'il y avait: *clé, cer-volant, ché-d'œuvre,* des *ners,* des *œus,* sans *f,* parce que dans ces mots la consonne *f* ne s'articule pas.—Les mots *afficher, affaire, affable,* se prononcent comme s'il y avait: *aficher, afaire, afable,* avec un seul *f,* parce que lorsqu'il y a un redoublement de *f,* on n'en articule qu'un.

56. (Sur les n°ˢ 91 et 92.) Les mots *alle-mand, bavard, blond, chaud, égard, fard, nord, sourd, pied, poids,* se prononcent comme s'il y avait :...., parce que... — Les mots *David, Nemrod, Arphaxad, Galaad,* se prononcent comme s'il y avait:...., parce que... — Les mots *clef,* des *bœufs,* des *œufs, Neuf-Brisach,* se prononcent comme s'il y

avait:..., parce que...—Les mots *affamé, affermir, affirmer, effet, effacer, greffier, offense,* se prononcent comme s'il y avait:..., parce que...—Les mots *abord, brouillard, brigand, canard, crapaud, fard, laid, lard, Madrid, nigaud, plafond, retard,* se prononcent comme s'il y avait:..., parce que...—Les mots *Gad, Aod, David,* se prononcent comme s'il y avait:..., parce que...—Les mots *cerf-volant, chef-d'œuvre,* des *œufs,* des *bœufs,* le *bœuf gras,* un *œuf frais,* se prononcent comme s'il y avait:..., parce que...— Les mots *difficile, différence, souffler, souffrir, taffetas, étoffe,* se prononcent comme s'il y avait:..., parce que...

57. (Sur les n°s 93 et 94.) Les mots *Edimbourg, Luxembourg, faubourg, étang, long,* se prononcent comme s'il y avait : *Edimbour, Luxembour, faubour, étan, lon,* sans *g,* parce que...—Les mots *flâgneur, doigt, vingt, signet,* se prononcent comme s'il y avait : *flâneur, doit, vint, sinet,* sans-*g,* parce que... — Les mots *agglomération, aggravant,* se prononcent comme s'il y avait : *aglomération, agravant,* avec un seul *g,* parce que...—Les mots *suggestion, suggérer, Aggée,* se prononcent : ..., parce que...—Les mots *habile, herbe, honneur, histoire, humeur,* se prononcent comme s'il y avait: *abile, erbe, oneur, istoire, umeur,*

sans *h*, parce que. — Les mots *théorie*, *ad-hésion*, *rhétorique*, *absinthe*, se prononcent comme s'il y avait : *téorie, adésion, rétorique, absinte*, sans *h*, parce que... — *Fribourg, sterling, oing, écang, rang, seing, Turcoing*, se prononcent : ..., parce que... — Les mots *flâgner, doigtier, legs, Magdelaine, tungstate*, se prononcent : ..., parce que ...—Les mots *agglutiner, aggraver*, s'*agglomérer*, se prononcent comme s'il y avait : ..., parce que... — *Habileté, horloge, hymne*, se prononcent : ..., parce que... —*Adhérer, Athènes*, se prononcent : ..., parce que...

58. (Sur les n°s 95 et 96.) Les mots *baril, outil, fournil, fusil, sourcil, pouls*, se prononcent comme s'il y avait : ..., parce que ... —Les mots *aller, allumer, alliance, balle, ville*, se prononcent comme s'il y avait : *uler, alumer, aliance, bale, vile*, avec un seul *l*, parce que... — Les mots *achillée, allocation, allusion, Apollon, appellatif, Calliope, illégal*, se prononcent : *achil-lée, al-location, al-lusion, Apol-lon, appel-latif, Cal-liope, il-légal*, parce que... —Les mots *automne, damner, condamner, condamnation*, se prononcent comme s'il y avait : *autone, daner, condaner, condanation*, sans *n*, parce que... — Les mots *gomme, commerce, sommeil, gamme*, se prononcent comme s'il y avait : *gome, comerce, someil,*

game, avec un seul *m,* parce que... — Les mots *Ammon, immaculé, immédiat, immense, immeuble,* se prononcent : *Ame-mon, ime-maculé, ime-médiat, ime-mense, ime-meuble,* parce que.....

59. (Sur les n°s 95 et 96.) Les mots *chenil, boursault, marsault, Hérault, ripault, soûl, sourcil, coutil, grésil, aulx,* se prononcent comme s'il y avait :..., parce que... —Les mots *Allemagne, allonger, allumette, village, molleton,* se prononcent comme s'il y avait :..., parce que... — Les mots *apollinaire, belligérant, capillaire, collocation, fallacieux, illusoire,* se prononcent :..., parce que... — Les mots *damnable, damnation, condamnable, condamnation,* se prononcent comme s'il y avait :..., parce que ... — Les mots *homme, commode, pomme, femme, savamment,* se prononcent comme s'il y avait :..., parce que...—Les mots *ammonite, immédiatement, immémorial, immensité, immodéré, immoral,* se prononcent :..., parce que... — *Baril, outil, fournil, coutil, cul, pluriel,* se prononcent :..., parce que...—*Allier, bulletin, calle, ballon,* se prononcent :..., parce que... — *Belliqueux, colloque, flageller, illicite, illimité, illustre, intelligence,* se prononcent :..., parce que ...—*Damner, damnable, condamner, condamnation,* se prononcent :..., parce que ... —*Dommage, commune, somme,* se pro-

noncent :...., parce que... — *Immeuble*, *immiscer*, *immodération*, *immortel*, *immuable*, se prononcent :..., parce que...

60. (Sur les n°s 97 et 98.) Les mots *monsieur*, *Béarn*, se prononcent comme s'il y avait : *mo-sieur*, *Béar*, sans *n*, parce que... — Les mots *ils aiment*, *ils finissaient*, *ils furent*, *ils vinrent*, se prononcent comme s'il y avait : *ils aime*, *ils finissaie*, *ils fure*, *ils vinre*, parce que... — Les mots *bonnet*, *donner*, *colonne*, *honneur*, se prononcent comme s'il y avait : *bonet*, *doner*, *colone*, *honeur*, avec un seul *n*, parce que... — Les mots *annales*, *annihiler*, *annuaire*, *innover*, *triennal*, *septennal*, se prononcent : *ane-nales*, *ane-nihiler*, *ane-nuaire*, *ine-nover*, *triene-nal*, *septene-nal*, parce que... — Les mots *coup*, *camp*, *drap*, *loup*, *sirop*, se prononcent : *cou*, *cam*, *dra*, *lou*, *siro*, sans *p*, parce que... — Les mots *appeler*, *apporter*, *opposer*, *frapper*, se prononcent *apeler*, *aporter*, *oposer*, *fraper*, avec un seul *p*, parce que... — *Monsieur* se prononce :..., parce que... — *Année*, *anneau*, *bannière*, *sonner*, *tonneau*, se prononcent :..., parce que... — Les mots *annaliste*, *annate*, *biennal*, *innomé*, *innovation*, *quinquennal*, se prononcent :..., parce que...

61. (Sur les n°s 97 et 98.) Les mots *ils parlent*, *ils portaient*, *qu'ils fassent*, se pronon-

cent comme s'il y avait : . . .,parce que... —
Les mots *annoncer, bannissement, antienne,
tonnerre*, se prononcent comme s'il y avait :
. . ., parce que... — *Annam, annuaire, in-
novateur, innavigable*, se prononcent : . . .,
parce que... — Les mots *beaucoup*, *corps*,
*champ, baptême, baptistère, prompt, sculp-
ture, compte, septième*, se prononcent comme
s'il y avait : . . ., parce que... — Les mots *ap-
pare***, *appartenir*, *opposition*, *supposer,
nappe*, se prononcent comme s'il y avait : . . .,
parce que... — Les mots *drap*, *printemps*,
Jean-Baptiste, *indomptable*, *dompter*; *sculpteur*, *compter*, *exempter*, *symptôme*, *sept*,
temps, se prononcent : . . ., parce que . . .

62. (Sur les nᵒˢ 99 et 100.) Le mot *coq-
d'Inde* se prononce comme s'il y avait : *co-
d'Inde*, sans *q*, parce que... — Les mots *porter*, *marcher*, *aller*, *prier*, se prononcent
comme s'il y avait : *porté, marché, allé, prié*,
sans *r*, parce que... — Les mots *premier*,
dernier, *singulier*, se prononcent : *premié*,
dernié, singulié, parce que... — *Pommier*,
officier, *portier*, se prononcent : *pommié*, *officié, portié*, parce que... — *Archer*, *berger*,
clocher, *danger*, se prononcent : . . ., parce
que... — Les mots *arriver*, *arrét*, *barreau*,
charron, *terre*, se prononcent comme s'il y
avait : *ariver*, *arét*, *bareau*, *charon*, *tère*,
avec un seul *r*, parce que... — *Errant*,
erreur, *horreur*, *irréligion*, se prononcent :

errant, er-reur, hor-reur, ir-réligion, parce que...

63. (Sur le n° 100.) Les mots *aimer, aller, marcher,* se prononcent :..., parce que ... — *Sanglier, poirier, papier, collier,* se prononcent :..., parce que... — *Premier, entier,* se prononcent :..., parce que... — *Berger, boulanger, cocher, horloger, rocher,* se prononcent :..., parce que... — *Arracher, arroser, corriger, courrier, courroux,* se prononcent comme s'il y avait :... parce que...—Les mots *erroné, interrègne, irrévocable, irrégularité, irrévérence,* se prononcent :..., parce que... — Les mots *irriter, narration, torrent, torride,* se prononcent comme s'il y avait :..., parce que...

64. (Sur le n° 101.) Les mots *repas, accès, brebis, repos, abus,* se prononcent comme s'il y avait : *repa, accè, brebi, repo, abu,* sans *s,* parceque... — Les mots *Atlas, Angelus, Agnès, Arras, Antiochus, Mons, Tunis,* se prononcent comme s'il y avait : *Atláce, Angeluce, Agnèce, Arráce, Antiochuce, Monce, Tunice,* parce que... — Les mots *Aisne, Belesme, desroi, Nesle, Nismes,* se prononcent comme s'il y avait : *Aine, Beléme, déroi, Néle, Nîmes,* sans *s,* parce que... — Les mots *scène, science, scie, ascension,* se prononcent comme s'il y avait : *cène, cience, cie, acension,* sans *s,* parce que... — Les mots *adolescence, convalescence, effervescence,* se prononcent *adoles-cence, convales-cence, efferves-cence* parce que.... — Les mots *schall, Schaffouse, schisme, schiste,* se prononcent : *chall, chaffouse, chisme, chiste,* sans *s,* parce que... — *Nécessaire, poisson, passer, pousser,* se prononcent : *nèce-saire, poi-son, pa-ser, pou-ser,* avec un seul *s,* parce que... — *Compression, essence, jussion,* se prononcent : *compres-sion, es-sence, jus-sion,* parce que...

65. (Sur le nº 101.) Les mots *amas, ailleurs, Angers, après, Calais, depuis, dessus, secours,* se prononcent:..., parce que... — *As, Abdias, anus, Argos, Antiochus, Sens, typhus, vis, virus, Vénus,* se prononcent:..., parceque... — Les mots *St-Basle, Vosges, Aisne,* se prononcent comme s'il y avait:..., parce que... — Les mots *scène, scientifique, scier, sceptre, sceau, scélérat,* se prononcent:..., parce que... — Les mots *adolescent, convalescent, efflorescence,* se prononcent:..., parceque... — Les mots *schelling, schismatique, schisteux,* se prononcent comme s'il y avait:..., parce que... — Les mots *dessein, obéissant, lessive, glisser, massacre,* se prononcent comme s'il y avait:..., parce que... — *Compressible, essence, Esséniens, inaccessible,* se prononcent:..., parce que... — Les mots *corps, depuis, discours, fracas, marais, Nantes,* se prononcent:..., parce que... — *Argus, Brutus, fœtus, cacis, gratis, laps, Pallas, prospectus, Reims,* se prononcent :..., parce que.... — *Science*, *sciage*, *scellé*, *sciatique*, se prononcent comme s'il y avait: ...., parce que.... — Les mots *schall*, *schisme*, *schismatique*, se prononcent: ..., parce que.... — *Chasser*, *fosse*, *masse*, *mousser*, se prononcent: ..., parce que....

66. (Sur le n° 102.) Les mots *complet*, *dévot*, *mort*, *petit*, *serpent*, *avocat*, *affût*, *adjoint*, *affront*, se prononcent comme s'il y avait: *complè*, *dévo*, *mor*, *peti*, *serpen*, *avoca*, *affû*, *adjoin*, *affron*, sans *t*, parce que.... — Les mots *tact*, *introït*, *dot*, *rapt*, *exéat*, *Christ*, *sept*, *huit*, se prononcent: *tacte*, *introïte*, *dote*, *rapte*, *exéate*, *Christe*, *septe*, *huite*, parce que.... — Les mots *Goliath*, *Élisabeth*, *Aleth*, *luth*, se prononcent: *Goliathe*, *Élisabethe*, *Alethe*, *luthe*, parce que — Les mots *asthme*, *asthmatique*, *isthme*, se prononcent comme s'il y avait: *asme*, *asmatique*, *isme*, sans *t*, parce que... — Les mots *attaque*, *atteindre*, *battre*, *botte*, *hutte*, *quitter*, se prononcent comme s'il y avait: *ataque*, *ateindre*, *batre*, *bote*, *hute*, *quiter*, avec un seul *t*, parce que... — Les mots *pittoresque*, *intermittence*, *sagittaire*, se prononcent: *pit-toresque*, *intermit-tence*, *sagit-taire*, parce que... — Les mots *Montrouge*, *Montmorency*, *Montmédi*, se prononcent comme s'il y avait: *Monrouge*, *Monmorency*, *Monmédi*, sans *t*, parce que....

67. (Sur le nº 102.) Les mots *achat, combat, contrat, arrêt, attrait, bonnet, projet, crédit, fruit, cachot, bout, sort,* se prononcent comme s'il y avait:..., parce que...
— Les mots *toast, correct, direct, ouest, prétérit, strict,* se prononcent:...., parce que
... — Les mots *Goliath, Pruth, Naboth, Judith, Ruth, Loth, Seth,* se prononcent comme s'il y avait:..., parce que... — Les mots *asthme, asthmatique, isthme, isthmiques,* se prononcent comme s'il y avait:...., parce que... — *Attentat, attendre, attester, attirer, attribuer,* se prononcent comme s'il y avait:..., parce que... — *Pittoresque, intermittence, sagittaire, Attique,* se prononcent : ..., parce que ... — Les mots *Montcornet, Montpellier, Montmorency, Montfort, Montjoie, Montluçon, Montmirel, Montbrison,* se prononcent comme s'il y avait :..., parce que...

68. (Sur les nºˢ 103, 104, 105 et 106.) Le mot *Laws* se prononce comme s'il y avait *Las,* parce que... — Les mots *choix, jaloux, dangereux, mieux, flux, taux,* se prononcent comme s'il y avait : *choi, jalou, dangereu, mieu, flu, tau,* sans *x,* parce que... — Les mots *contumax, climax, index, Félix, Styx,* se prononcent: *contumaxe, climaxe, indexe, Félixe, Styxe,* parce que... — Les mots *nez, assez, rez, riz,* vous *parlez,* vous *lisiez,* se

prononcent comme s'il y avait : *né, assé, ré, ri,* vous *parlé,* vous *lisié,* sans *z,* parce que
... — Les mots *gaz, Badajoz, Rodez, Sénez,* se prononcent : *ga-ze, Badajo-se, Rodè-se, Sénè-se,* parce que... — Le mot *almanach* se prononce *almana,* parce que... — Les mots *chaux, courroux, doux, croix, noix, paix, voix, faux, prix,* se prononcent comme s'il y avait :..., parce que... — Les mots *phénix, silex, lynx, sphynx, larynx,* **Pollux,** se prononcent :..., parce que... — Les mots *assez, chez, allez,* vous *venez,* se prononcent comme s'il y avait :..., parce que... — Les mots *Metz, Rodez, Ambez,* se prononcent : ..., parce que...

CHAPITRE TROISIÈME.

DES SYLLABES.

69. Une ou plusieurs lettres que l'on prononce toutes d'un seul coup de voix se nomment... — Dans le mot *esprit* il y a deux syllabes, parce que... — Dans le mot *abondant* il y a..., parce que... — Dans le mot *bon* il y a..., parce que... — Un mot qui n'a qu'une syllabe se nomme... — Un mot qui est composé de plusieurs syllabes s'appelle... — Le mot *dont* est un monosyllabe, parce que... — Le mot *prodigalité* est un polysyllabe, parce que — Une syllabe qui consiste en une voyelle quelconque toute seule, s'appelle... — Une syllabe formée d'une voyelle quelconque avec une ou plusieurs consonnes qui lui sont jointes, se nomme... — Une syllabe simple se prononce en... — On prononce une syllabe composée en... — Dans le mot *ami*, *a* est une syllabe simple, parce que...; et *mi* est une syllabe composée, parce que... — Une syllabe dont la voyelle constitutive est longue s'appelle... — Une syllabe dont la voyelle constitutive est brève se nomme... — Dans les mots *âge*, *crême*, *gîte*, la première syllabe est longue, parce que... — Les syllabes des mots *léçon*, *lutte*, sont brèves, parce que...

70. Dans le mot *abandon* il y a trois syllabes, parce que... — Dans le mot *ami*, *a* est une syllabe, parce que... — Dans le mot *raison*, *rai* forme une syllabe, parce que... — Le mot *gant* est un monosyllabe, parce que... — Dans le mot *unir*, *u* est une syllabe simple, parce que..., et *nir* est une syllabe composée, parce que... — Dans le mot *auteur*, *au* est une syllabe simple, parce que...; et *teur* est une syllabe composée, parce que... — Dans le mot *lent* il n'y a qu'une syllabe, parce que... — Le mot *vérité* est un polysyllabe, parce que... — Dans le mot *oubli*, *ou* est une syllabe simple, parce que...; et *bli* est une syllabe composée, parce que... — Dans le mot *momentanément* il y a cinq syllabes, parce que...

71. Dans les mots *âge*, *même*, *gîte*, *chôme*,

la première syllabe est longue, parce que les syllabes dont la voyelle constitutive est surmontée d'un accent circonflexe sont longues. —Dans les mots *amer*, *enfer*, *débris*, *perdrix*, *assez*, la dernière syllabe est longue, parce que les syllabes finales sont longues lorsqu'elles sont terminées par un *r* articulé, ou par les consonnes non-articulées *s*, *x*, *z*.—Dans nous *priions*, vous *liiez*, vous *payiez*, la première syllabe est longue, parce que les syllabes terminées par une voyelle simple ou composée sont longues quand la syllabe suivante commence par une diphtongue.—La dernière syllabe des mots *envie*, *pensée*, il *envoie*, il *essaie*, est longue, parce que les syllabes terminées par une voyelle simple ou composée suivie d'un *e* muet, sont longues. Dans les mots que je *portasse*, que tu *marchasses*, que nous *allassions*, l'avant-dernière syllabe est longue, parce que la pénultième de l'imparfait du subjonctif est longue.

72. Dans les mots *prêtre*, *lâche*, *rôle*, *flûte*, la première syllabe est longue, parce que... —Dans les mots *folâtre*, *paraître*, *honnête*, *problème*, *rôtir*, les syllabes *lâ*, *raî*, *nê*, *blê*, *rô*, sont longues, parce que... —Dans les mots *porteur*, *amour*, *depuis*, *salsifis*, *jaloux*, *heureux*, *assez*, vous *portez*, la dernière syllabe est longue, parce que... —La première syllabe des mots nous *criions*, que vous *priiez*, que vous *ployiez*, que vous *croyiez*, est longue, parce que. . .—Dans les mots nous *essuyions,* nous *employions,* nous *appuyions,* vous *envoyiez,* vous *essuyiez,* la seconde syllabe est longue, parce que. . .—Dans les mots nous *continuions,* nous *diminuions,* que vous *continuiez,* que vous *diminuiez,* la syllabe *nu* est longue, parce que . . .—Les syllabes *taie, plaie, vue, roue, joie, proie,* je *prie,* je *loue,* je *tue,* sont longues, parce que . . .—Dans les mots il *priera,* il *tuera,* vous *louerez,* ils *joueront,* ils *crieront,* la première syllabe est longue, parce que... — Dans les mots *envie, partie, morue,* il *agréera,* il *emploiera,* enjouement, aboiement, la seconde syllabe est longue, parce que...—Dans les verbes que j'*aimasse,* que tu *donnasses,* que nous *voulussions,* que vous *remplissiez,* qu'ils *rendissent,* l'avant-dernière syllabe est longue, parce que. . .

73. *A* est long dans les mots *sabre, sabrer, obstacle, cadre, muraille, haillons, emphase, charron,* parce que...—Les mots *casse, casser, échasse, tasse, flamme, Jacques,* se prononcent comme s'il y avait: *câsse, échâsse, tâsse, flâmme, Jâcques,* parce que...—Les mots *greffe, piége, peine,* il *mène, lèpre,* il *pèse,* se prononcent comme s'il y avait: *gréffe, piége, peine,* il *méne, lépre,* il *pése,* parce que...—Les mots *abbesse,* sans *cesse, lesse,* il *s'empresse,* se prononcent comme s'il y avait: *abbésse,* sans *césse, lésse,* il *s'empres-*

se, parce que.... — Les mots *cidre, hydre, prodige, empire, suffire, soumise, surprise*, se prononcent comme s'il y avait : *cidre, hidre, prodige, empire, suffire, soumise, surprise*, parce que... — Les mots *aurore, encore, chose, glose*, se prononcent comme s'il y avait : *aurôre, encôre, chôse, glôse*, parce que... — Les mots *ruse, augure, fourrure, pure, hure, parure*, se prononcent comme s'il y avait : *rûse, augûre, fourrûre, pûre, hûre, parûre*, parce que...

74. Les mots *maison, peigne, fournaise, enseigne*, se prononcent comme s'il y avait : *maison, peigne, fournaise, enseigne*, parce que... — Les mots *auteur, faute, baudet, cause*, se prononcent comme s'il y avait ; *aûteur, faûte, baûdet, caûse*, parce que... — Les mots *majeure, demeure, trompeuse, pieuse*, se prononcent comme s'il y avait : *majeûre, demeûre, trompeûse, pieûse*, parce que ... — Les mots *œuvre, manœuvre, sœur, cœur*, se prononcent comme s'il y avait *œûvre, manœûvre, sœûr, cœûr*, parce que... — Les mots *poudre, foudre, houille, patrouille, bravoure*, il *entoure*, *bourre*, il *épouse*, se prononcent comme s'il y avait : *poûdre, foûdre, hoûille, patroûille, bravoûre*, il *entoûre, boûrre*, il *époûse*, parce que... — Les mots *moule*, il *roule*, je *pousse*, se prononcent comme s'il y avait : *moûle*, il *roûle*, je *poûsse*, parce que... — Dans les mots *crampe*, *jambe*, *membre*, *exemple*, *triom-phe*, *sombre*, *tendre*, *simple*, *humble*, les voyelles nasales sont longues, parce que...

DU DISCERNEMENT DES SYLLABES.

75. Dans les mots *calamité*, *médecine*, *nativité*, *parabole*, les syllabes se marquent ainsi : *ca-la-mi-té*, *mé-de-ci-ne*, *na-ti-vi-té*, *pa-ra-bo-le*, parce que une consonne seule entre deux voyelles appartient toujours à la voyelle suivante.—Les mots *enivrer*, *enoise-ler*, se prononcent : *en-ivrer*, *en-oiseler*, parce que dans ces mots le *n* appartient à la voyelle précédente avec laquelle il forme une voyelle nasale.—Dans les mots *abbé*, *accord*, *homme*, *honneur*, *ville*, les syllabes se marquent ain-si : *a-bbé*, *a-ccord*, *ho-mme*, *ho-nneur*, *vi-lle*, parce que la consonne redoublée, lorsqu'elle est seule entre deux voyelles, appartient à la voyelle suivante, quand elle s'articule comme une seule consonne.—Dans les mots *emme-ner*, *ennoblir*, *accident*, *Apollon*, *immoral*, la consonne redoublée se marque ainsi dans les syllabes : *em-mener*, *en-noblir*, *ac-cident*, *Apol-lon*, *im-moral*, parce que quand les deux consonnes qui composent la consonne redoublée s'articulent toutes les deux, la pre-mière appartient à la voyelle précédente, et la seconde à la voyelle suivante.

76. Dans les mots *inutilité*, *inanimé*,

médecin, *petite*, les syllabes se marquent ainsi : . . ., parce que. . . — Dans les mots *enivrement*, *enivrant*, *enoiseler*, la première syllabe se marque ainsi : . . ., parce que. . . — Dans les mots *savamment*, *prudemment*, *abbaye*, *affront*, *village*, *tonneau*, *apparence*, *corriger*, la consonne redoublée se place ainsi dans les syllabes : . . ., parce que. . . — Dans les mots suivans : *emmaigrir*, *ennui*, *velléité*, *Pollux*, *immeuble*, *immuable*, *annales*, *erroné*, *essence*, *sagittaire*, la consonne redoublée se place ainsi dans les syllabes : . . ., parce que. . . — Dans les mots *pélerinage*, *divinité*, *facilité*, *originaire*, les syllabes se marquent ainsi : . . ., parce que. . . — Dans les mots *femme*, *mille*, *balle*, *courrier*, *corrompre*, *assaut*, *coussin*, *sottise*, *donner*, la consonne redoublée se place ainsi dans les syllabes : . . ., parce que. . . — Dans *illicite*, *suggestion*, *adducteur*, la consonne redoublée se place ainsi : . . ., parce que. . .

77. Dans les mots *perte*, *peste*, *partir*, *mortel*, *cerceau*, les deux consonnes différentes qui sont groupées entre deux voyelles se placent ainsi dans les syllabes : *per-te*, *pes-te*, *par-tir*, *mor-tel*, *cer-ceau*, parce que quand deux consonnes différentes sont groupées entre deux voyelles, la première se joint ordinairement à la voyelle précédente, et la seconde à la voyelle suivante. — Dans les mots suivans : *déplorable*, *vignoble*, *rétro-*

grader, *algèbre*, *bonheur*, *catholique*, les deux consonnes entre deux voyelles se placent ainsi dans les syllabes : *dé-plora-ble*, *vi-gnoble*, *ré-tro-grader*, *algè-bre*, *bo-nheur*, *ca-tho-lique*, parce que, quand deux consonnes différentes sont groupées entre deux voyelles, elles se réunissent et appartiennent toutes les deux à la voyelle suivante, si la seconde est un *l*, un *r* ou un *h*, et si la première n'est pas un *r* ou bien un *n* formant voyelle nasale. — Dans les mots *merle*, *parler*, *enrichir*, *enlaidir*, les deux consonnes placées entre deux voyelles se marquent ainsi dans les syllabes : *mer-le*, *par-ler*, *en-richir*, *en-laidir*, parce que, quoique les deux consonnes appartiennent toutes les deux à la voyelle suivante quand la seconde est un *l*, un *r* ou un *h*, cependant elles se séparent quand la première est un *r* ou un *n* formant voyelle nasale.

78. Dans les mots *absurdité*, *alarme*, *modeste*, *cercueil*, les deux consonnes qui sont groupées entre deux voyelles se placent ainsi dans les syllabes :...., parce que...— Dans les mots *déplorer*, *ignoble*, *maigre*, *tigre*, *ouvrier*, *rhétorique*, les deux consonnes qui sont entre deux voyelles se placent ainsi dans les syllabes :..., parce que...— Dans les mots *parler*, *perle*, *enrager*, les deux consonnes qui sont entre deux voyelles se placent ainsi dans les syllabes :...., parce que... — Dans les mots *porter*, *surdité*, *dernier*, les syllabes se marquent ainsi :..., parce que... — Dans les mots *diplôme*, *règle*, *racler*, *prêtre*, *chèvre*, *paraphrase*, *bonheur*, les deux consonnes se placent ainsi pour former les syllabes :..., parce que...

79. Dans les mots *présomption*, *fonction*, *asthmatique*, *isthme*, les trois ou quatre consonnes qui sont entre deux voyelles se placent ainsi dans les syllabes : *présomp-tion*, *fonc-tion*, *asth-matique*, *isth-me*, parce que quand trois ou quatre consonnes sont groupées entre deux voyelles, ordinairement la dernière seule se joint à la voyelle qui précède. — Dans les mots *obscurité*, *con-spiration*, *substitution*, *apostrophe*, *emplir*, *enrhumer*, les trois consonnes groupées entre deux voyelles se placent ainsi pour former les syllabes : *ob-scurité*, *con-spiration*, *sub-stitution*, *apos-trophe*, *em-plir*, *en-rhu-mer*, parce que, quand trois ou quatre consonnes sont groupées entre deux voyelles, les deux dernières se joignent à la voyelle suivante, quand ces deux dernières sont *sc*, *sp*, *st*, ou quand la dernière est un *l*, un *r*, ou un *h*. — Dans les mots *athlète*, *philan-thrope*, les trois ou quatre consonnes qui sont entre deux voyelles se placent ainsi dans les syllabes : *a-thlète*, *philan-thrope*, parce que, quand trois ou quatre consonnes sont groupées entre deux voyelles, on doit joindre les trois dernières à la voyelle suivante, lorsque *l* ou *r* est précédé d'un *h*.

80. Dans les mots *Assomption*, *présomptueux*, *rythme*, *isthmiques*, les trois ou quatre consonnes qui sont entre deux voyelles se placent ainsi dans les syllabes: ..., parce que... — Dans les mots *obscurcir*, *inspirer*, *instituer*, *contemplation*, *apostropher*, *enrhumer*, les trois consonnes qui sont entre deux voyelles se placent ainsi dans les syllabes: ..., parce que... — Dans les mots *athlète*, *philanthropie*, les trois syllabes qui sont entre deux voyelles se placent ainsi: ..., parce que...

CHAPITRE QUATRIÈME.

MANIÈRE D'UNIR LES MOTS AUX MOTS PAR LA LIAISON DES CONSONNES FINALES AVEC LES VOYELLES INITIALES.

81. Lier une consonne finale avec une voyelle initiale, c'est... —Ces phrases: *Félix est venu, David était roi, ce char est joli, cette vis est mal faite, le fil est cassé,* se prononcent comme s'il y avait : *Félik sest venu, Davi détait roi, ce cha rest joli, cette vi sest mal faite, le fi lest cassé,* parce qu'on doit toujours unir la consonne finale avec la voyelle suivante, quand cette consonne finale est une de celles qui s'articulent toujours à la fin des mots.—Ces phrases : *aimer à lire, il est arrivé, lisez un bon livre, les enfans, il apprend à lire, le prix est fixé,* se prononcent comme s'il y avait : *aimé ra lire, il é tarrivé, lisé zun bon livre, lè zenfans, il appren ta lire, le pri zest fixé,* parce que les six consonnes finales non-articulées *d, r, t, s, x, z,* se lient toujours, dans la prononciation, à la voyelle initiale du mot suivant, pourvu qu'elles ne soient précédées d'aucune autre consonne finale articulée ; mais dans les trois dernières phrases on prononce : *lè zenfans, il appren ta lire, le pri zest fixé,* et non pas : *lè senfans, il appren da lire, le pri xest fixé,* parce que dans ce cas *s* et *x* s'articulent comme *z,* et *d* comme *t.*

82. Les phrases suivantes : *Jacob eut douze fils, le sud-est, ce canif est bon, un fol espoir, ce cap est élevé, le coq a chanté, l'or est précieux, le cacis est bon, il a sept ans,* se prononcent comme s'il y avait : . . ., parce que. . .—Ces phrases : *un grand homme, il apprend à monter à cheval, il faut aller à l'école, il est allé à Paris avec ma sœur, vous aimez à jouer aux osselets, le premier homme, un prix infini,* se prononcent comme s'il y avait :. . ., parce que. . . — Les phrases suivantes : *Il a huit ans, il est cinq heures, l'introït est chanté, Sem et Cham étaient fils d'Adam,* se prononcent comme s'il y avait : . . ., parce que. . . — Ces phrases :

Paris est une belle ville, vous avez un sot orgueil, il comprend à peine, cet enfant veut aller à l'école, vous allez à l'église, ils étaient assez avancés, il veut parvenir aux honneurs, cet homme est un fameux orateur, se prononcent comme s'il y avait : ..., parce que...

83. Les phrases suivantes : *un livre et une table, le portier est mort, ce rosier est fleuri,* se prononcent comme s'il y avait : *un livre é une table,* et non pas *un livre é tune table ; le portié est mort,* et non pas *le portié rest mort ; ce rosié est fleuri,* et non pas *ce rosié rest fleuri,* parce que *t* à la fin du mot *et,* et *r* à la fin des mots terminés en *r* devant lesquels on peut mettre *votre* ou qui sont des substantifs, ne se lient pas avec la voyelle initiale du mot suivant. — Ces mots : *respect humain* se prononcent comme s'il y avait : *respè kumain,* parce que dans le mot *respect* on lie avec la voyelle suivante le *c* et non pas le *t.*—Ces phrases : *le cocher est parti, il a un panier à la main, le berger ira demain,* se prononcent comme s'il y avait : ..., parce que... — *Mon respect à monsieur votre père* se prononce : ..., parce que...

84. Dans cette phrase : *Au nom du père, et du fils, et du saint esprit. Ainsi soit-il,* la consonne finale des mots *fils* et *esprit* ne doit point se lier dans la prononciation avec la voyelle initiale du mot suivant, parce que, quand les deux mots doivent être séparés dans la prononciation par une pause quelconque, on ne doit jamais unir la consonne finale avec la voyelle initiale du mot suivant. —Ces phrases : *un loup enragé*, *une clef à vis*, *du tabac en poudre*, *ce coutil est bon*, *il a le poing enflé*, se prononcent comme s'il y avait : *un lou enragé*, *une clé à vis*, *du taba en poudre*, *ce couti est bon*, *il a le poin enflé*, parce que la consonne finale non-articulée ne se lie pas à la voyelle qui commence le mot suivant, lorsqu'elle n'est pas une des lettres *d, r, s, t, x, z.* —Les phrases suivantes : *mon enfant*, *trop étendu*, *bien adroit*, *ancien ami*, *bon à rien*, se prononcent comme s'il y avait : *mo nenfant*, *tro pétendu*, *biè nadroit*, *anciè nami*, *bo nà rien*, parce que, quoique dans ces phrases la consonne finale ne soit pas aticulée, et qu'elle ne soit pas une des lettres *d, r, s, t, x, z,* cependant elle doit se lier à la voyelle qui commence le mot suivant.

85. Dans cette phrase : *Le mérite des hommes, aussi bien que les fruits, a sa saison,* la consonne finale des mots *hommes* et *fruits* ne doit point se lier dans la prononciation avec la voyelle initiale du mot suivant, parce que. . . —Les phrases suivantes : *mon nom est connu, le plomb est lourd, un*

*parfum agréable, il a le pied enflé, ce four-
nil est bien grand,* se prononcent comme
s'il y avait : ..., parce que...—Ces phrases : *mon ami, il y a beaucoup à faire, certain
auteur, on ignore, à franc étrier, un homme,
chacun à son tour,* se prononcent comme
s'il y avait : ..., parce que...—Dans cette
phrase : *Solon, en mourant, ordonna qu'on
portât ses os à Salamine, qu'on les brûlât,
et qu'on en jetât la cendre par toute la campagne,* il ne faut point lier, avec la voyelle
initiale qui suit, la consonne finale des
mots..., parce que...—Ces phrases : *un
an après, il est bien aisé, en effet, mon argent, il a beaucoup étudié,* se prononcent
comme s'il y avait : ..., parceque...

86. Les phrases suivantes : *un désert affreux, des vers à soie, il court un bruit,
d'accord avec vous, l'univers entier, il dort
encore,* se prononcent comme s'il y avait :
*un désè raffreux, des vé ra soie, il coû run
bruit, d'accó ravec vous, l'univé rentier, il
dó rencore,* parce que la consonne finale
non-articulée ne se lie pas avec la voyelle
suivante, lorsqu'elle est précédée d'une
autre consonne finale non-articulée.—
Ils étaient leurs amis, se prononcent :
il zétaient leur zamis, parce que dans *ils,
leurs,* la consonne finale non-articulée
se lie à la voyelle initiale du mot suivant.
—*Neuf ans* se prononce comme s'il y avait :

neu vans, parce que. . .—Ces phrases : *le sang humain, un rang élevé ,* se prononcent comme s'il y avait : *le san kumain, un ran kélevé,* parce que. . .—*Divin amour* se prononce comme s'il y avait : *divi namour,* parce que... — Ces phrases : *le renard est malin, le mors aux dents, aspect agréable, le corps humain, la mort approche, des détails amusans, les plus forts ont vaincu,* se prononcent comme s'il y avait : . . ., parce que... — *Ils aiment leurs amis, plusieurs enfans,* se prononcent : . . ., parce que... —*Neuf ans, neuf hommes,* se prononcent : . . ., parce que... — *Divin amour, divin enfant,* se prononcent : . . ., parce que...

87. Dans la conversation les phrases suivantes: *ils partiront après demain, les hommes et les femmes, vous étes encore jeune,* se prononcent comme s'il y avait: *ils partiron après demain, les zommes et les femmes, vou zéte encore jeune,* parce que dans le discours familier, dans la conversation, et dans la lecture ordinaire, on lie rarement la consonne finale avec la voyelle qui suit. — Ces phrases : *vous aimez à lire, je suis un peu fatigué, ils iront ensemble, des morceaux et des débris entassés,* se prononcent en conversation :..., parce que...—*Le sang humain, un rang élevé,* se prononcent:...; parce que... — *Respect humain, aspect agréable,* se prononcent :... — *Accours*

ici, des fours à chaux, des détails amusans,
il part aujourd'hui, il est d'accord avec vous,
des plaisirs innocens, se prononcent comme
s'il y avait :..., parce que....

CHAPITRE CINQUIÈME.

**MANIÈRE D'UNIR LES PHRASES ET LES MEMBRES DE
PHRASE EN OBSERVANT LES PAUSES MARQUÉES
PAR LA PONCTUATION.**

88. Des momens de silence par lesquels
on sépare, dans la lecture, les mots qui se
suivent, afin de distinguer les phrases et les
membres de phrase, se nomment...—La
pause que l'on doit faire à la virgule est l'intervalle de temps nécessaire pour...—La
pause que l'on doit faire au point-virgule
est l'intervalle de temps nécessaire pour....
—La pause que l'on doit faire aux deux
points est l'intervalle de temps nécessaire
pour...—La pause marquée par le point est
l'intervalle nécessaire pour...—La pause
que l'on doit faire à l'alinéa, s'il suit un point,
est le temps nécessaire pour...—Quand
l'alinéa est à la fin d'un discours ou d'une
partie considérable de discours, la pause que
l'on doit y faire est...—Quand l'alinéa n'est
pas précédé d'un point, la pause que l'on
doit y faire est indiquée par...—Lorsque les
points d'interrogation et d'exclamation sont
après une phrase complète, ils indiquent
une pause égale à celle...—Lorsque les

points d'interrogation et d'exclamation ne terminent qu'un membre de phrase, ils n'indiquent que la pause…—Lorsque les points d'interrogation et d'exclamation terminent plusieurs phrases liées entre elles par des conjonctions, ou par le sens, de manière à ne former par leur réunion qu'une seule phrase complète, ils indiquent la pause…— La pause indiquée par les points de suspension et par le tiret est égale à celle…—Lorsque la pause n'est pas indiquée par un autre signe de ponctuation, il faut, avant et après la parenthèse, observer une pause égale à celle…

89. Dans cette phrase : *Mon ami, vous serez estimé si vous remplissez vos devoirs,* après les mots *ami* et *estimé* on doit s'arrêter l'espace de temps nécessaire pour…, parce que…— Dans cette phrase : *Le Mississipi parcourt une étendue de quatre mille huit cents milles ; c'est le plus grand fleuve du globe,* après le mot *milles* on doit s'arrêter l'intervalle de temps nécessaire pour…, parce que…— Dans cette phrase : *Ainsi va le monde : aujourd'hui on est ami, et demain rival,* après le mot *monde* on doit s'arrêter l'intervalle de temps nécessaire pour…, parce que…— Dans ces phrases : *Les recherches les plus exactes sur l'origine de la peinture n'ont produit que des incertitudes. On ne sait ni les lieux où elle a pris nais-*

sance, ni les noms de ceux qui l'ont inventée. Les uns disent qu'elle a commencé à Sycione, et d'autres, à Corinthe; après les mots *incertitudes* et *inventée* on doit s'arrêter l'intervalle de temps nécessaire pour...., parce que....

90. Dans ces phrases : *Avez-vous fait votre devoir? Je l'ai fait*, après le mot *devoir* on doit s'arrêter l'intervalle de temps nécessaire pour..., parce que...— Dans cette phrase: *Que vous importe? lui dis-je*, après le mot *importe* on doit s'arrêter l'espace de temps nécessaire pour..., parce que.... — Dans ces phrases : *Qu'il est grand! qu'il est puissant! le Dieu que nous servons*, après les mots *grand* et *puissant* on doit s'arrêter l'intervalle de temps nécessaire pour...., parce que...— Dans ces phrases: *Etes-vous plus sages que Salomon? Etes-vous plus forts que Samson? Qu'une vie sainte est heureuse! mais qu'elle est rare!* Après les mots *Salomon*, *Samson* et *heureuse*, on doit s'arrêter l'espace de temps nécessaire pour...., parce que...— Dans ces phrases: *Elle remerciait Dieu de deux grâces: l'une de l'avoir faite chrétienne, l'autre... Messieurs, qu'attendez-vous?* après le mot *l'autre* on doit s'arrêter l'intervalle de temps nécessaire pour...., parce que...— Dans cette phrase: *Un ancien philosophe (Platon) disait que l'espérance est le songe d'un homme*

éveillé, après le mot *philosophe* on doit s'arrêter l'intervalle de temps nécessaire pour..., parce que...

91. Dans cette phrase: *La totalité des hommes ne juge de la conduite des autres que par le succès*, après les mots *hommes* et *autres* on doit faire une demi-pause, c'est-à-dire s'arrêter l'intervalle de temps nécessaire pour..., parce que...—Dans cette phrase: *C'est au fils aîné du roi d'Angleterre qu'appartient le titre de prince de Galles*, on doit faire une demi-pause après..., parce que....—Dans cette phrase: *Il n'y a qu'un homme de bien qui puisse en former d'autres*, on doit faire une demi-pause après..., parce que...—Dans cette phase: *Citez-moi un maître, dont les leçons soient aussi profitables que celles de l'expérience*, il faut faire une demi-pause après..., parce que...—Dans cette phrase: *Sur mille personnes, il y en a à peine sept ou huit qui réunissent un esprit droit à une ame élevée*, on doit faire une demi-pause après..., parce que...

APPENDICE SUR LA LECTURE DU LATIN.

92. Les mots *monere, bene, legere, musæ, portæ, mœror, OEdipus*, se prononcent comme s'il y avait: *monéré, béné, légéré, musé, porté, méror, Édipus*, parce que, en latin, les voyelles *e*, *æ* et *œ* se prononcent comme notre *e* fermé. — Les mots *terra*, *pestis, amplexus, imbrem, nomen, patres*, se prononcent comme s'il y avait : *terra, pèstis, amplèxus, imbrème, nomène, patrèce*, parce que, en latin, *e* a le son de notre *e* ouvert, toutes les fois qu'il est suivi de deux consonnes ou d'un *x*, et à la fin des mots où il est suivi d'une consonne finale. —Les mots *Cai, dei, Eloi, Maria, Achelous*, se prononcent comme s'il y avait : *Ca-i, dé-i, Élo-i, Mari-a, Achélo-us*, parce que, *ai, ei, oi, ia, ou*, forment toujours deux syllabes, c'est-à-dire que les deux voyelles se prononcent séparément. — *Hei* se prononce comme s'il y avait : *hé*, parce que ce mot forme un monosyllabe.

93. Les mots *veni, monere, lege, viæ, bonæ, mæroris*, se prononcent comme s'il y avait :..., parce que... — Les mots *terras, penna, verbum, Agamemno, sexus, matrem, pater, crimen*, se prononcent comme s'il y avait : ..., parce que...— Les mots *mei, populei, Aloisius, Achelous, Graii, Maria*, se prononcent comme s'il y avait :..., parce que...—Les mots *bene, amavere, plumæ, pœnæ*, se prononcent comme s'il y avait :..., parce que... — *Terror, tectum, complexus, novem*, se prononcent :..., parce que...

94. Les mots *Emmaus, Esau, reus, aureus*, se prononcent comme s'il y avait : *Em-*

ma-us, Esa-u, re-us, aure-us, parce que... —Les mots *laus, aut, heu, heus, eheu,* se prononcent comme s'il y avait : *lôce, ôte, eu, euce, é-eu,* parce que... —Les mots *Paulus, pauper, causa, Europa,* se prononcent comme s'il y avait : *Pôlus, pôper, côsa, Europa,* parce que... — Les mots *Ænean, Joathan, Mariam, Joram, turrim, Benjamin, Pelion,* se prononcent comme s'il y avait en français : *Ænéane, Joathane, Mariame, Joram, turrime, Benjamine, Pélione,* parce que... —Les mots *ante, ambo, intrare, implere, longe,* se prononcent comme s'il y avait en français : *an-té, am-bo, in-traré, impléré, lon-gé,* parce que... —Les mots *amnis, Ammonitæ, annus, annulus,* se prononcent comme s'il y avait en français : *amenice, Ame-monité, ane-nuce, ane-nuluce,* parce que...

95. Les mots *Penelopen, patrem,* se prononcent comme s'il y avait en français : *Pénélopè-ne, patrè-me,* parce que... — Les mots *venter, tempestas,* se prononcent comme s'il y avait en français : *vintère, tinpestáce,* parce que... — Les mots *Nun, vinum, filium,* se prononcent comme s'il y avait en français : *Nune, vinome, filiome,* parce que... — Les mots *defuncti, fungor, triumphus,* se prononcent comme s'il y avait : *défon-cti, fon-gor, trion-phus,* parce que ... —Les mots *nunc, tunc, cunctus, hunc,* se prononcent: *nun-que*, *tun-que*, *cunc-tus*, *hun-que*, parce que dans ces mots *un* se prononce comme la voyelle nasale française *un*.—Les mots *Christus, charitas, chorus*, se prononcent comme s'il y avait: *Kristus, káritas, korus*, parce que... — Les mots *magna, igni, dignum*, se prononcent: *mague-na, igue-ni, digue-num*, parce que... —Les mots *illustris, reddere, immissus, corripere, afficere, annus*, se prononcent: *il-lustris, red-dere, im-mis-sus, cor-ripere, af-ficere, ane-nus*, parce que...

96. Les mots *Esau, Emmaus, reus, epicureus, argenteus*, se prononcent comme s'il y avait:..., parce que...—*Laus, aut, heu, heus*, se prononcent:..., parce que ...—Les mots *causa, taurus, eucharistia, Teucri*, se prononcent:..., parce que... —*Ænean, rosam, puppim, Dothain, Pelion, non*, se prononcent:..., parce que...— *Candor, cantus, longa, inter, impar*, se prononcent:..., parce que...—*Amnis, omnia, penna, bannum*, se prononcent:..., parce que...—*Nomen, Penelopen, matrem, amem*, se prononcent:..., parce que ...—*Venturus, densus, membrum, templum*, se prononcent:..., parce que...— *Deum, meum, dominum*, se prononcent:..., parce que...—*Defunctus, junctus, triumphare*, se prononcent:..., parce que...— *Christiani, chorus, magnus, ignem, regnum,* se prononcent :. . ., parce que. . . —*Sabba-tum, accusare, addere, officium, agglome-rare, vallis, committere,* se prononcent :..., parce que...

97. Les mots *ab, hoc, ad, caput, Deus, pater, mox,* se prononcent comme s'il y avait : *abe, hoque, ade, capute, Déuce, patère, moxe,* parce que... — Les mots *malitia, pretium, actio, Martius,* se prononcent comme s'il y avait : *malicia, précium, accio, Marcius,* parce que... —Les mots *gestio, gestii, mix-tio, commixtionis,* se prononcent : *ges-tio, ges-tii, mix-tio, commix-tionis,* parce que... —Les mots *lingua, linguam, linguarium,* se prononcent comme s'il y avait : *lingoua, lingouam, lingouarium,* parce que... —Les mots *aqua, æqualis, qualitas,* se prononcent comme s'il y avait : *akoua, œkoualis, kouali-tas,* parce que... —Les mots *quoniam, quo-ties, equus,* se prononcent comme s'il y avait : *koniam, koties, ékus,* parce que... —Les mots *liquidus, loqui, quærere, equestris,* se prononcent comme s'il y avait : *likuidus, lo-kui, kuéréré, ékuestris,* parce que...

SECONDE PARTIE.

LA LEXICOLOGIE.

CHAPITRE PREMIER.

LE NOM.

ARTICLE PREMIER.

DIFFÉRENTES ESPÈCES DE NOMS.

1. *Age*, n. com., parce qu'il convient à tous les âges et à chaque âge en particulier. —*Monde*, n. com., parce qu'il convient à tous les mondes possibles, et à chaque monde en particulier. — *Terre*, n. com., p-q... (1).— *Ciel*, n. com., parce qu'il convient à tous les cieux et à... — *Dieu*, n. pr., parce qu'il ne convient qu'à un seul être.— *Hôtel-Dieu*, n. comp., parce qu'il est formé de plusieurs mots réunis par un trait d'union, pour désigner un seul être.—*Jardin*, n. com., parce qu'il convient à tous les jardins et à

(1) Les enfans achèveront les endroits incomplets marqués par plusieurs points.

chaque jardin en particulier... — *Forêt*, n. col., parce qu'il désigne une collection d'arbres et qu'il ne peut pas convenir à chaque arbre en particulier... — *André*, n. pr., parce qu'il sert à distinguer un homme de tous les autres hommes. — *Mézières*, n. pr., parce qu'il sert à distinguer la ville de Mézières de toutes les autres villes.

2. *Papa*, n. pr., parce qu'il sert à distinguer un homme de tous les autres hommes. —*Pain*, n. pr., p.-q... — *La foule des curieux. La foule*, n. col., parce qu'il désigne une collection et que...; col. gén., parce qu'il désigne tous les curieux. — *Une foule de curieux. Une foule*, n. col., p-q...; col. gén., parce qu'il désigne aussi la totalité des curieux.—*Peu de soldats. Peu*, col., p-q...; parti., p-q... — *Le peu de soldats. Le peu*, col., p-q...; parti., parce qu'il ne désigne qu'une partie des soldats dont on parle. — *La plupart des maisons. Plupart*, col., p-q...; gén., parce qu'il est précédé du mot *la.* — *Bien des enfans. Bien*, mis pour *beaucoup*, col., p-q...; gén., parce qu'il n'est pas précédé du mot *le* et qu'il désigne tous les enfans.

3. *Hôtel-Dieu*, n. comp., parce qu'il est formé de deux mots unis par un trait d'union pour représenter une seule chose; n. com., parce qu'il convient à... —*Un tas de*

blé. *Tas,* col., p-q... — *Soulier,* n. com., parce qu'il est formé de deux mots : *sou* et *lier;* il est col., parce qu'il désigne une collection. — *Arrière-garde,* n. com., p-q...; il n'est pas col., parce qu'il ne désigne qu'un seul individu ; il est com., parce qu'il convient à toutes les arrière-gardes.— *Le monde,* n. com., parce qu'il convient à tous les mondes; il n'est pas col., parce qu'il ne représente qu'un seul individu. — *Paravent,* n. com., p-q... — *Antichambre,* n. com., p-q... — *Serre-tête,* n. col., parce qu'il est composé de deux mots : *serre* et *tête ;* il est com., parce qu'il désigne une collection.— *Le département des Ardennes. Département,* n. com., parce qu'il désigne une collection ; il n'est pas col., p-q.; , *Ardennes,* n. com., parce qu'il convient à...; col., p-q...

4. *Contre-danse,* n. pr., parce qu'il ne convient qu'à une seule espèce de danse. — *Un poulailler,* n. col., p-q...—*Fournil,* n. com., p-q.; il est comp., p-q... — *Juillet,* n. pr., p-q...; col., parce qu'il désigne une collection de jours; comp., p-q. —*Pied-bot,* n. pr. qui sert à distinguer un pied contrefait de tous les autres pieds; il n'est pas comp., parce qu'il ne représente qu'une seule espèce de pieds.—*Rhume,* n. com., p-q... — *Perce-neige,* n. com., p-q... pr., p-q... — *Essuie-mains,* n.

com., p-q...; col., parce qu'il est formé de deux mots unis par un trait d'union. — *Hiver*, n. pr., p-q... — *Athalie*, n. pr., p-q...

ARTICLE SECOND.

DU GENRE ET DU NOMBRE DES SUBSTANTIFS.

5. *La vieillesse*, n. com., parce qu'il convient à toutes les vieillesses; f., par l'usage; s., parce qu'il désigne une seule vieillesse. — *La ville de Paris. Ville*, n. com., p-q...; col., p-q...; f., par l'usage; s., parce qu'il désigne une seule ville. *Paris*, n. com., p-q; il n'est pas col., parce qu'il n'y a qu'un seul Paris; il est comp., p-q...; il est m., par l'usage; il est pl., p-q... — *Le poète Boileau. Poète*, n. pr. col. f. s.; n. pr., parce qu'il ne convient pas à tous les hommes; col., parce qu'il convient à plusieurs poètes; f., p-q...; s., p-q...; *Boileau*, n. pr. comp. m. s.; n. pr., p-q...; comp., p-q...; m., parce qu'il désigne un être mâle; s., p-q...

6. *Chaux*, n. com., parce qu'il convient à plusieurs espèces de chaux; comp., p-q...; m., par l'usage; pl., p-q... —*Mortier*, ... (détaillez toutes les propriétés du substantif qui lui conviennent, et rendez raison de chaque assertion). — *Le harnais d'un cheval. Harnais*, n. pr., p-q...; comp.,

p-q..., m., par l'usage; pl. parce qu'il désigne la pluralité. *Cheval*, n....., p-q... — *Pierre, le prince des apôtres. Pierre*, n. com., p-q...; f., par l'usage; s., p-q...; *le prince*, n. com., parce qu'il convient à tous les princes; m., parce qu'il désigne un être mâle; s., parce qu'il représente un seul être. *Apôtres*, n. pr., parce qu'il sert à distinguer les apôtres de tous les autres hommes et qu'il ne convient qu'à eux; m., par l'usage; pl., par l'usage aussi.

7. *Les Alpes, montagnes d'Italie. Alpes*, n. pr., parce qu'il ne convient qu'à une seule chaîne de montagnes; s., par la même raison; m., par l'usage. *Montagnes*, n. com., puisqu'il convient à toutes les montagnes; col., p-q...; comp., p-q...; f., par l'usage, p-q... *Italie*, n. col., p-q...; pr., parce qu'il n'y a qu'une seule Italie; pl., p-q...; f., p-q... — *Feu*, n. com., p-q... — *Rose*, n. pr., p-q... — *Vitre*, n. com., p-q... — *Singe*, n. pr., p-q... — *Cerisier*, n. pr., p-q... — *Cerise*, n. com., p-q... — *Télémaque*, n. pr., p-q... — *Jean-Baptiste*, n. comp., p-q... — *France*, n. pr., p-q... — *Rivière*, n. com., p-q... — *La Meuse*, n. com., p-q... — *Charleville*, n. pr., p-q... — *Ville*, n. pr., p-q... — *Moineau*, n. pr. d'oiseau, p-q... — *Oiseau*, n. com., p-q... — *Corbeau*, n. com., p-q... — *Perroquet*, n. pr. d'oiseau, p-q... — *Femme*, n. com., p-q

... — *Marie*, n. pr. de femme, p-q... — *Belle-mère*, n. pr. de femme, p-q... — *Maman*, n. com., p-q... — *Perdrix*, n. com., p-q...

8. *Faux-monnayeur*, n. com., p-q...; comp., p-q... — *Chat*, n. com., p-q... — *Ferblantier*, n. com., p-q... — *Fer-blanc*, n. com., p-q... — *Gagne-petit*, n. pr. p-q... — *Maire*, n. com., p-q... — *Serre-tête*, n. com., p-q... — *Ciseaux*, n. com., p-q... — *Couteau*, nom com., p-q... — *Les yeux*, n. com., p-q... — *Pot-au-feu*, n. col., p-q... — *Tire-pied*, n. com., p-q... — *Anguille*, n. pr. de poisson, p-q... — *Omelète*, n. com., p-q... — *Sous-lieutenant*, n. col., p-q... — *Caporal*, n. com., p-q... — *Empereur*, n. pr., p-q... — *Rouge-gorge*, n. pr. d'oiseau, p-q... — *Gobe-mouches*, n. com., p-q... — *Gros-bec*, n. pr., d'oiseau, p-q... — *Oiseau-mouche*, n. pr. d'oiseau, p-q...

9. *Porte-drapeau*, n. com., p-q... — *Porte-faix*, n. com., p-q...; qui n'est pas comp., p-q... — *Pied-à-terre*, n. col., p-q... — *Pain-d'épice*, n. com., p-q...; qui n'est pas comp., p-q... — *OEil-de-bœuf*, n. col., p-q...; com., p-q... — *Le coude-pied*, n. com., p-q...; qui n'est pas comp. -p-q... — *Coq-à-l'âne*, n. col., p-q... comp., p-q... — *Demi-solde*, n. com., p-q.

... ; qui n'est pas col., p-q... — *Les es-suie-mains*, n. com., p-q... ; col., p-q... — *Eau-de-vie*, n. col., p-q... ; qui n'est pas com., p-q... — *Avant-garde*, n. com., p-q... ; col., p-q... — *L'avant-veille*, n. comp., p-q... ; col., p-q... — *Veille*, n. com., p-q... — *Aveugle-né*, n. com., p-q... ; pr., p-q... — *Des crétons*, n. col., p-q... ; com., p-q... ; comp., p-q...

10. *Créte-de-coq*, n. pr. de plante, p-q... ; comp., p-q... ; m., p-q... ; s., p-q... — *Un as*, n. pr. de carte, p-q... ; m., p-q... ; s., p-q... ; qui n'est pas col., p-q..., ni comp., p-q... — *Un pique*, n. com., parce qu'il convient à plusieurs cartes; m., p-p... ; s., p-q... ; col., p-q... ; qui n'est pas comp., p-q... — *Les piques*, n. pr., p-q... ; m., p-q... ; pl., p-q... ; comp., p-q... ; col., p-q... — *Poéle*, n. com. qui désigne un ustensile de cuisine et un fourneau pour faire du feu ; col., p-q... ; f., p-q... ; pl., p-q... ; qui n'est pas comp., p-q... — *Poste*, n. com., parce qu'il désigne deux choses : le lieu où l'on monte la garde et l'endroit où l'on porte les lettres, comp., p-q... ; f., p-q... ; s., p-q... ; qui n'est pas col., p-q... — *Les trompettes*, cavaliers qui sonnent de la trompette, n. com., p-q... ; comp., p-q... ; f., p-q... ; pl., p-q...

11. *Beurre*, n. comp., p-q... ; m., p-q...

s., p-q....; col., p-q....; gén., p-q.... — *Les fils* (dont on fait la toile), n. comm., p-q....; col., p-q....; gén., p-q....; comp., p-q....; f., p-q....; pl., p-q.... — *Les trois fils de Noé. Fils*, n. pr. p-q....; col., p-q....; parti., p-q....; m., p-q....; s., p-q.... — *Noé*, n., p-q....; pr., p-q....; f., p-q....; qui n'est pas comp., p-q...., ni col., p-q.... — *Chaine*, n. com., p-q....; f., p-q....; s., p-q....; qui n'est pas col., p-q.... —*Pays-Bas*, n., p-q....; com., parce qu'il convient à plusieurs provinces; comp., p-q....; col., p-q....; col., gén., p-q....; m., p-q....; pl., p-q.... — *Cravate de soie. Cravate*, n. com., p-q....; m., p-q....; s., p-q....; *soie*, n. com., p-q....; comp., p-q....; col. parti., p-q....; f., p-q....; s., p-q....; *Soie de cochon. Soie*, n. pr., p-q....; m., p-q....; s., p-q....; qui n'est pas col., p-q....; ni comp., p-q....

12. *L'armée de Napoléon. Armée*, n. col., p-q....; col. parti., p-q.... —*Peu de soldats. Peu*, col., p-q....; col. parti., p-q.... — *Une armée française. Armée*, col., p-q....; col. gén., p-q.... —*La multitude des étoiles. Multitude*, col., p-q....; parti., p-q.... — *Une multitude de nuages. Multitude*, col. gén., p-q.... —*La procession*, col., p-q.. — *Tous les peuples du monde. Peuples*, col., p-q....; col. gén., p-q.... —*Le peuple hébreu. Peuple*, col., p-q.... —*La plupart des enfans de cette école. Plupart*, col., p-q....; parti., p-q.

. . . — *La plupart des hommes.* *Plupart,* col., p-q. . . ; gén., p-q. . . — *L'infinité des perfections divines.* *Infinité,* col., p-q. . . ; col. parti., p-q. . . — *Abat-jour,* n., p-q. . . ; com., p-q. . . ; comp., p-q. . . ; s., p-q. . . ; m., p-q. . . ; qui n'est pas col., p-q. . . , ni pr., p-q. . . — *Reims,* n., p-q. . . ; pr., p-q. . . qui n'est pas comp., p-q. . . , ni com., p-q. . . — *La rivière d'Aisne.* *Rivière,* n., p-q. . . ; com., p-q. . . ; qui n'est pas col., p-q. . . ; s., p-q. . . *Aisne,* n., pr., p-q. . . — *Une infinité d'hommes,* *Infinité,* n., p-q. . . ; col., p-q. . . ; col. parti., p-q. . . ; f., p-q. . . ; s., p-q. . . *Hommes,* n. com., p-q. . . ; pl., p-q. . . ; qui n'est pas comp., p-q. . .

13. *Le conseil municipal.* *Conseil,* col., p-q. . . ; parti., p-q. . . — *Une bibliothèque,* col. p-q. . . ; gén., p-q. . . — *Un hameau,* col., p-q. . . ; parti., p-q. . . — *Une ville,* col., p-q. . . ; gén., p-q. . . — *Il y a une grande quantité d'abeilles.* *Quantité,* col., p-q. . . ; gén., p-q. . . — *Une très petite quantité de fleurs.* *Quantité,* col., p-q. . . ; parti., p-q. . . — *La moitié des plantes.* *Moitié,* col., p-q. . . gén., p-q. . . — *La moitié de mes parens.* *Moitié,* col., p-q. . . ; parti., p-q. . . — *Le quart des habitans de Paris.* *Quart,* col., p-q. . . ; parti., p-q. . . — *Le quart des hommes.* *Quart,* col., p-q. . . ; gén., p-q. . . — *Une foule de sauterelles.* *Foule,* col., p-q. . . ; parti., p-q. . . — *Il était suivi d'une troupe de brigands.*

Troupe, col., p-q…; gén., p-q… — *Cette troupe le reconnaissait pour son chef. Troupe*, col.; p-q…; gén., p-q… —*Le monde existe depuis près de six mille ans. Monde*, col., p-q. …; gén., p-q… — *Un monde curieux accourut pour le voir. Monde*, col., p-q…; gén., p-q… —*Une partie de mes effets. Partie*, col. gén., p-q…

FORMATION DU PLURIEL DANS LES NOMS.

14. Le frère, la plume, le livre, la fable, la table, le soldat, le régiment, le bataillon, le chasseur, le canif, le banc, font au pl.: les les frères, les plumes, les…, parce qu'ils suivent la règle gén. qui enseigne que le pl. dans les n. s'indique en ajoutant *s* à la terminaison du s.—Le couteau, le château, le tableau, le manteau, le chapeau, le gâteau, le poireau, le vaisseau, le veau, font au pl. les… p-q. Le pl. dans les noms terminés par *au* se forme en ajoutant *s*.—Le remords, la souris, la perdrix, le temps, le lynx, le larynx, l'index, la paix, le nez, l'os le clos, l'enclos, le dos, le héros, le propos, le repos, le sens, l'embarras, l'accès, le tapis, le repas, l'amas, l'appas, le bras, le cadenas, le canevas, le cas, le cervelas, le chasselas, le compas, l'embarras, le matelas, le pas, le tas, font au pl. les…, p-q…

15. Le cheval, le mal, le métal, l'amiral, le

vassal, l'arsenal, le bal, le canal, le cardinal, le carnaval, le confessionnal, le cristal, le diurnal, le général, l'hôpital, le journal, font au pl. les..., p-q... — Le local, le madrigal, le maréchal, le minéral, l'official, l'original, le procès-verbal, le processionnal, le quintal, le régal, le signal, le théologal, le total, le tribunal, le vassal, font au pl. les..., p-q... — L'attirail, le bail le corail, l'émail, le détail, le travail, font au pl. les attiraux, les baux, les coraux, les émaux, les détaux, les travaux. p-q. Les n. en *al* font leur pl. en *aux*. — L'agneau, l'arbrisseau, le baliveau, le bandeau, le barbeau, le barreau, le bateau, le bluteau, le boisseau, le bordereau, le bouleau, le bourreau, font au pl. les agneaus, les..., p-q. ces n., suivant la règle gén., forment leur pl. par l'addition de *s*.

16. Le feu, le jéu, le lieu, le vœu, le cheveu, le neveu, le milieu, font au pl. les feus, les jeus, les..., p-q... — Le coucou, le cou, le caillou, le sou, le hibou, le trou, le chou, le joujou, font au pl. les..., p-q... — Le vent, l'accent, l'accident, l'adjudant, l'adolescent, l'agent, l'aimant, l'aliment, l'argent, l'arpent, l'arrangement, l'ascendant, l'attendrissement, le changement, le ciment, le client, le clinquant, le commandant, le commandement, le commencement, la dent, le gant, le gémissement, font au pl...., p-q. les n. en *ant* ou en *ent* forment leur pl... — L'abatis, l'abcès, l'accès, l'anus, l'as, l'avis, le biais, le bois, le bourgeois, de bras, l'encens, le fils, le fonds, font au pl...., p-q.

17. Le courroux, le gueux, le lynx, la noix, l'orgueilleux, la paix, la poix, le flux, le reflux, le taux, la voix, font au pl...,p-q. ... —L'autel, le caramel, le cartel, de casuel, le fiel, le graduel, le scalpel, font au pl...., p-q. les n. en *el*... —L'abricot, le ballot, le canot, le chariot, le dépôt, l'entrepôt, le fagot, le fricot, le gigot, le haricot, le javelot, le linot, le lot, le marmot, le sabot, font au pl...., p-q... — L'étourneau, l'escabeau, l'étau, le fabliau, le fléau, le fourneau, le fourreau, le fricandeau, le seau, le sceau, le gluau, font au pl...,p-q... —Le jeu, le pieu, font au pl. les jeus, les pieus, p-q. ces n., suivant la règle gén., prennent *s* au pl.

18. Deux chevals. Des clous. Aux genous. Des nezs. Les voixs. Les secours. Manger des poix. Trois choux. Les fleurs. Aux soupirails. Des marteaus. Deux côteaus. Les bétails. Aux environs des prairie. Quatre bals, Huit régaux. Des vins. Des liqueurs. Dans des bocals. Tous les cristals. Vivent les carnavaux. Je n'aime pas les ails, ni les oignons ni les poireaus, ni les radix. Les œufs coûtent deux soux. Les métals. Les végétals. Les minerals. Les corails. Les portails. Deux tuyaus. Trois boyaus. Dans les boyaus. Sur les bateaus.

Les feux. Les jeux. Les lieus. Trois voeux. Les étoiles sont de vrais soleil. Le temps des travails des champ. Loin des hôpitals.

19. Les oiseau. Les instrumens. Les peaus. Des lièvres et des chevraux. Il a tué deux chevreuils. Il a les cheveus blancs. Ces riches font les gueux. Les pous sont des insecte. Les caillous sont des minérals. Les hibous sont des oiseaus. Les coucous. Les époux chargés de bijoux. Faites deux troux. Faites-y couler les eaus du marais. Combien y a-t-il de gouvernail à ces vaisseau, d'essieus à ces cabriolet, de veaus dans ces troupeaux? Les feus de la canicule. Les fuseau. Des individu. J'aime les doux glougloux des bouteilles. On prend les moineaux avec des gluaus. Les hochequeues sont-ils plus beaux que les chardonnerets? Les poteaus. Les étables des pourceau. Les rameau des arbrisseau. Les ciseau de mes sœur.

20. Les accens des vois de ces enfans. La blancheur de leurs dens. On entend des aboiemens et les cris de beaucoup de gens. J'ai entendu deux mot emporté par les vens. Ces éléphans ont de belles dens. Trois caporals, deux sergens. Le général et les officiers ont fait dresser trois camps dans des plans d'olivier. Les soldats faisaient retentir les air des chans de victoire. Des gland pendaient aux coux de leurs chevau. Les lémens à la portée des enfant qui ne sont pas fainéant. Mille fagot de sarments pour couvrir les bâtimens. Il a fait deux testament. Il a violé ses sermens. Il a fait des bas, des bonnet et des gans. Il a seize printemps ou seize an. Accepter des présent.

21. Après les funérailles, les musicien jouèrent autour des deux tombeau une air en huit parties, qui faisait tellement illusion aux oreilles des auditeur, qu'on croyait entendre les chans de huit espèces d'oiseaus. A cause de la ténèbre de la nuit, cette musique était encore plus magique. Les deuil avait été pris par tous les habitant. Tous rendaient hommage aux mémoires des deux défunt. Chacun versait sur la tombe un pleur sincères. Les jeunesses pleurait un père, les vieillesses regrettait un ami. Les humanité pleurait la perte d'un génie distingué. Les adolescences et les enfans eux-mêmes semblaient sentir la perte que faisait tous les mondes. L'un parlait de la sévérité de leurs mœur, un autre des connaissances qu'ils avaient dans la mathématique et dans la physique.

CHAPITRE SECOND.

L'ARTICLE.

22. *Le*, ar. sim., parce qu'il n'est pas formé de plusieurs mots. — *Les*, ar. sim., p-q... — *Au,* ar. comp., parce qu'il est formé de l'ar. *le* et *de*... —*Aux,* ar. comp., p-q... — *Du,* ar. comp., p-q... —*Des,* ar. comp., p-q... — *La,* ar. comp., p-q... — *Des,* mis pour *de la,* ar. comp. de la pré. *de* et de l'ar. *la...* — *Au,* mis pour *à le,* ar. comp. de la pré. *à* et de l'ar. *le...* —*Du,* mis pour *de la,* ar. comp. de la pré. *de* et de l'ar. *la...* — *Aux,* mis pour..., ar. comp. de la pré. *à* et de l'ar. *des...* — *Les,* mis pour..., ar. comp. de... —*Le,* ar. sim., p-q...; m. s., parce qu'il se met devant les n. m. s.—*Les*, ar. comp., p-q...; pl., p-q...; des deux genres, parce qu'il se met devant... — *Au,* mis pour..., ar. sim., p-q..; m. s., p-q... —*Aux,* mis à *le,* ar. comp. de...; f. pl., p-q... —*Des,* mis pour *de la,* ar. comp. de...; s. des deux genres, p-q...—*La,* mis pour..., ar. sim., p-q...; f. s., p-q... —*Du,* mis pour..., ar. sim., p-q...; f. pl., p-q...

23. La vignoble. La vigne. De la vif-argent. Le habillement. La hache. L'haie. L'hasard, L'habitude. Le soupape. La scandale. Le seau d'eau. De l'ouate. Le ourlet. Avaler de la poison dans du bouillon. Le manche de le hoyau est plus grand que celui du cognée. Il a l'hoquet. Le balancier du horloge. N'avez-vous pas d'honte de montrer de l'haine contre un frère? Je fus saisi de la horreur la plus profonde, en enpendant le hurlement de cette bête féroce. On danse à le hameau. Le pourpre est une couleur rouge. La plus grand obstacle à le succès de vos études est votre paresse. Le tempête a brisé la gouvernail de le vaisseau.

24. Il demeure à la campagne. Le présure fait cailler le lait. Prendre des les oiseaux au pipée. Servez-vous de les pincettes. A l'ouvrage on connaît les ouvrier. Il attacha des branches de sarment à les cornes de les bœufs. Assister à la funérailles. On doit du respect à les vieillards. J'ai mal au dent. A l'hardiesse de le courage il faut joindre la retenue de la prudence. On ne résiste guère aux ascendants de la vertu. Il fut condamné aux dépens. Les canards se tiennent toujours à l'environs des marais. Il est si pauvre qu'il n'a pas de quoi payer le frais du funérailles de son père. On préfère toujours les mœurs du temps passe au mœurs du temps présent.

CHAPITRE TROISIÈME.

L'ADJECTIF.

ARTICLE PREMIER.

DIFFÉRENTES ESPÈCES D'ADJECTIFS.

25. *Tous les hommes vertueux : tous*, adj., parce qu'il se joint à un n. pour... ;

indéf., parce qu'il désigne le n. *homme* comme représentant tous les individus de l'espèce. *Les*, ar. comp. m. pl. *Hommes*, n. com. m. s. *Vertueux*, adj., p-q...; qual., parce qu'il n'est ni num., ni... — *Quatre-vingt mille soldats : quatre-vingt mille*, nombre or., parce qu'il détermine le nombre des soldats, n. col. m. pl. — *Ce père aime ses enfans : ce*, adj. dém., parce qu'il désigne *père*, comme présent. — *Père*, n. pr. d'homme m. s. *Ses*, adj. poss., parce qu'il désigne *les enfans* comme possédés par le père. *Enfans*, n. com. m. pl. — *La parole divine est la véritable lumière de notre esprit : la*, ar. sim. f. s. *Parole*, n. comp. m. s. *Divine*, adj. qual., p-q... *Véritable*, adj. qual., p-q... *Lumière*, nom com. m. pl. *Notre*, adj. qual., parce qu'il désigne l'esprit possédé par nous. *Esprit*, n. com. f. s. — *Plusieurs savans se sont égarés par leur orgueil : plusieurs*, adj. dém., p-q... *Savans*, n. col. parti. *Leur*, adj. poss., p-q... *Orgueil*, n. col. gén.

26. *Tout homme public appartient à sa patrie : tout*, adj. qual., parce qu'il désigne le n. *homme* comme représentant... *Homme*, n. com. s. m. *Public*, adj. poss., p-q... *Sa*, adj. dém., p-q... *Patrie*, col. parti... — *Les rossignols ont une voix mélodieuse : les*, ar. sim. f. pl. *Rossignols*, n. pr. d'oiseaux, f. pl. *Une*, adj. de nombre or., p-q...

Voix, n. com. m. pl. *Mélodieuse*, adj. qual., p-q... — *Le premier meurtrier fut Caïn : le*, ar. sim. m. s. *Premier*; adj. de nombre or., p-q... *Meurtrier*, n. com. m. s. *Caïn*, n. pr. m. s. — *Le souverain pontife porte une triple couronne : le*, ar... *Souverain pontife*, n. pr. comp. *Une*, adj. de nombre car. *Triple*, adj. qual., p-q... *Couronne*, n. col. comp. m. s.

27. *Une couronne immortelle pare son auguste front : une*, adj. de nombre car., p-q...; il détermine *couronne. Couronne*, n. com. m. s. *Immortelle*, ... qui qualifie *couronne. Son*, adj. dém., p-q...; il détermine *front. Auguste*, adj. qual., p-q... — *Le poète Horace, en parlant des anciens peuples britanniques, dit qu'ils immolaient les voyageurs étrangers : le*, ar. sim. *Poète*, n. pr. d'homme m. s. *Horace*, n. pr. d'homme., m. s. *Des*, ar. sim. m. pl. *Anciens*, adj. dém., p-q...; il détermine *peuples. Peuples*, n. com. m. pl. *Britanniques*, adj. dét., p-q...; il qualifie *peuples. Voyageurs*, n. comp. m. pl. *Etrangers*, adj. qual., p-q...; il qualifie *voyageurs*. — *Dieu juste brisera l'orgueil de ce tyran cruel et farouche : Dieu*, adj. qual., p-q...; il qualifie *juste. Juste*, n. com. des deux genres. *L'*, pour *la*, ar. comp. f. s. *Orgueil*, n. com. s, f. *Ce*, ar. sim. *Tyran*, n. pr. d'homme, s. m. *cruel*, adj. indéf., p-q...; il détermine *tyran. Fa-*

rouche, adj. qual., p-q....; il qualifie *tyran.*

28. *La matière blanchâtre qui est autour de nos dens renferme des animalcules si petits, que plusieurs millions réunis n'occupent pas un plus grand espace qu'un seul grain de sable:* la, adj. dém., p-q....; il détermine *matière. Matière,* n. com. s. f. *Blanchâtre,* n. comp., des deux genres. *Nos,* adj. dém., p-q....; il détermine *dens. Dens,* n. col. comp., m. s. *Des,* mis pour...., art. comp. pl. des deux genres. *Animalcules,* adj. qual., p-q....; il qualifie *dens. Petits,* adj. num., p-q...., il détermine *animalcules. Plusieurs,* adj. poss., p-q....; il détermine *millions. Millions,* n. com. col. pl. des deux genres. *Grand,* adj. qual., p-q....; il qualifie *espace. Espace,* adj. de nombre car., p-q....; f. s.; il détermine *sable. Seul,* adj. indéf., p-q....; m. s., parce qu'il détermine sable qui est m. s. *Grain,* adj. qual., p-q....; m. s., parce qu'il qualifie *sable* qui est m. s. *Sable,* n. com. f. s.

ARTICLE SECOND.

PROPRIÉTÉS DE L'ADJECTIF.

MODE DE QUALIFICATION.

29. *Les plus pieux rois ont toujours été les plus appliqués à leurs peuples:* les plus *ieux,* sup. rél., parce qu'il indique non-seulement que les rois dont on parle sont pieux, mais que leur piété est supérieure à celle de tous les autres. *Rois*, adj. au pos. *Les plus appliqués*, sup. rel., p-q... *Leurs*, adj. dém., p-q... *Peuples*, n. com. pl. m.—— *La respiration d'un très-petit animal absorbe une aussi grande quantité d'air que la lumière d'une chandelle : la*, ar. sim. f. s. *Respiration*, n. com. f. s. *Un très petit*, sup. rel., p-q...; il qualifie... *Animal*, adj. au pos., p-q...; il qualifie respiration. *Une*, adj. de nombre car., p-q... *Aussi grande*, compa. d'ég., parce qu'il indique non-seulement que la quantité est grande, mais encore que sa grandeur est égale à une autre; il qualifie air. *Lumière*, n. com. f. s. *Une*, adj. de nombre or., p-q... *Chandelle*, n. comp. f. s. —— *Voilà mon premier habit : mon*, adj. de nombre or., p-q... *Premier*, adj. compa. de sup., p-q...; il exprime à lui seul une comparaison. *Habit*, adj., p-q...; au pos., p-q...; il qualifie *mon*.

30. *Il n'y a rien de plus célèbre dans nos poètes que le sacrifice d'Iphigénie : rien*, pro. indéf. *Plus célèbre*, compa. de sup., p-q...; il qualifie *rien*. *Nos*, adj. pos., p-q...; il qualifie *poètes*. *Poètes* adj. qual., p-q...; il qualifie *nos*. *Sacrifice*, n. com. f. s. *Iphigénie*, n. com., parce qu'il ne convient qu'à une seule femme ; f. s. — *La plupart des bruits populaires sont très peu dignes de foi : la* *plupart*, adj. indéf., p-q...; il détermine *bruits*. *Bruits*, n. col. m. pl. *Populaires*, adj qual., p-q...; il qualifie *bruits*. *Très peu dignes*, sup. ab., parce qu'il indique que la qualité *dignes* est d'un degré bas; il qualifie *bruits*. *Foi*, n. pr. s. f. — *L'homme le plus prudent met toujours en usage ce que la raison peut dicter de plus sage*. *L'* mis pour *les*, ar. comp. m. s. *Homme*, n. com. m. pl. *Le plus prudent*, sup. rel., parce qu'il indique non-seulement que l'homme dont il s'agit est prudent, mais encore que sa prudence est supérieure à celle de tous les autres hommes; il qualifie l'*homme*. *Usage*, adj. au pos., qui qualifie... *La*, adj. dém. qui détermine *raison*. *Raison*, n. com. f. s. *De plus sage*, tournez : *de ce qui est le plus sage*. *Le plus sage* est un adj. qui qualifie l'objet sous-entendu; il est au sup. relatif, parce qu'il indique non-seulement que l'objet dont il s'agit est sage, mais encore qu'il l'est dans un degré supérieur à tous les objets.

31. *La haine d'un athée est bien plus terrible que celle d'un croyant : la*, adj. dém., p-q... *Haine*, n. pr. de vice, f. s. *Un*, adj. de nombre car., p-q... *Athée*, n. pr. de celui qui nie Dieu, m. s. *Bien plus terrible*, sup. rel., parce qu'il indique non-seulement que la haine dont il s'agit est terrible, mais encore qu'elle l'est dans un degré supérieur à celui d'une autre haine; il qualifie *athée*.

Du, ar. sim. des deux genres. *Croyant*, n. com. m. s. — *Avec qu'elle indifférence pas-sez-vous vos plus beaux jours! Indifférence*; n. com. m. s. *Vos*, adj. poss., p-q...; des deux genres. *Vos plus beaux*, sup. rel., parce-qu'il indique non-seulement que les jours dont il s'agit sont beaux, mais encore.... *Jours*, adj. indéf. qui qualifie *beaux*. — *Il est moins facile qu'on ne pense d'être fort honnête homme et de jouer gros jeu: moins facile*, compa. d'infé., parce qu'il indique non-seulement que la chose dont il s'agit est facile, mais que sa facilité est inférieure à une autre; il qualifie *il* mis pour *la chose. Fort honnête*, sup. ab., p-q...; il qualifie *homme. Homme*, n. com. m. s. *Gros*, adj. au sup., p-q...; il qualifie *jeu. Jeu*, n. com. m. s.

32. *La lumière parcourt en sept minu-tes et demie l'énorme distance de trente qua-tre millions de lieues. La*, adj. qui qualifie *lumière. Lumière*, n. com. col. f. s. *Sept*, adj. dém., p-q...; il détermine *minutes. Minu-tes*, adj. de nombre car., p-q... *Demie*, n. col. s. des deux genres. *L'* pour *le*, art. sim. m. s. *Enorme*, sup. ab., p-q....; il qualifie *distance. Distance*, n. comp. f. s. *Trente-qua-tre*, n. comp. m. pl. *Millions*, n. pr. de nom-bre, m. pl. *Lieues*, n. com. f. pl. — *Le soleil couchant était fort rouge, sa grandeur ap-parente était quadruple de ce qu'elle est à* *midi : le*, ar. sim. m. s. *Soleil*, n. pr. d'astre, m. s. *Couchant*, adj. qual. p-q...; il qualifie *soleil*; au pos., p-q.... *Fort rouge*, compa. de sup., p-q....; il qualifie *soleil. Sa*, adj. indéf., p-q....; il qualifie *soleil. Grandeur*, n. com. m. s. *Apparente*, adj. qual., p-q. ...; il qualifie *grandeur. Quadruple*, adj. de nombre car., p-q....; il détermine *soleil. Midi*, adjectif qui qualifie....—*L'invention du boussole n'est pas aussi récente qu'on le croit; elle date de trois mille ans : l'* pour *la*, ar. sim. f. s. *Invention*, n. com. m. s. *Du*, mis pour *de la*, ar. comp. m. s. *Boussole*, n. pr. d'instrument, f. s. *Aussi récente*, adj. au pos., p-q....; il qualifie *boussole. Trois mille*, adj. qual., p-q....; il détermine *l'invention. Ans*, n. com. m. pl.

DU GENRE ET DU NOMBRE DES ADJECTIFS.

33. *Actif*, fait au f. *active*, p-q. les adj. terminés par *f* font leur f. en *ve*. — *Abstrait*, fait au f. *abstraite*, parce qu'il suit la deuxième règle générale, qui enseigne que tout adj. qui n'est pas terminé au m. par un *e* muet.... — *Adorable*, fait au f....; p-q. ...; — *Affectueux* fait au f. *affectueuse*, parce qu'il suit la dernière règle gén. qui porte que.... — *Affreux* fait au f. *affreuse*, p-q....; — *Agile* fait au f. *agile*, parce qu'il suit la première règle gén. qui porte que. ....— *Aisé* fait au f. *aisé*, parcequ'il suit la première règle gén. qui porte que.....—*Algérien* fait au f. *Algérienne*, p-q. les adj. en *ien* doublent au f. leur dernière consonne en prenant un e muet. — *Alternatif* fait au f....., p-q.... — *Ambigu* fait au f....., p-q..... *Ambitieux* fait au f...., p-q.... —*Amer* fait au f. *amère*, parce qu'il suit la deuxième règle gén. qui porte que..... — *Ammoniac* fait au f....., p-q..... —*Annuel* fait au f. .....; p-q.....

34. *Arménien* fait au f. *Arméniène*, parce qu'il suit la 1e règle gén. qui porte que... — *Attentif* fait au f. *attentife*, parce qu'il suit la 2e règle gén. qui porte que. .. — *Autrichien* fait au f..., p-q... — *Avant-dernier* fait au f..., p-q.. — *Avare* fait au f..., p-q.... — *Babillard* fait au f. *babillarde*, p-q... — *Apprenti* fait au f...., parce qu'il suit la 2e règle gén. — *Badin* fait au f. *badine*, p-q... —*Bas* fait au f. *base* parce qu'il suit la 2e règle gén. qui porte que.. —*Bissextil* fait au f. *bissextile*, p-q... —*Blanc* fait au f...., p-q... — *Benin* fait au f...p-q... —*Boudeur* fait au f...., p-q... —*Bourbeux* fait au f...., p-q... — *Bref* fait au f..., p-q... — *Brut* fait au f. *brutte*, p-q... —*Captif* fait au f....,p-q...

DITES COMMENT FONT AU FÉMININ LES ADJECTIFS SUIVANS, ET AJOUTEZ LA RAISON.

35. Brun, buissonnier, cadavéreux, caduc, calomnieux, calme, captif, carnassier, carthaginois, casuel, chagrin, châtain, chassieux, chétif, cher, civil, clément, clos, commun, concret, conditionnel, confidentiel, confit, consciencieux, consécutif, constitutionnel, contagieux, continuel, contrefait, controverser, copieux, coquet, corinthien, corporel, corrélatif, couvert, criminel, crochu, cru, décent, décisif, défectueux, demi, délicat, diffus, diluvien, discret, dispos, divin, douillet, écru, empesé, enclin, endormi, entier, épais, épicurien, épineux, éternel, essentiel, éventuel, excessif, exclusif, exempt, fâcheux, faible, fameux, familier, faux, favori, fileur, galiléen, nul, chanteur, créateur.

36. Les principaus chef. Un grande arbre: Secret inspiration. De les gâteaus de purs froment. Ne mangez pas cet pâte fatal. La oracle d'un dieu immortelle avait prédit que les croyens mangeraient leur tables. Dieus pénates notre fidèles protecteurs. Trois divers bandes. Des rameau vert. Les cruels douleur. Deux de leur vaisseau tout neuf encore furent brisés par un horrible tempête. Ils consacrèrent aux dieus une autel funèbres. On fit la dernière effort pour réussir. Il sort de cette antre une vapeure maline. Un épaisse ténèbre couvrit la face des eaux. Des écueil dangereux. Des caresses dangereuxes. Ils firent sortir des veine des caillous des étincelles brillantes. Des jeus innocents.

37. L'éducation public donne au mœurs plus d'urbanité. Ces ouvrages sont fort bien écrites. Des cœurs bienfaisans. Des parens vertueu. Des gents heureus. Des talent médiocre. Il a l'humeur trop vif. Des colonies égyptiènes tirèrent les Grecques de l'état sauvage. L'air est obscure. Des brouillards épais. La saison nouvèle. Une ombrage verte. Une antre profond. Les divinités payènes. Une parole indiscrette. Une hiver pluvieuse. Un cheval rétif. Une jument rétiffe. Jalousie secrette. Trois coursiers fougueus. Une large poitrail. Sa tête altierre. Cavalerie légerre. Une démarche fierre. Un embuscade dangereux. Ces bois touffu. Il eut ce jeune enfant pour compagne de sa horrible captivité. Deus escadrons égaus. La troisièmme fois. Des combats furieux. Deux taureaus jalous.

38. Cette fille de basse naissance devint sultane favorie. Il lui fit parler par une tierse personne. Un casque ornée d'une belle aigrette. Un attaque subite et imprévu. Une fille sourde et muète. Coupez cet maiu ingratte. Terre étrangerre. Il a un toux sec causé par un échauffement. Cette terre est trop secque pour recevoir la semence. Des pieus aigux. La haleine maline de ce vipère. Les femmes grecques. Une pipe turcque. Une

9

boisson amère. Une àge caducque. La grande
muraille est longue de quatre cent lieues et
large de quatre-vingt. Les fièvres tierses et
les fièvres quartes sont des espèces de fièvres
intermittentes. Ce spectre m'apparut comme
un grand ombre. Cupidon est représenté
sous la figure d'un beau enfant qui se fait
jeu de lancer des flèches cruèles.

39. Une musique mole et efféminée.
Au pied d'une vieille orme. Il n'avait
qu'un vieil haillon pour se couvrir. Une
hiver pluvieuse. Un nouvel héros s'an-
nonce dans cet enfant. Ce vieux horloge se
dérange toujours. Une résolution définitive.
Une ombrage frais. Une secrette horreur.
Les anciènes babylonièes. Un fou orgueil. Un sot auteur. Une pomme hâtife.
Une muraille hautte de dix pieds faite par
diz ouvriers. La sote grenouille aurait voulu
être aussi groce qu'un bœuf. Une lionne
décrepitte, goutteuxe. Ma sœur est trop
douillette. Les piquette de cerises est une
boisson surette. C'est une danseuze intré-
pide. Elle est un peu coquette, et très-in-
discrette.

40. La vengeance des courtisans est cruèle.
Il prend d'inutiles précautions. Les acteurs
représentaient toutes les déesses de l'Olympe.
Préparons-nous à notre heure dernierre. Le
roi d'Angleterre a envoyé une embassadresse

en Grèce. Les syrènes sont des enchanteresses. Une maladie mortèle. Un calandrier perpétuelle. Des plantes amerres. La famille entière. Il m'a annoncé une nouvelle singulière. Un rameau vert. La couleur verde est le symbole de l'espérance. La musique vocalle. Le vingtième jour du mois d'avril. Une expression trivialle. Une plainte touchante. Il a une science superfisièle. La vie éternèle. La bête scélératte. Une ouvrage incomplette.

41. Touts les hommes sont faux. Les peuples orientaux. Des airs nationaux. Des combats navaux. Le soufle des vents glaciaux. Le conseils municipals. Trois gardes nationals furent tués dans un émeute. Il a les mouvements fort lens. Nous sommes impatiens. Des amis loyales. Leur chapeaus sont usés. Des enfans maudis de leurs parens. C'est une petitte maigrelette extrêmement maladroitte. Nous en sommes très-mécontens. Cet pendule coûte deux cens francs. La nouvèle est officièle. Les adjectifs numérals. Deux sommes égalles. Ces deux ormeaux sont absolument égals. On entend des voix plaintifs. Il m'a répondu en termes piquans. Chantez, petits oiseaus. Il a uns yeux chassieux. Une bouche béantte. La dernière hiver a été froide.

42. *Les déesses immortels : les*, adj. dém. f. pl., il détermine *déesses. Déesses*, n. pr.

f. pl. *Immortels*, adj. f. pl. qui qualifie *déesses*. — *Mes enfans furent les fatales instrumens de ma infortune : mes*, adj. m. pl.; il qualifie *enfans. Enfans*, adj. m. pl.; il détermine *mes. Les*, ar. com. m. pl. *Fatales*, n. com. s. f. *Instrumens*, adj. f. pl.; il qualifie... *Ma*, ar. sim. f. s.; il détermine *infortune. Infortune*, n. com. f. s. — *Les oiseau par leur sons éclatans animent les délicieus bocages. Les*, adj. dém. f. pl.; il détermine *oiseau. Oiseau*, n. com. s. f. *Leur*, adj. de nombre or. m. pl.; il détermine *oiseau. Sons*, n. col. m. pl. *Eclatans*, adj. m. pl. qui qualifie *sons. Les... Délicieux*, adj. indéf. qui détermine *bocages.* Bocages...

43. *Des gens experts et savans : des...* *gens*, adj. m. pl.; il qualifie *experts. Experts*, n. com. m. pl. *savans*, adj. m. pl.; il qualifie... — *La méchante bête se tint close et coie : la*, adj. poss. f. s. *méchante*, adj. f. s. qui qualifie *bête. Béte*, adj. dém. f. s. qui détermine *méchante. Close*, adj. f. s. qui qualifie... *Coie*, adj. f. s. qui qualifie... — *La plupart des courtisans sont aussi cruels que lâches. La*, ar. sim. f. s. *plupart*, n... *des... courtisans*, n. pr. m. s. *aussi cruels*, adj. au sup. d'ég.; il qualifie... *lâches*, n. com. m. s. — *C'est le plus hardi des marchands, mais non pas le plus sage : le*, n. com., m. s. *plus hardi*, compa. de supériorité, qui qualifie *marchand* sous-entendu, *Le plus sage...*

Analysez chaque mot de cet exercice en ajoutant la raison.

44 Un, deux, trois, quatre corps, quatre semaines. — Le cours du petit ruisseau , image du sommeil le plus doux ; aussi paisible, tranquille. — Laridon, César, deux chiens fameus, beau, très-hardis. — Un citoyen du Mans, chapon, le beau métier! Aussi rusé que le chien du fameux Jean-de-Nivelle. — L'apologue, don précieux des immortels. — Les malices, les tours, cents stratagèmes dignes des plus grands chefs.— La première roue plus petite que la seconde. — Quelques jours plus sereins. — Cents bœuf au Dieu vainqueur des tyrans. Tout le troupeau du berger Lucas.

CHAPITRE QUATRIÈME.

LE PRONOM.

45. *Je*, pro. de la 1re pers. *Elle*, pro. dém. *Celle*, pro. dém. *Les miens*, pro. poss. *Te*, pro. poss. *Nous*, pro. de la 3e pers. *Vous*, pro. dém. *Lequel*, pro. pers. de la 3e pers. *Ses*, pro. poss. *Ceux*, pro. poss. *Le nôtre*, pro. pers. de la 1re pers. *Les siens*, pro. pers. de la 3e pers. *Soi*, pro. poss. *Se*, pro. poss. *Ta*, pro. dém. *Quoi*, pro. rel. *Ceci*, pro. poss. *Les leurs*, pro. de la 3e pers. *Chacun*, pro. pers. de la 3e pers. *Eux*, pro. rel. *On*, pro. pers. de la 3e pers. *Ils*, pro.

pers. de la 3ᵉ pers. *Dont*, pro. dém. *Cela*, pro. dém. *Moi*, pro. poss. *Tu*, pro. de la 1ʳᵉ pers. *Il*, pro. dém. *Elle*, pro. dém. *Lui*, pro. indéf. *Quiconque*, pro. rel. *Ils*, pro. dém. *Le sien*, pro. poss. *Lequel*, pro. poss. *Le vôtre*, pro. poss. *Lesquelles*, pro... *La tienne*, pro. poss. *Ceci*, pro. de la 3ᵉ pers. *Que*, pro. indéf. *L'autre*, pro. dém. *Desquels*, pro... *Les vôtres*, pro. de la 2ᵉ pers. *Ceux*, pro. rel. *Qui*, pro. rel. *Celui-là*, pro. pers. de la 3ᵉ pers. *Celles*, pro. de la 3ᵉ pers. *Moi*, pro. de... *Ceux-là*, pro... *Les tiens*, pro. ... *La sienne*, pro. de la 3ᵉ pers.

46. Je dis à vous. Je punirai toi. Apportez à moi. Je te prie, fais à moi son portrait. Le cheval dit à eux. Le sage méfie soi de tout inconnu. La fortune envoie cette proie à nous. Des gens d'esprit ont dit à moi. Ecrivez à lui. Un arbre servait à lui de rempart. Je dispose moi à partir. Il tient moi par les oreilles. Un trafiquant enrichit soi. Allez-vous à la ville? Oui je vais à elle. Vous allez à le marché, et moi je viens de lui. Nommez à moi le lieu du monde dans lequel le ciel n'a pas plus de trois coudées. La fortune plaît soi à renverser ceux qu'elle a le plus élevés. On tient toujours du lieu duquel on vient. L'un élève soi et l'autre rampe. Voici un lieu dans lequel je suis entré aisément; sortirai-je de lui aussi facilement?

47. *J'ai l'œil bon, dit l'un.—Je ne l'ai pas mauvais, dit l'autre; j'ai vu l'huitre avant vous, sur ma vie. Perrin l'ouvre et la gruge, nos deux messieurs le regardant.*

J' mis pour *je*, pro. de la 1re pers. s. m.; il tient lieu de la pers. qui parle. *L'* mis pour *le*, ar. sim. m. s.; il détermine *œil*. OEil, n. com. m. s. *Bon*... *L'un*, pro. pers. de la 3e pers. s. m. *Je*, pro. de la 1re pers. s. m. *L'* pour *le*, pro... *Mauvais*... *L'autre*, pro. pers. de la 3e pers. s. m. *J'* mis pour... *L'* mis pour... *Huitre*... *Vous* mis pour *toi*, pro. de la 2e pers. s. m. *Ma*, pro. poss. f. s.; il tient lieu de *la vie*. *Vie*... *Perrin*, n... *L'* pour *la*, pro. de la 3e pers. f. s., qui tient lieu de *l'huitre*. *La*... *Nos*, pro. poss. f. s. m. pl.; il tient lieu de *messieurs*. *Deux*... *Messieurs*, adj. m. pl. qui, qualifie *deux*. *Le*, ar. sim. m. s. qui détermine *Perrin*.

48. *Ce repas fait, il dit : La cour vous donne à chacun une écaille, que chacun chez soi s'en aille. Voilà ce qui arrive à tous ceux qui plaident.*

Ce, pro. dém.; il tient lieu de *repas*. *Repas*... *Il*... *La*, pro. de la 3e pers. f. s. *Cour*... *Vous*, adj. poss. pl. m.; il détermine... *Chacun*, pro. de la 3e pers. s. m. *Une*, n. comm. f. s. *Ecaille*, adj. f. s. qui qualifie *une*. *Chacun*, pro...; il tient lieu de *chaque plaideur*. *Soi*, pro. indéf. des deux genres. *S* pour *se*, pro. dém. m. s.; il tient lieu de *chaque plaideur.* Ce, adj. dém. m. s. ; il détermine ... *Qui*, pro. indéf. m. s.; il tient lieu de *ce* mis pour *la chose. Tous*, n. com. m. pl. *Ceux*, adj. dém. m. pl.; il tient lieu de *les hommes* sous-entendu. *Qui*, pro. indéf. m. pl.; il tient lieu de *ceux* mis pour *les hommes.*

49. *Quelle fut la fin du roi Antiochus? Elle fut très-malheureuse. C'était un prince orgueilleux qui croyait commander même aux flots de la mer. Mais Dieu le brisa contre la terre en le faisant tomber de son char.*

Quelle, adj. f. s. qui qualifie interrogativement *la fin. La*, pro. de la 3e pers. f. s. qui tient lieu de... *Fin*, adj... *Du* mis pour ..., ar. comp. m. s. *Roi*... *Antiochus*... *Elle*, pro. indéf. f. s. qui tient lieu de... *Très-malheureuse*, adj. au sup. rel. f. s. qui qualif... *C'* mis pour *ce*, adj. dém. m. s. qui détermine *prince. Un*, ar. sim. m. s. qui détermine *prince. Prince*... *Orgueilleux*... *Qui*, pro. inter. m. s. dont l'ant. est... *Aux* ... *Flots*... *La*, ar. sim. f. s. qui détermine *mer. Mer*, n. com. m. s. *Dieu*... *Le*, ar sim. m. s. *La*, ar. sim. f. s. *Terre*... *Le*... *Son*, pro. poss. m. s. qui tient lieu de... *Char.*

50. *Tout son corps se changea en pourriture; il fourmillait de vers, et exhalait une puanteur insupportable à tous ses domestiques, à toute son armée, et à lui-même.*

Tout, pro. indéf. m. s.; il tient lieu de...

Son, adj. dém. m. s. qui détermine *corps*. *Corps*, n. com. m. s. *Se*, adj. dém. m. s.; il détermine *corps. Pourriture*... *Il*, pro. de la... pers. s. f. qui tient lieu de... *Vers*, n. ... m. s. *Une*, adj. de nombre or. f. s. *Puanteur*... *Insupportable*, adj. au sup. ab.; il qualif. *puanteur. Tous*, adj... qui qualif. *ses. Sés*, pro. poss. s. m. qui tient lieu d'*Antiochus. Domestiques*... *Toute*... *Son*, pro. dém. qui tient lieu d'*Antiochus. Armée*, n. comp. m. s. *Lui-même*, pro. dém. m. s. qui tient lieu de...

51. *C'est (l'Espagne) une grande presqu'île où l'on professe la religion catholique. Les autres n'y sont pas permises. Le gouvernement en est monarchique. Qui ne sait qu'on lui donne le titre de majesté catholique ?*

C' pour *ce*, adj. dém. s. f. qui détermine *l'Espagne. Une*, pro. de la 3e pers. f. s. qui tient lieu de *l'Espagne. Grande*, adj. sup. ab. f. s.; il qualifie *Espagne. Presqu'île*, n. comp. m. s. *Où*, mis pour *dans lequel*, pro. rel. dont l'ant. est... *On*, pro. de la 3e pers. des deux genres. *La*, pro. de la 3e pers. f. s. qui tient lieu de... *Religion catholique*, n. comp. f. s. *Les autres*, adj. indéf. m. pl.; il détermine... *Le*, ar... *Gouvernement*, n. pr. m. s. *En*, mis pour *d'elle*, pro. dém. des deux genres et des deux nombres. *Monarchique*... *Qui*, pro. rel. dont l'ant. est *gouvernement. Lui*, mis pour *à lui*, pro. dém. m. s.

qui tient la place de.... *Le*, pro. de la 3e pers.
m. s. *Titre*... *Majesté catholique*, n....

CHAPITRE CINQUIÈME.

LE VERBE.

ARTICLE PREMIER.

DIFFÉRENTES ESPÈCES DE VERBES.

52. *J'emporte*, v. ac. *Tu savais*, v. ac., *Il a
oublié*, v. ac. *Nous nous souvenons*, v. neu.
Céder, v. neu. *Je me lève*, v. réciproque. *Vous
avez entendu*, v. p. *Il rougit*, v. imp. *Ils
cueilleront*, v. neu. *Je voyais*, v. ac. *Nous
demanderions*, v. pronominal. *Je me repens*,
v.... *Mêlons*, v. neu. *Il faut*, v. ac. *Il s'élève*,
v. pronominal. *Il jaunit*, v. ac. *Il pleut*, v.
neu. *Viens*, v. ac. *Ils voudraient*, v. ac. *J'en-
tendis*, v. neu. *Etre ignoré*, v. ac. *Ils s'em-
brassaient*, v... *Ils règleront*, v. neu. *Tu ad-
mireras*, v. ac. *Entrez*, v. ac. *Je conviens*, v.
actif.

53. *Vous tremblez*, v. ac. *Jouons*, v. ac.
Il irait, v. ac. *Elle devient*, v. ac. *Elle flotte*,
v. ac. *Je me tais*, v. ac. *il feignait*, v. neu. *Il
venait*, v. neu. *Eblouir*, v. neu. *Souffrir*, v.
neu. *Louer*, v. neu. *Je me flatte*, v. réciproque. *Il est répandu*, v. p. *Ils ont repoussé*,
v. p. *Ils avaient reconnu*, v. p. *Je suis parti*,
v. p. *Je suis aimé*, v. p. *Il est pris*, v. p. *Vous
êtes monté*, v. p. *Que nous soyons descendus*,
v. p. *Je suis*, v. p. *Il plaît*, v. imp. *Il pleut*, v.
imp. *Il rit*, v. imp. *Il neige*, v. imp. *Il crie*,

v. imp. *Il se chagrine*, v. imp. *Je vous quitte*, v. pronominal. *Il se divertit*, v. pronominal. *Il s'est diffamé*, v. p.

54. *Elle est morte*, v. neu., parce qu'il attribue au suj. *elle* l'action de mourir qui ne peut pas être reçue par un rég. : on ne peut pas dire *mourir quelqu'un.*—*Je suis délivré*, v. p., parce qu'il attribue au suj. une qualité faite par l'action d'un autre. *Il produit*, v. n., p-q. l'action qu'il attribue au sujet ne peut pas être reçue par un autre. — *Il hurlait*, v..., p-q... — *Vous avez choqué*, v. p., p-q. la qualité qu'il attribue au sujet est faite par l'action d'un autre.— *Qu'il s'en aille*, v. pronominal, p-q... — *Il fut banni*, v..., p-q.—*Pleurons*, v. ac., p-q.—*Dormez*, v. neu. p-q. l'action de dormir qu'il attribue au suj. ne peut pas produire l'effet sur un autre.—*Elle se plaint*, v. réciproque parce qu'il a un suj. qui agit sur lui-même.

55. *Tu conserveras*, v..., p-q... — *Ils suffisent*, v. ac., p-q... —*Il grêle*, v. neu. parce qu'on ne peut pas dire : *je grêle quelqu'un ou quelque chose.* — *Il est sorti*, v. p., p-q. l'action n'est pas faite par le suj.—*Il reviendra*, v. ac., p-q. l'action faite par le suj. peut produire son effet sur un rég.: on peut dire: *Il reviendra quelque chose.*—*Vous invoquez*, v. ac., pour la même raison... — *Couvrir*, v. ac., p-q... *Nous demeurerons...* —*Elle a jetté*, v. p., p-q...— *Vous avez mé-*

rité, v....—*Casser*, v. neu., parce que l'action ne peut pas produire son effet sur un rég. *Il faut*, v. imp., parce qu'il ne peut avoir pour suj. que le pro, *il.—Il a régné*, v. imp. pour la même raison.

VERBES DONT IL FAUT FAIRE L'ANALYSE RAI-
SONNÉE.

56. *Ils avaient abattu. J'ai eu. Nous sommes. Ils se sont disputés. J'ai fini. Vous périrez. Il s'introduisit. Marchez. Travaillez. Poussez. Il se mutine. Elle est tombée. Vous faites. Vous profitiez. Nous prions. Nous pensons. Qu'il garde. Il s'est abandonné. Elle fut détruite. Il a été vaincu. Il a été tombé. Je serai parti. Je serai dispensé. Il serait venu. Il serait emporté. Nous avons résolu. Nous avons vécu. Nous avons travaillé. Je me connais. Je vous connais. Je courrai. Je parcourrai. Ils ont pleuré. Ils ont effrayé. Nous apprendrons. Nous raisonnerons. Tu te disposes. Tu me quittes. Montez. Causez. Fabriquez. Labourez. Bâiller. S'endormir. Fournir. Vider.*

57. *Nous remontions. Avoir succédé. Vous paraissez. Je châtierai. Nous achetterons. Vous avez emprunté. Il est regardé. Nous profitâmes. Ils se renfermèrent. Elle survint. Il faudra. Je reste. Vous avez obtenu. Je m'occupe. Suivons. Je suis poursuivi. Il suf-*

*fit. Nous fûmes entrés. Il s'empoisonna. Elle
l'empoisonna. Elle m'empoisonna. Nous ven-
dîmes. Vous fûtes vendus. Elle dissipa. Elle
se dissipa. Nous nous servons. Ils habitent.
Je me pique. Je me suis piqué. Je suis piqué.
Il se créva. Il créva. Il est crévé. il s'est crévé.
Il avait établi. Il s'énivra. Il l'énivra. Je m'appelle. Je suis appelé. Il étincelait. Il recueil-
lait. Il soupirait. Il lisait.*

ARTICLE SECOND.

PROPRIÉTÉS DU VERBE.

SUJET, RÉGIME, NOMBRE, PERSONNE.

58. *Il était permis de faire l'éloge des
Egyptiens qui étaient morts, après qu'ils en
avaient été déclarés dignes par un jugement
solennel.*

Il, pro. ab. m. s., suj. apparent du v. suivant. *Etait permis, permis,* v. employé im-
personnellement. *Faire,* v. ac. *L'* pour *la,*
ar. f. s.; il détermine *éloge. Eloge,* n. com.
f. s., rég. dir. du v. *faire. Des,* mis pour *de
les,* ar. sim. pl. des deux genres. *Egyptiens,*
n. com. à tous les habitans de l'Egypte, m.
pl. *Qui,* pro. rel. dont l'art. est..., suj. du
v. suivant. *Etaient morts,* v. p., p-q, l'action
qu'il attribue au suj. est faite par l'action
d'un autre. *Ils,* ar. sim. m. pl. suj. du v. suivant. *En... avaient été déclarés,* v...
Dignes, n. com. m. pl. *Un,* ar. sim. m. s.

Jugement, n. com. m. s., rég. indir. du v. précédent, parce qu'il a avec lui un rapport et qu'il répond à cette question : Ils avaient été déclarés *par qui ?*

59. *Un torrent tombait des montagnes. Tout fuyait devant lui.*

Un. ar. *Torrent*, n. com., suj. du v. suivant, p-q. c'est à lui qu'il attribue l'action de tomber : qu'est-ce qui tombait? *le torrent. Tombait*, v. ac., parce qu'il attribue au suj., *torrent* une action faite par le torrent lui-même. *Des*, mis pour *de les*, pro. de la troisième pers. qui détermine *montagnes. Montagnes*, n. com. m. pl., rég. indir. du v. *tombait*, parce qu'il a avec ce v. un rapport ..., et qu'il répond à cette question : Il tombait *de quoi ? Tout*, n. com. m. s., suj. du v. suivant, p-q... *Fuyait*, v. neu., parce qu'il attribue au suj. *tout* une action dont l'effet ne peut pas être reçu par un rég. : on ne peut pas le tourner par le p. et dire quelque chose était fui par tout. *Lui*, pro. indéf. m. s. tenant la place de..., rég. indir. du v. *fuyait*, p-q...

60. *L'horreur suivait ses pas. Il faisait trembler les campagnes. L'*, pour *le*, ar. sim. m. s, ; il détermine *horreur. Horreur*, n. col. m. s., suj. du v. *suivait*, p-q... *Ses*, pro. poss. m. pl. qui détermine *le torrent. Pas*, n. com. s. m., rég. dir. de *suivait*,

p-q. ce sont *les pas* qui reçoivent l'action
e suivre; les pas du torrent étaient suivis
par *l'horreur;* il répond à cette question :
l'horreur suivait *quoi? Il,* ar. sim. s. m. qui
détermine *le torrent,* suj. du v. *faisait.*
Faisait, v..., p-q... *Trembler,* v. neu.,
parce qu'il ne peut pas avoir de rég. dir. :
on ne peut dire qu'une personne ou
une chose *est tremblée* par une autre. *Les,*
pro. de la troisième pers. pl. des deux genres, tenant lieu de... *Campagnes,* n...,
rég. dir. des deux v. *il faisait trembler* pris
ensemble, p-q...; il répond à cette question : Il faisait trembler *quoi?*

ANALYSES RAISONNÉES.

61. *Le soleil ranime ses feux.*

LE   Ar. sim. m. s.; il détermine *soleil.* Il est
ar., parce qu'il tient la place d'un n.

SOLEIL   N. pr. m. s., suj. du v. *ranime;* n. pr.,
parce qu'il désigne l'unité; m., par l'usage;
s., parce qu'il ne convient qu'à un seul individu d'une espèce; suj., etc., parce qu'il
reçoit l'effet du v. : Qui est-ce qui ranime?
le soleil.

RANIME   V. ac., 1re pers. s. : v., parce qu'il attribue une action au *soleil;* ac,, parce que
cette action faite par le suj. lui-même s'ef-
fectue sur un rég. distingué du suj.; 1re per.,
p-q. son suj. représente la pers. qui parle;
s., p-q. son suj. désigne l'unité.

SES   Adj. dém. m. pl. qui détermine *le soleil :*
adj., parce qu'il est joint à un n. pour en
marquer une qualité; dém., parce qu'il dé-

signe *les feux* comme appartenant *au soleil* m. pl., parce qu'il détermine un n. m. pl.

FEUX — N. col. m. pl., rég. indir. du v. *ranime* n., parce qu'il nomme une substance; col., parce qu'il désigne une collection; m., par l'usage; pl., parce qu'il désigne la pluralité; rég. indir., etc., parce qu'il a avec le verbe *ra-nime* un rapport, et qu'il n'est pas rég. dir.

62. *L'hiver a été relégué sous la terre.*

L' — Pour *la*, pro. de la 3e pers., s. f.; il détermine *hiver*: pro., parce qu'il tient la place de...; 3e pers., parce qu'il désigne la pers. à qui l'on parle; f., parce qu'il détermine *hiver* qui est s. f.

HIVER — N. pro. f. s., rég. dir. du v. suivant: n., p-q...; pr. parce qu'il ne convient qu'à une seule saison; f., par l'usage; s., p q...; rég. dir. du, etc., p-q. le v. lui attribue une qualité: qui est-ce qui a été relégué? *l'hiver.*

A ÉTÉ RELÉGUÉ — V. ac., 3e pers. s.: v., parce qu'il attribue une qualité à un suj.; 3e pers., p-q...; s., p-q...

(SOUS) — Pré.

LA — .....

TERRE — N. com. f. s., rég. dir. du v. précédent: n., p-q...; com., p-q...; f., parce qu'il désigne un être femelle, s., p-q...; rég. dir. du, etc., parce qu'il a avec le v. un rapport marqué par la pré. *sous.*

63. *Les beaux jours nous ramènent la sérénité.*

LES — Ar. comp. m. pl.; il détermine *beaux* ar., parce qu'il est placé devant un n.

com. pour en marquer le nombre; comp., p-q....; m. pl., p-q. le n. qu'il détermine est m. pl.

BEAUX   Adj. au sup. abs. m. pl.; il qualifie....: adj., parce qu'il se joint au mot.... pour en désigner une qualité; au sup. abs., parce qu'il indique que la beauté est un degré élevé; m. pl., p-q....

JOURS   N. comp. m. pl., rég. dir. du v. *ramènent* : n., p-q....; comp., parce qu'il renferme plusieurs heures; m., par....; pl., p-q....; rég. du, etc., parce qu'il reçoit l'effet de l'action du v.

NOUS   Pour *à nous* : *à* pré. *Nous*, pro. poss. pl. des deux genres, suj. du v. *ramènent* : pro., parce qu'il tient la place du n. des pers. qui parlent; poss., p-q....; suj. du, etc., p-q....: qui est-ce qui ramène? *nous*.

RAMÈNENT   V. pro^{al}, 1re pers. s. : v., p-q....; pro^{al}, p-q. son suj. et son rég. sont le même être; 1re pers., p-q....; s., p-q.

LA   ......

SÉRÉNITÉ   ......

64. *Je sortais du bois.*

JE   ar. sim. m. s., suj. du v. *sortais* : ar. parce qu'il tient la place de...; sim., parce qu'il n'équivaut pas à deux mots; m. s., p-q, le n. dont il tient la place peut être m., et qu'il est du s.; sujet du, etc., p-q...

SORTAIS   V. ac., 3e pers. s. : v. parce qu'il se joint au mot *je* pour en désigner une qualité; ac., parce qu'il attribue à *je* une action; 3e pers. s., p-q. son sujet désigne la pers. unique de qui l'on parle.

DU   Ar. comp. m. s.; ar., p-q...; comp. parce qu'il est formé de la pré. *de* et de l'ar. *le* ; m. s., parce qu'il détermine *bois* qui est du m. et du s.

BOIS   N. comp. m. pl., rég. dir. du v. *sortais* : n., parce qu'il nomme une substance; comp., parce qu'il désigne une collection d'arbres et qu'il peut s'appliquer à chaque arbre en particulier; m., par l'usage; pl., parce qu'il désigne plusieurs arbres; rég. dir. du, etc., parce qu'il reçoit l'effet de l'action de sortir et qu'il n'est marqué d'aucune pré.: je sortais *de quoi? du bois.*

65. *Je crois qu'il pleuvra.*

JE   Pro. de la 1re pers. s. des deux genres, suj. du v. *crois*; pro. de la 1re pers., parce qu'il tient la place du n. de la pers. qui parle; parce qu'il désigne l'unité: des deux genres, parce qu'il est m. ou f., suivant que la pers. qui parle est du m. ou du f.; suj. du, etc., p-q...

CROIS   V. neu., 1re pers. s. : v., parce qu'il attribue une action au suj. *je*; neu., p-q. son action ne peut pas s'effectuer sur un rég. différent du suj.; 1re pers. s., p-q. son suj. représente la pers. qui parle, et qu'elle est unique.

QU'   Pour *que*, conj.—

IL   Pro. ab., parce qu'il est placé devant un v. imp. et qu'il en est le suj. apparent.

PLEUVRA   V. imp., parce qu'il ne peut avoir pour suj. apparent que le pro. *il*; son suj. réel est *la pluie*, parce qu'il se décompose ainsi : La pluie est.

Faites l'analyse raisonnée des mots suivans.

66. Une neige épaisse couvre la terre. Les fleuves charrient des glaçons. Au moment où les moissonneurs s'emparent des plaines dorées. J'ai vu tous les vents se livrer des combats. Les épis sont emportés par (pré.) les tourbillons. Le grain vole. Le ciel se cou-

vre. Il pleut. Il tonne. Il grêle. Les fossés régorgent. Les rivières roulent des flots bourbeux. La mer bouillonne. La terre tremble. Les animaux prennent la fuite. Les peuples s'humilient. Ils adorent le Dieu tout-puissant. L'orage augmente. La fureur des vents redouble. Les forêts, les rivages retentissent. Dieu seul peut nous sauver de (pré.) ces contre-temps funestes. Honorons-le. Offrons-lui un sacrifice joyeux. Aucun moissonneur ne (adv.) prendra la faucille sans (pré.) s'être acquitté de (pré.) ce devoir.

MODES ET TEMPS.

On ne fera ces devoirs qu'après avoir appris les conjugaisons.

67. *Il règne*, indic. *Parlons*, impé. *Nous parlons*, impé. *Planter*, indic. *Nous mettrons*, cond. *Je mangerais*, cond. *Vous fauchiez*, cond. *Il faut*, impé. *Que je passe*, infi. *Roulant*, infi. *Avoir couru*, indic. *Il a veillé*, part. *Il fut massacré*, part. *Ayant été dirigé*, part. *Supposez*, indic. *Vous supposez*, sub. *Que vous ayez prêté*, infi. *Il faut*, indic. *Se baigner*, sub. *Fais*, indic. *Marcher*, infi. *Vous vous souviendrez*, indic. *Aimant*, infi. *Étant venu*, indic. *Tu verras*, cond. *Tu verrais*, cond. *Tu voyais*, cond. *Tu as vu*, part. *Ils eurent coulé*, part. *Ayant coulé*

infi. *Que je coule*, indic. *Il est livré*, part
Connaître, infi.

68. *Ils accompagnaient*, v. ac., 3e pers.
pl., impar. de l'indic. — *Tu regarderas*, v.
neu. 2e pers. s., impé. — *Ecrire*, v. imp., 1re
pers. s., parf. de l'infi.—*Prenant*, v. imp., 3^e
pers. s., prés.—*J'indiquerai*, v. pro^{al}., 3e pers.
s., fu. pas. du cond. — *Vous auriez racheté*,
v. p., 2e pers. s., impar. de l'indic. — *Il fut
entendu*, v. ac., 3e pers. s., prés. de l'indic.—
J'ai guetté, v. p., 3e pers. s., indic. prés. —
J'avais perdu, v. ac., 1re pers. s., impar. de
l'indic. — *J'ai été frustré*, v. ac., 1re pers. s.,
pas. indic.—*Tu serais mort*, v. p., 2e pers.
s., impar. du sub. — *Ils aboieront*, v. ac., 3^e
pers. s., cond. fu. — *Vous avez gagné*, v.
neu., 2e pers. s., p-q-p. de l'indic.—*Il aurait
éprouvé*, v. p., 3e pers. s., p-q-p. de l'indic.
— *Que je veuille*, v. neu., 3e pers. s., impar.
du sub.—*Gageons*, v. neu..., pers..., indic. pré.—*Que je livrasse*, v. ac., 1re pers. s.,
sub. prés.

69. *Protégeant*, v. imp., 3e pers. pl., indic. prés.—*Ayant encouragé*, v. imp., 3e pers.
s., indic. pré.—*Nous sommes entrés*, v. p.,
3e pers. pl., indic. prés.— *Ils cultivèrent*, v.
ac., 3e pers. s., prét. déf. — *Ils furent suivis*,
v. neu., 3e pers. s., prét. antér. — *Je vais*, v.
ac., 3e pers. s., prét. déf.—*Il produit*, v. imp.,
3e pers. s., prét. indéf. — *J'allai*, v. ac., 1re

pers. s., prét. déf. — *Je suis venu*, v. p., 1re pers. s., prét. indéf.—*Ils furent immolés*, v. p., 3e pers. pl., prét. indéf. — *Ils ont*, v. ac., 3e pers. pl., prét. indéf.—*Elle a brouté*, v. neu., 1re pers. s., prét. indéf. — *Je suis tombé*, v. p., 1re pers. s., prét. indéf. — *Je suis*, v. subs., 1re pers. s., prét. indéf. — *Il produisit*, v. ac., 3e pers. s., prés. de l'indic. — *Il recueillit*, v. imp., 3e pers. s., indic. prés.—*Ils fuient*, v. imp., 3e pers. s., indic. prés.

70. *Je me suis enrichi* v. p., 1re pers. s., indic. prés. — *Il a été accompagné*, v. p., 3e pers., prét. déf.—*Que vous vous soyez munis*, v. réciproque, 2e pers. s., prét. du sub. —*Que vous fussiez descendus*, v. p., 2e pers. pl., prét. du sub.— *Que j'eusse suspendu*, v. n., 1re pers. s., part. pas. — *Je me suis rappelé*, v. p., 1re pers. s., prét. indéf. —*Aplanissez*, v. imp., 2e pers. s., indic. pré. — *Tu aurais recommandé*, v. neu., 2e pers. s., p-q-p. de l'indic. — *Qu'elle eut pétri*, v. neu., 1re pers. s., impar. du sub.—*Il est percé*, v. ac., 3e pers. s., indic. prés.—*Il est parti*, v. imp., 3e pers. s., indic. prés. — *Je me serais hâté*, v. p., 1re pers. s., pr. sim.—*J'avais dégénéré*, v. ac. 1re pers. s. impar. de l'indic.— *Ils dépérissaient*, v. ac., 3e pers. pl., cond. prés.

On fera l'analyse des verbes suivans.

71. Nous ressemblerions. J'aurais cessé.

Que j'ai manœuvré. Il a rentraîné. Vous aviez observé. Elles furent remarquées. Je retournerai. Il s'était apprêté. Avoir passé. Ayant mis. S'exerçant. Que j'eusse précédé. Qu'il eût été confié. Il eut quitté. Suspendons. Elle avait été semée. Qu'elle fût devenue. Tu auras préparé. Elles s'attendaient. Qu'elle se cachât. Ils s'étaient éloignés. Ils auraient été renfermés. Je m'étais servi. Elle se nommait. Qu'il conservât. Il comprit. Qu'il soit couché. Qu'il se soit endormi. Vous avez compté. Ils ont été célébrés. Vous trouvâtes. Ils s'élevèrent. Il paraît. Je lançai. Augmentez. Vous vous déterminez. Vous restiez. Il s'agira. Ils décroissent. Ils furent. J'aurai eu. Il a.

ANALYSES RAISONNÉES.

72. *Il faut distinguer diverses espèces d'ormes.*

IL   Pro. de la 3ᵉ pers., m. s., suj. du v. *faut :* pro., parce qu'il tient la place d'un n.; 3ᵉ pers., p-q. le subs... dont il tient la place est la pers. qui parle ; m. s., p-q. la pers. qu'il remplace est du m. et du s. ; suj. du v. *faut,* p-q. c'est à lui que ce v. attribue une qualité.

FAUT   V. ac., 1ʳᵉ pers. s., indic., prét. déf.: v., parce qu'il attribue une qualité à un suj.; ac., parce qu'il lui attribue une qualité faite par un autre ; 1ʳᵉ pers. s., p-q. son suj. *il* marque la pers. qui parle et l'unité ; indic., parce qu'il attribue simplement la qualité ; prét. déf.,

parce qu'il indique la qualité comme correspondant à un t. pas. complètement écoulé.

73. Nota. Le v. *il faut* vient d'un v. latin qui
signifie *tromper, manquer* : son suj. réel
est après, c'est comme s'il y avait : Distinguer diverses espèces d'ormes est une
chose qui manque.

DISTIN-   N. com., m. s., rég. dir. du v. *il faut* : n.,
GUER   parce qu'il nomme une chose, une qualité
abstraite ; com., parce qu'il désigne une espèce et convient à chaque individu de cette
espèce ; m., par l'usage ; s., parce qu'il désigne la pluralité; rég., etc., parce qu'il reçoit
l'effet de l'action du v. *falloir*. Il faut quoi ?
distinguer, etc.

DIVERSES   N. com., f. pl., rég. dir. du v...: p-q...;
com., p-q...; f., parce qu'il désigne un être
femelle ; pl., parce qu'il désigne la pluralité;
rég., etc., p-q...

ESPECES   N. com., f. pl, rég. dir. du v...: n., parce
qu'il nomme une chose, une collection de
substances ; com., parce qu'il désigne une
collection et qu'il ne peut pas s'appliquer à
chaque individu de la collection; rég., etc.,
p-q...

D'   Pour *de*, pré.

ORMES   N. com., f. pl.: n., p-q...; com., parce qu'il
est formé de plusieurs branches; f., par l'u-
sage; pl. parce qu'il désigne une collection.

4. *On connaît le courage que les martyrs*
ont montré.

ON   Pro. dém., s. des deux genres, suj. du v.
connaît : pro., parce qu'il tient la place de
quelque homme ; dém., parce qu'il désigne un

individu indéterminé; s., parce qu'il marque l'unité; des deux genres, parce qu'il peut remplacer des n. f. ou m.; suj., etc., p-q...

CONNAÎT   V. neu., 1re pers. s., indic., imparf.: v., parce qu'il se joint au n. pour en marquer la qualité; neu., parce qu'il attribue au suj. une action faite par un autre; 1re pers. s., p-q ...; indic., parce qu'il attribue l'action conditionnellement; impar., parce qu'il indique l'action comme correspondant au t. prés.

LE   Pro. de la 3e pers., s. m.: pro., parce qu'il tient la place du subs. *courage*; 3e pers., parce qu'il désigne la pers. qui parle; s., parce qu'il désigne l'unité; m., parce qu'il désigne un être mâle.

COURAGE   N., comp., m. s., rég. dir. du v. *connaît*: n., p-q...; comp., parce qu'il est formé de plusieurs syllabes; m. s., p-q...; rég., etc., p-q. c'est à lui que le v. attribue l'effet de l'action.

75.

QUE   Pro. de la 3e pers. s. m. dont l'antécédent est *courage*, rég. dir. du v. *ont montré*: pro., parce qu'il tient la place du subs. *courage*, qui, pour cette raison, en est l'antécédent; 3e pers. s., p-q...; m., p-q...; rég., etc., p-q. *que* mis pour *courage* reçoit l'effet de ce v. Les martyrs ont montré quoi? *le courage*, remplacé par *que* dans la proposition accessoire.

LES   Adj. dém., f. pl.; il détermine *martyrs*: adj., parce qu'il le joint à un n. pour en marquer le genre et le nombre; dém., parce qu'il indique les martyrs comme prés.; f. pl., parce qu'il détermine un subs. f. p.

MARTYRS   N. col., f. pl., suj. du v. *ont montré*: n., parce qu'il nomme des pers.; col., parce qu'il désigne la pluralité; f., parce qu'il désigne des êtres mâles; pl., p-q...; suj., etc., p-q...

ONT
MONTRÉ V. neu., 3ᵉ pers. pl., indic., prét. indéf. :
v. parce qu'il attribue une qualité au suj.
martyrs; neu., p-q. l'effet de cette action peut
être reçu par un rég.; 3ᵉ pers. pl., p-q. son
suj. désigne plusieurs pers. qui parlent; indic., p-q...; prét. indéf., parcequ'il indique
l'action comme correspondant à un t. pas.

Nota. On peut employer le prét. indéf. pour désigner
un t. complètement écoulé.

6. *La poésie pastorale est un tableau où est représentée la vie champêtre.*

LA Ar. sim., f. s. qui détermine *poésie* : ar.,
parce qu'il se joint à un n. pour en marquer
la qualité; sim., parce qu'il n'est pas formé
de plusieurs mots; f. s., parce qu'il détermine un n. f. s.

POÉSIE N. pr., f. s., suj. du v... : n., parce qu'il
attribue une qualité à un suj.; pr., parce qu'il
ne convient qu'à une seule espèce de discours;
f., par l'usage; s., parce qu'il désigne l'unité;
suj., etc., p-q. le v... lui attribue l'existence.

PASTO-
RALE V. ac., 3ᵉ pers. s., indic. prés. : v., parce
qu'il désigne une qualité de la poésie; ac.,
p-q...; 3ᵉ pers. s., p-q...; indic.., parce
qu'il désigne simplement la qualité; prés.,
p-q...

EST V, n., 3ᵉ pers. s., indic. prés.: v., parce
qu'il attribue l'existence à un suj.; neu., parce
qu'il n'attribue pas d'action; 3ᵉ pers. s., p-q.
son suj. est la pers. qui parle et représente
l'unité; indic., p-q... prés., p-q...

UN Ar. sim., m. s. qui détermine *tableau* : ar.,
parce qu'il se joint à un n. com. pour en déterminer le nombre; sim., p-q...; m. s.,
p-q. le n. qu'il détermine est m. s.

TABLEAU   N. com., m. pl.: n., p-q...; com., par(
           qu'il désigne une espèce et qu'il convient
           chaque individu de l'espèce; m., par l'usag(
           pl., parce qu'il convient à plusieurs tableau(

77.

OU   Pour *dans le quel.* (*Dans,* prép.) *Lequel*(
           adj. poss., m. s.; il détermine tableau, qu(
           pour cette raison est son antécédent, ré(
           indir. du v. *est représenté* : adj., parce qu'(
           tient la place d'un n.; poss., p-q...; m. s(
           parce qu'il tient la place d'un n. m. s.; ré(
           etc., parce qu'il y a entre ce v. et le *tablea*(
           représenté par *lequel* un rapport marqu(
           par une pré.

EST REPRÉ- V. subs., 3ᵉ pers. s., indic., prét. indéf.
 SENTÉE   v., parce qu'il attribue une qualité à un suj(
           subs., parce qu'il attribue l'existence (
           1ʳᵉ pers. s., parce qu'il a pour suj. un n. (
           représentant la personne qui parle; indic. (
           p-q...; prét. indéf., parce qu'il marqu(
           la qualité comme correspondant à...

LA   Pro. de la 3ᵉ pers., s. f. : pro., parce qu'(
           tient la place de...; 3ᵉ pers., p-q. le n(
           qu'il remplace représente l'être de qui l'o(
           parle; s. f., parce qu'il représente un subs(
           s. f.

VIE   N. com., f. s., rég. dir. du v. *est repré*(
           sentée: n. com., parce qu'il nomme une col(
           lection et qu'il ne peut pas s'appliquer (
           chaque individu de la collection; f., pa(
           l'usage; s., parce qu'il représente l'unité (
           rég. etc,, p-q...

CHAMPÊTRE Adjec., f. s. qui qualifie *vie* : adj., parc(
           qu'il attribue à la vie une qualité; f. s. (
           parce qu'il qualifie un n. f. s.

78. *Le Chéne un jour dit au Roseau : Vous avez bien suj. d'accuser la nature.*

LE Ar. sim., m. s. : ar., parce qu'il se joint au mot *chéne* pour en marquer le nombre ; sim., p-q... ; m. s., p-q. *chéne* qu'il détermine est m. s.

CHÊNE N. pr., m. s., suj. du v... : n., parce qu'il nomme un être, une substance ; pr., parce qu'il ne convient qu'à une seule espèce de chéne ; m., parce qu'il désigne un être mâle ; s., parce qu'il désigne l'unité ; suj., etc., p-q. le v... lui attribue une action.

(UN JOUR) Locution adv^{le}.

DIT Adj. de nombre car. qui détermine... adj., parce qu'il attribue une qualité ; nombre car., parce qu'il détermine le nombre d'individus représentés par le subs.

AU Ar. sim., mis pour *à le*, f. pl. : ar., p-q... ; sim., p-q...

ROSEAU N. pr. f. pl., rég. dir. du v... : n., p-q... ; pr., parce qu'il ne convient qu'à une seule espèce de plante ; f., par l'usage ; pl., parce qu'il représente la pluralité.

79.

VOUS mis pour *tu*. Adj. poss., m. s., suj. du v. *avez* : adj., parce qu'il tient le place du subs... ; poss., parce qu'il indique le... comme possédé par un autre être ; m. s., p-q. le n. qu'il remplace est m. s. Le pro. s'accorde en genre et en nombre avec le n. qu'il remplace ; suj., etc., parce qu'il attribue au v. *avez* une qualité.

AVEZ V. ac., 2e pers. s., indic. prés. : v., parce qu'il attribue *au roseau* représenté par *vous* une qualité ; ac. : il est regardé comme tel

par tous les grammairiens, quoiqu'il n'attribue pas d'action. Il a un rég. dir. : vous
avez quoi ? *suj.* 2ᵉ pers. s., p-q...; indic.
p-q...; prés., p-q...

(BIEN)   Adv.

SUJ.   N. com., m. s., suj. du v. *accuser* : n., parce qu'il nomme une chose, une qualité abstraite ; com., parce qu'il convient à tous les
suj. ; m., par l'usage ; s., parce qu'il représente l'unité; suj. du, etc., p-q. le v. *accuser*
lui attribue une action. Qu'est-ce qui accuse ?
le *sujet.*

(D')   Pour *de*, pré.

ACCUSER   V. ac., 3ᵉ pers. s., indic., impar. : v.,
parce qu'il se joint à un n. pour en marquer
la qualité; ac., parce qu'il attribue une action...; 3ᵉ pers. s., p-q. son suj. est s. et
représente la pers. à qui l'on parle ; indic.,
parce qu'il attribue l'action par manière de
commandement; impar., parce qu'il marque
la qualité comme correspondant à...

LA   Pro. de la 3ᵉ pers., f. s. : pro., parce qu'il
se joint à un n. pour en marquer le genre et
le nombre; 3ᵉ pers., p-q...; f. s., p-q. le
n. auquel il est joint est f. s. et représente
l'être dont on parle.

NATURE   N. com. f. s., rég. indir. du v. *accuser* :
n., p-q...; com., p-q..., f., par l'usage; s.,
p-q...; rég. indir., etc., parce qu'il reçoit
l'effet de l'action du v.

80. *Hercule, tu devrais purger la terre de cette hydre.*

HERCULE   N. pr., m. s., mis en apostrophe : n.,
parce qu'il nomme une pers.; pr., p-q...
m., par l'usage; s., parce qu'il désigne...
mis en apostrophe, c'est-à-dire prononcé

pour indiquer qu'on adresse la parole à la pers. qu'il représente.

TU   Ar. sim., m. s., sujet du v. *devrais* : ar., parce qu'il tient la place de...; sim., p-q...; m. s., p-q. le n. dont il tient la place est m. s.; suj. etc., p-q...

DEVRAIS   V. ac.; 1re pers. s., sub. imp. : v., parce qu'il attribue une qualité au suj. *Hercule* remplacé par *tu*; ac. : les grammairiens le regardent comme tel, quoiqu'il ne désigne pas d'action. 1re pers. s., p-q...; sub., parce qu'il attribue la qualité optativement, c'est-à-dire par souhait; impar., parce qu'il attribue optativement une qualité présente. Le sens est : *tu devrais maintenant.*

PURGER   V. ac. infi. prés. : v., p-q...; ac., parce qu'il attribue une action dont l'effet...; infi., parce qu'il présente la qualité qu'il attribue sous la forme d'un subs. sans indiquer par sa terminaison la pers. à laquelle il l'attribue.

LA   Ar. sim., f. s. : ar., parce qu'il se met devant le subs...; sim., p-q...; f. s., p-q. le subs. qu'il détermine est f. s.

TERRE   N. com., f. s., suj. du v. *purger* : n., p-q...; com., parce qu'il convient à toutes les terres; f., parce qu'il représente un être femelle; s., parce qu'il désigne...; suj., etc., parce qu'il reçoit l'effet de l'action de purger : purger quoi ? *la terre.*

(DE   Pré.)

CETTE   Pro. dém., f. s., p-q...; dém., parce qu'il indique le subs. qu'il détermine comme prés.; f. s., p-q...

HYDRE   N. comm. f. s., rég. dir. du v. *purger :* n., p-q...; com., parce qu'il convient à toutes les hydres; f., par l'usage; s., p-q...; rég., etc., p-q... Purger de quoi ? *de cette hydre.*

81. *On ne douta jamais que la victoire de Tolbiac ne fût venue du ciel.*

ON   Pro. de la 3ᵉ pers., s. m., suj. du v. *douta :* pro., parce qu'il tient la place de *l'homme* qu'il désigne d'une manière indéterminée ; 3ᵉ pers., p-q...; s. m., p-q. *l'homme* dont il tient la place est m. s.; suj., etc., p-q. le v. *douta* attribue négativement à *l'homme* représenté par *on* l'action de *douter.*

(NE   Adv. de négation.)

DOUTA   V. ac., 1ʳᵉ pers. s., sub., pas. déf.: v., parce qu'il se joint à un n. pour en désigner une qualité; ac. parce qu'il désigne une action...; 1ʳᵉ pers. s., p-q. son suj. représente l'unité et la pers...; sub., parce qu'il attribue simplement la qualité; pas. déf., parce qu'il marque l'action de douter comme correspondant à un t. pas. qui n'est pas entièrement écoulé.

(JAMAIS   Adv.)

(QUE   Conj.)

LA   Adj. dém., f. s. qui détermine *victoire :* adj., parce qu'il attribue une qualité à victoire; dém., p-q...; f. s., parce qu'il détermine un n. f. s.

VICTOIRE   N. pr., f. s., suj. du v. *vint :* n., parce qu'il attribue une qualité à un suj.; pr., p-q...; f., parce qu'il désigne un être femelle; s., p-q...; suj., etc., p-q. le v. *vint* lui attribue négativement l'action de venir.

(DE   Pré.)

TOLBIAC   N. pr. de ville, f. s.: n. pr., parce qu'il ne convient qu'à une seule ville; f., par l'usage; s., p-q...

(NE   Adv. de négation.)

FUT   V. ac., 3ᵉ pers. s., sub. impar. : v., parce

VENUE   qu'il attribue une action à un suj.; ac., parce qu'il désigne une action ; 3ᵉ pers. s., p-q...;

subs., parce qu'il est rég. du v. *douta*, et qu'on ne peut pas en faire un v. principal sans que le sens soit absolument changé , puisqu'il y aurait alors : *la victoire de Tolbiac ne vint pas du ciel*, ce qui est contraire à ce qu'on veut dire : impar., p-q. le t. où la victoire de Tolbiac vint est pas. relativement au t. où l'on put douter. (Lexic. 112.)

DU   Ar. comp. mis pour . . .; il détermine *ciel* : ar., p-q. . . .; comp., p-q. . . .

CIEL   N. com., m. s., rég. dir. du v. *fût venue* : n., p-q. . . .; com., p-q. . . .; m., p-q. . . .; s., p-q. . . .; rég., etc., p-q. . . .

82. *S'il fallait condamner tous les ingrats qui sont au monde, quel est l'être auquel on pourrait pardonner ?*

(s'   Pour *si*, conj.)

IL   Pro. ab., suj. apparent du v. *fallait* : pro. ab., parce qu'il semble ne tenir lieu d'aucun n., quoiqu'il remplace le suj. réel du v. *falloir* qui est le v. *condamner* ; suj. apparent, parce qu'il tient la place du suj. réel placé après le v. *fallait*.

FALLAIT   V. imp., 3e pers. s.,, indic. impar : v., parce qu'il attribue une qualité; imp., p-q. . . .; 3e pers. s., p-q. son suj. *il* représente la 3e pers. s.; indic., p-q. . . .; impar. parce qu'il re-présente la qualité comme présente relative-ment à un prés. cond. qui en dépend comme de sa condition.

CONDAM-   V. neu., part. prés.: v. p-q. . . .; neu. p-q.

NER   . . .; part., parce qu'il présente la qualité sous la forme de. . .; prés., parce qu'il at-tribue une qualité présente : c'est comme s'il y avait. *S'il fallait condamner maintenant.*

TOUS   Pro. indéf. m. s. ; il détermine *ingrats*

         pro., p-q...; indéf., p-q....; m. s., p-q. l
subs. qu'il détermine est....

LES   Adj. dém. m. pl.; il détermine aussi *ingrats*
adj., parce qu'il se met devant le subs. *in
grats* pour en marquer le genre et le nombre;
dém., p-q...; m. pl., p-q...

INGRATS   N. com. m. pl., suj. du v. *condamner* : n.,
parce qu'il se joint au subs... pour en désigner une qualité; com., p-q...; m. pl., p-q
le subs. qu'il qualifie est m. pl.; suj., etc.
p-q...; condamner qui? *les ingrats.*

83.

QUI   N. com. m. s., suj. du v. *sont* : n., parce
qu'il tient la place d'un subs.; com., p-q...
m. s., p-q. le n. dont il tient la place est m.
s.; suj., etc., parce qu'il reçoit l'effet de l'action de ce v. : qui est-ce qui est?...

SONT   V. aux., 3ᵉ pers. s., impé. : v., parce qu'il
se joint à un subs. pour en désigner une qualité; aux., parce qu'il se joint au v... pour
en former un t. comp.; 3ᵉ pers. s.. p-q...;
impé., parce qu'il attribue l'existence sous la
forme du commandement.

AU   Ar. comp., mis pour...; il détermine...:
ar., p-q...; comp., parce qu'il est formé de
deux mots qui sont...

MONDE   N. pr. f. pl., rég. dir. du v. *sont* : n., p-q.
...; pr., p-q...; f., parce qu'il désigne un
être mâle; pl., parce qu'il désigne une collection d'êtres, et qu'il ne convient pas à chaque
individu de cette espèce; rég., etc., parce
qu'il a avec ce v. un rapport, quoiqu'il n'en
reçoive pas l'effet.

QUEL   (Sous-entendu *être.*) Adj. m. s.; il qualifie
être, sous-entendu : adj., parce qu'il se joint
à un subs. pour en indiquer ou plutôt pour
en demander la qualité; m. s., p-q...

EST V. subs., 1re pers. s., indic. prés. : v. parce qu'il attribue…; subs., parce qu'il attribue une action dont l'effet ne peut pas être
reçu par un rég. dir.; 1re pers. s., p-q. son
suj. (indiquez-le) est s. et qu'il représente la
pers. qui parle; iudic., p-q…; prés., p-q.~

L' Pour *la*, ar. sim. f. s. qui détermine *être* :
ar., parce qu'il est joint au subs. *être* pour en
marquer une qualité; sim., p-q…; f. s. p-q.
le subs. *être* qu'il qualifie est m. s.

ÊTRE V. aux., infi. prés.: v., parce qu'il nomme
une substance ; aux., p-q…; infi., p-q…;
prés., p-q…

84.

AUQUEL pour *à lequel*. Pro. rel. m. s., rég. indir.
du v. *pardonner :* pro., parce qu'il se joint à
un n. pour en indiquer le genre et le nombre; rel., parce qu'il qualifie le subs. *être* exprimé dans la phrase précédente et qu'on ex-
plique dans celle-ci ; m. s., p-q…; rég.,
etc., p-q…

ON Pro. rel. m. s., rég. dir. du v. *pourrait :*
pro., p-q…; rel., p-q…; m. s., p-q…;
rég., etc., p-q…

OURRAIT V. neu., 3e pers. s., cond. prés.: v., parce
qu'il se joint à un mot pour en désigner une
qualité ; neu., parce qu'il n'attribue pas d'action ; 3e pers. s., p-q…; cond., parce qu'il
attribue la qualité dépendamment d'un v…
dont il est le rég.; prés., parce qu'il attribue
une qualité présente: c'est comme s'il y avait:
on pourrait maintenant.

ARDON- V. n., infi. prés. : v., p-q…; neu., parce
NER qu'il désigne une action dont l'effet ne peut pas
être reçu par un rég. dir.: on ne peut pas
dire : *pardonner quelqu'un* ; infi., parce qu'il
présente la qualité qu'il attribue sous la forme de…; prés., parce qu'il attribue une action

présente : c'est comme s'il y avait : *pardonner maintenant.*

85. *Il convient qu'on s'entr'aide.*

IL   Pro. ab., suj. apparent du v. *convient :* pro., p-q...; ab., p-q... suj. apparent, etc., p-q. le suj. réel est le reste de la phrase, et que le pro. *il* en tient lieu.

CONVIENT   V. ac., 3e pers. s., indic., prétérit déf. : v., parce qu'il attribue au suj. *il* une qualité ; ac., p-q...; 3e pers. s., p-q...; indic., parce qu'il attribue une qualité présente; prét. déf., p-q...

(QU')   Pour *que*, conj.

ON   Pro. de la 3e pers. s. m., rég. dir. du v. *s'entr'aide :* pro., parce qu'il est joint à un n. pour en marquer le genre et le nombre; 3e pers. s. m., parce qu'il remplace le subs. *homme* qui est s. m. et de la 3e pers.; rég., etc., p-q. le v. *s'entr'aide* lui attribue une qualité : qui est-ce qui doit s'entr'raider? *l'homme* représenté par *on.*

S'EN-TR'AIDE   V. pro^{al}, 3e pers. s., sub. prés. : v., parce qu'il attribue une qualité au suj...; pronominal, parce qu'il a un seul et même être pour suj. et pour rég.; 3e pers. s., p-q...; sub., parce qu'il attribue la qualité dépendamment du v. *il faut* dont il est rég.; prés., p-q. la qualité qu'il attribue est présente relativement au v. principal *il faut,* qui lui-même est au prés.

86. *Il fallait que l'orgueil aveuglât cette femme, pour qu'elle osât parler ainsi à un roi.*

IL   Pro. indéf. s. m., suj. apparent du v. *fallait :* pro., parce qu'il tient la place du subs...;

indéf., p-q...; s. m., p-q...; suj., etc., p-q. son suj. réel est le reste de la phrase qui suit le v. *fallait.*

FALLAIT V. ac., 3e pers. s., cond. prés.: v., parce qu'il se joint au subs... pour en marquer la qualité; ac., parce qu'il attribue une action dont l'effet peut être reçu par un rég. dir.; 3e pers. s., p-q...; cond., parce qu'il attribue la qualité dépendamment d'un autre mot dont il est rég.; prés., parce qu'il indique la qualité comme présente relativement au t. pas. où la femme parla.

(QUE Conj.)

L' Pour *la*, ar. f. s. qui détermine *orgueil*: ar., parce qu'il tient la place de...; f. s., p-q...

ORGUEIL N. pr. f. s., suj. du v. *aveuglât*: n., parce qu'il nomme une chose, une qualité abstraite; pr., parce qu'il ne convient qu'à une seule espèce de vices; f., parce qu'il désigne un être femelle; s., parce qu'il représente...; suj., etc., parce qu'il reçoit l'effet du v. *aveuglât*: qui est-ce qui est aveugle? *l'orgueil.*

AVEU- V. neu., 3e pers. s., sub. impar.: v., p-q.
GLAT ...; neu., parce qu'il n'attribue pas d'action; 3e pers. s., p-q. son suj. est s. et qu'il représente la pers. qui parle; sub., parce qu'il attribue la qualité conditionnellement; impar., parce qu'il représente la qualité comme présente relativement au v. principal *il fallait*, qui est à un t. pas.

CETTE Pro. dém. f. s. qui détermine *femme*: pro., parce qu'il tient la place du subs...; dém., parce qu'il...; f. s., p-q...

FEMME N. com. f. s., rég. indir. du v. *aveuglât*: n., p-q.; com..., p-q...; f., par l'usage; s., parce qu'il représente l'unité; rég., etc., p-q...

87.

POUR QU' *Pour que*, conj.

ELLE   Adj. dém. f. s., suj. du v. *osdt :* adj., parce qu'il tient la place du subs...; dém., p-q...; f. s., p-q...; suj., etc., p-q. le v. *osdt* lui attribue une qualité.

OSAT   V. neu., 3ᵉ pers. s., sub. impar. : v., p-q. ...; neu., p-q. la qualité qu'il attribue est une action dont l'effet peut être reçu par un rég. dir.; 3ₑ pers. s., p-q...; sub., parce qu'il attribue l'action dépendamment de la conj. *pour que* dont il est rég.; impar. parce qu'il indique l'action du v. *parler* comme passée à l'égard du v. principal *il fallait* qui lui-même est à un t. pas.

PARLER   V. act., 3ᵉ pers. s., indic. prét. déf : v., parce qu'il se joint à un subs. pour en marquer la qualité; ac., p-q...; 3ᵉ pers. s., p-q ...; indic., p-q...; prét. déf., p-q...

(AINSI)   Adv.

AU   Pour *à le. A*, pré. *Le*, pro. de la 3ᵉ pers. s. m.; il détermine *roi :* pro. parce qu'il se joint à un subs. pour en marquer le genre et le nombre; 3ᵉ pers. s. m., p-q. le nom qu'il détermine est s. m. et représente la pers. qui parle.

ROI   N. pr. m. s., suj. du v. *parler :* n., parce qu'il se joint à un subs. pour en marquer la qualité, pr., parce qu'il ne convient qu'à une seule espèce d'hommes; m., par l'usage; s., parce qu'il représente l'unité; suj., etc., parce qu'il a avec ce v. un rapport marqué par la pré. *à*, et que par conséquent il n'est pas rég. dir.

88. *Je ne pense pas qu'on ait jamais pu fléchir le naturel du tigre.*

JE   Ar. sim., m. s. qui détermine....:ar., p-q. ...; m. s., p-q...

(NE)   Adv. de négation.

PENSE	V. ac., 3e pers. s., indic. prés. : v., p-q...; ac., parce qu'il attribue une action dont l'effet peut être reçu par un rég. dir. : on peut dire : *je pense quelque chose*; 3e pers. s., p-q. son suj... est du s. et représente la pers. qui parle ; indic., p-q...; prés., p-q...
(PAS)	Adv. de négation.
QU'	Pour *que* , conj.
ON	Pro. dém., m. s.; il tient lieu du subs...: pro., p-q...; dém., parce qu'il désigne le subs. qu'il remplace comme...; m. s., parce que le subs. qu'il remplace est m. s.
AIT PU	V. neu., 3e pers. s., sub. pas : v. p-q...; neu., parce qu'il désigne une action; 3e pers. s., p-q...; sub., parce qu'il attribue la qualité par manière de commandement; pas., parce qu'il présente la qualité comme passée relativement au v. principal *je pense* qui est au prés.
(JAMAIS)	Adv.
FLÉCHIR	V. neu., 2e pers s., impé. : v., parce qu'il attribue une action ; neu., p-q. l'action qu'il attribue ne peut pas être reçue par un rég. dir.; 2e pers. s., p-q. son suj... est s. et représente la pers. de qui l'on parle; impé., parce qu'il attribue la qualité sans désigner par sa terminaison à quelle pers. il l'attribue.
LE	Ar. sim. m. s. qui détermine *naturel* : ar., parce qu'il tient la place du subs...; sim., p-q...; m. s., p-q...
NATUREL	Adj., m. s.: adj., parce qu'il se joint à l'ar. *le* pour en marquer une qualité; m. s., p-q...
DU	Pour...; ar. sim. m. s. qui détermine *tigre* : ar., p-q...; sim., parce qu'il est formé de deux mots...; m. s., p-q...
TIGRE	N. pr., f. s., rég. dir. du v. *fléchir* : n., parce qu'il nomme une substance ; pr., parce qu'il ne convient qu'à une seule espèce d'a-

nimaux ; f., par l'usage ; s., p-q...; rég.,etc., parce qu'il reçoit l'effet de l'action de *fléchir*: fléchir quoi ? *le tigre.*

89. *Ne croyez pas q*■ *la Providence eût laissé un seul crime impuni sur la terre, si elle avait pu les punir tous sans détruire notre liberté, notre plus précieuse prérogative.*

(NE)   Adv. de négation.

CROYEZ   V. ac., 2e pers. pl., impé. : v., parce qu'il attribue une action aux pers. auxquelles on adresse la parole.; ac., p-q. l'action qu'il attribue ne peut pas être reçue par un rég. dir. : on ne peut pas dire : *croire quelque chose* ; 2e pers. pl., p-q. son suj. *vous* sous-entendu est pluriel et qu'il représente les pers. à qui l'on parle; impé., parce qu'il attribue la qualité dépendamment d'un autre mot dont il est rég.

(PAS)   Adv. de négation.

(QUE)   Conj.

LA   Pro. de la 3e pers.. f. s., qui tient lieu du subs...; pro., p-q...; 3e pers. s., p-q...; f. s., parce qu'il tient la place d'un n. m. s.

PROVI-   N. pr. f. s., suj. du v. *eût laissé* : n., p-q...;
DENCE   pr., p-q...; f. par l'usage ; s., p-q...; suj., etc., p-q. le v. *eût laissé* lui attribue une action.

EUT   V. ac., 1re pers. s., sub. p-q-p.: v., p-q...;
LAISSÉ   ac., p-q...; 1re pers. s., parce qu'il attribue une qualité dépendamment du v. *croyez* dont il est rég.; p-q-p., p-q. la qualité qu'il attribue est passée conditionnellement.

UN   Ar. sim., m. s., qui détermine...: ar., parce qu'il se joint au subs. *crime* pour déterminer le nombre précis d'individus qu'il représente ; sim., p-q...; m. s., p-q...

SEUL   Adj. num. or., m. s. qui détermine *crime :* adj., parce qu'il se met devant un subs. pour en marquer le genre et le nombre; num. or., parce qu'il détermine le nombre précis d'individus représentés par le subs. *crime ;* m. s., p-q...

CRIME   N. com., m. s., rég. dir. du v. *eût laissé :* n., parce qu'il attribue une qualité à un subs.; com., parce qu'il convient à tous les individus de l'espèce désignée par crime; m., parce qu'il désigne un être mâle; s., parce qu'il représente...; rég., etc., p-q...

IMPUNI   V. ac., 3e pers. s., indic., prét. déf. : v., parce qu'il se joint au mot crime pour en indiquer une qualité; ac., p-q. l'effet de l'action qu'il désigne peut être reçu par un rég. dir. : on peut dire : *une chose impunie ;* 3. pers. s., p-q...; indic., p-q...; prét. déf., p-q...

90.

(SUR)   Pré.

LA   Adj. dém. f. s. qui détermine *terre :* adj., parce qu'il se joint au subs. *terre* pour en désigner une qualité; dém., p-q...; f., s. p-q...

TERRE   N. com. f. s., rég. indir. du v. *eût laissé.* n., parce qu'il attribue une qualité à un suj.; com., parce qu'il convient à toutes les terres possibles; f., parce qu'il représente un être femelle ; s., p-q...; rég., parce qu'il a avec le v. *eût laissé* un rapport marqué par la pré. *sur :* eût laissé sur quoi? *sur la terre.*

(SI)   Conj.

ELLE   Ar. sim., f. s., suj. du v. *avait pu :* ar., p-q...; sim., p-q...; f. s., p-q...; suj., etc., p-q...

AVAIT PU   V. neu., 1re pers. s., indic., impar. : v., parce qu'il se joint à un subs. pour en désigner la qualité; neu., p-q...; 1re pers. s.,

PUNIR TOUS p-q. son suj. est s. et représente la pers. qu
parle ; indic., p-q..., impar., parce qu'il in
dique la qualité comme présente relative
ment à un pas. cond. qui en dépend.

91.

(SANS) DÉTRUIRE Pré.
V. ac., infi. prés. : v., p-q...; ac., p-q
...; inf., parce qu'il présente la qualité qu'i
attribue sous la forme d'un adj. et sans indi
quer par sa terminaison à quelle pers. il l'at
tribue ; prés., parce qu'il indique comm
présente la qualité qu'il attribue.

NOTRE Pro. poss. m. s. déterminant *liberté* : pro.
parce qu'il se joint à un n. pour en marquer
une qualité; poss., parce qu'il indique la *liberté* comme possédée par *nous*; m. s., p q...

LIBERTÉ N. com. f. s., suj. du v. *détruire* : n., parce
qu'il nomme une chose, une qualité abstraite;
com., p-q...; f., p-q...; s., p-q...; suj. du
v. *détruire*, parce qu'il reçoit l'effet de l'action de ce v. : détruire quoi ? *notre liberté.*

NOTRE PLUS PRÉCIEUSE Adj. au sup. rel., f. s. qui qualifie *prérogative* : adj., parce qu'il attribue une qualité
à un suj.; qual. , puisqu'il n'est pas du nombre des adj. dét.; sup. rel., parce qu'il marque
que la qualité *précieuse* de la liberté est d'un
degré supérieur à celui qu'elle a dans toutes
nos prérogatives; f. s., p-q...

PRÉROGATIVE N. com. m. s. qui se joint au subs. *liberté*
pour en désigner une qualité abstraite : n.,
parce qu'il nomme une qualité abstraite;
com., p-q...; m., p-q...; s., p-q...

92. *Je voudrais que vous eussiez vu cet
ours grimpant, quoiqu'il fût très-gros,
au sommet d'un mât très élevé.*

JE Pro. poss., m. s. qui tient lieu de la pers.

qui parle, suj. du v. *aurais voulu*: pro., parce qu'il se joint à un n. pour en indiquer le genre et le nombre, et ne signifiant rien par lui-même ; poss., parce qu'il indique un être comme possédé par un autre ; m. s., p-q...; suj., etc., parce qu'il attribue une qualité.

VOUDRAIS   V. ac., 3ᵉ pers. s., indic. p-q-p. : v., parce qu'il se joint au pro. *je* pour en désigner une qualité ; ac., parce qu'il désigne une action ; 3ᵉ pers. s., p-q...; p-q-p., parce qu'il attribue optativement une qualité passée.

(QUE)   Conj.

VOUS   Pro. poss. pl. des deux genres, rég. dir. du v. *eussiez vu* : pro., p-q...; poss., parce qu'il indique un être comme possédé par un autre ; pl., parce qu'il représente la pluralité ; des deux genres, c'est à dire m. ou f., suivant que l'être qu'il remplace est m. ou f.; rég., etc. p-q, le v. suivant lui attribue une action : qui est-ce qui eût vu? *vous*.

SSIEZ VU   V. neu., 3ᵉ pers. pl., sub., p-q-p. : v., parce qu'il attribue une action à un suj.; neu., p-q. l'effet de cette action peut être reçu par un rég. dir.; 3ᵉ pers. s., p-q...; sub., parce qu'il attribue la qualité par manière de commandement; p-q-p., parce qu'il est pas. relativement au cond. *je voudrais* dont il dépend.

CET   Pro. dém. f. s. qui détermine *ours* : pro., p-q...; dém., parce qu'il désigne l'*ours* comme prés.; f. s., p-q...

OURS   N. pr., m. s., rég. indirect du v. *eussiez vu* : n., parce qu'il nomme un être, une substance ; pr., parce qu'il ne convient qu'à une seule espèce d'animaux ; m., parce qu'il représente un être mâle ; s., p-q...; rég., etc. p-q...

GRIMPANT   V. neu., part. prés. : v., p-q...; neu., parce qu'il désigne une action...; part., parce qu'il présente la qualité sous la forme d'un adj.; prés., parce qu'il attribue une qualité présente relativement au t. du v. *vous eussiez vu*, quoique pas en elle-même.

93.

(QUOIQU')   Pour *quoique*, conj.

IL   Pro. dém. m. s. qui tient la place de...; suj. du v. *fût* : pro., p-q...; dém., p-q...; m. s., p-q.. ; suj., etc., parce qu'il attribue une qualité au v. *fût* : qui est-ce qui était très gros ?...

FUT   V. aux., 3e pers. s., sub. impar. : v. parce qu'il attribue l'existence au suj...; aux., p-q...; sub., p-q...; impar., parce qu'il est prés. relativement au t. pas. du part. *grimpant.*

TRÈS-GROS   Adj. au sup. rel., s. f., qui qualifie...: adj., p-q...; au sup. rel., parce qu'il marque que la qualité est d'un degré élevé ; s. f., p-q...

AU   pour...ar. comp., m. pl. qui détermine *sommet* : ar., p-q...; comp., p-q...; m. pl., p-q...

SOMMET   N. com. m. s., rég. indir. du v. *grimpant* : n., p-q...; com., p-q...; m. s., p-q...; rég., etc., p-q...

(D')   Pour *de*. Pré.

UN   Adj. num. car. s. m. qui détermine *mât* : adj., p-q...; num. car., p-q...; s. m., p-q...

MAT   N. com. m. s. : n., p-q...; com., p-q...; m., p-q...; s. p-q...

TRÈS-ÉLEVÉ   Adj. au sup. ab., m. s. qui qualifie *mât* : adj., p-q...; au sup. ab., p-q...; m. s., p-q...

CONJUGAISONS.

94. *J'aimerai* (aimer), v. ac.; 1re conju.; 1re pers. s.; indic.; t. s., ab., et dér.—*Je fendrais* (fendre), v. ac.; 4e conju.; 1re pers. s.; cond. prés.; t. sim., ab., et dér. — *Il a souffert* (souffrir), v. ac.; 4e conju.; 1re pers. s.; indic. prét. déf.; t. sim., ab., et dér. —*Il avait perdu* (perdre), v. neu.; 3e conju.; 3e pers. s.; indic. prét. indéf.; t. comp., rel., et dér. — *Nous fûmes effrayés* (effrayer), v. ac.; 1e conju.; 1re pers. s.; cond. pas.; t. sim., ab., et dér. — *Vous disiez* (dire), v. neu.; 1re conju.; 2 pers. s.; cond. prés.; t. rel., comp., et dér.— *Ils auraient été accomplis* (accomplir), v ac., 1re conju.; 3e pers. pl. cond. pas. t. rel. comp. et dér.—*Ils périront* (périr), v. ac.; 4e conju.; 3e pers. s. ; cond. prés.; t. ab., comp., et dér. — *Ils suivirent* (suivre), v. ac.; 4e conju.; 3e pers. s.; cond. prés.; t. sim., ab., et prim.—*Tu prétendais* (prétendre), v. neu.; 4e conju.; 1re pers. s.; cond. pas.; t. sim., rel., et dér.

95. *Vous auriez craint* (craindre), v. neu.; 1re conju.; 1re pers. pl.; indic. p-q-p.; t. sim., rel., et dér.—*Il aurait été puni* (punir), v. neu.; 1re conj.; 1re pers. s.; indic. p-q-p.; t. comp., rel., et dér. — *Nous nous cachâmes* (se cacher), v. réciproque; 2e conju.; indic. prés.; t. sim., ab., et prim.—*Tremble* (trembler), v. ac.; 1re conju.; 1re pers. s.; impé.; t. sim., ab., et prim. — *Tu ris* (rire), v. ac. 1re conju. 2de pers. s.; impé.; t. s., ab., e[t] prim. — *J'avais aperçu* (apercevoir), v. ac. 4e conju.; 3e pers. s.; indic. impar.; t. sim. rel., et dér.—*Sortons* (sortir), v. ac.; 3e conju.; 2de pers. pl.; indic. prés.; t. sim., ab., e[t] prim.—*Vous crûtes* (croire), v. neu.; 3e conju.; 2de pers. pl.; indic. prés.; t. sim., ab., e[t] prim. — *Vous eûtes reçu* (recevoir), v. p. 2de conju., 2de pers. s.; indic., prét. déf.; t. sim. ab., et dér. — *Nous nous sommes associé[s]* (s'associer), v. pro^{al}; 4e conju.; 1re pers, s. indic., prét. déf.; t. s., ab., dér.

96. *Ils avaient été* (être), v. ac.; 4e conju.; 3e pers.; indic. prés.; t. sim., ab., dér.— *Ils avaient été endurcis* (endurcir), v. ac.; 4e conju.; 3e pers. pl.; indic. prét. indéf.; t. comp., rel., dér.—*Nous rapporterions* (rapporter, v. ac.; 2de conju.; 2de pers. s.; indic. impar.; t. sim., rel., dér.—*Il s'étaient signalés* (se signaler), v. p.; 2de conju.; 3e pers. s.; indic. impar.; t. sim., rel., dér. — *Nous aurions souhaité* (souhaiter), v. p.; 1re conju.; 3e pers. pl.; indic. impar.; t. s., rel., dér. — *Il aurait survécu* (survivre), v. ac.; 1re conju.; 3e pers. s.; indic. p-q-p.; t. comp., ab., dér. — *Vous resterez* (rester), v. ac.; 1re conju.; 1re pers. pl.; cond. prés.; t. sim., ab., dér.— *Cherchez* (chercher), v. ac.; 1re conju.; 1re pers. pl.; indic. prés.; t. sim., ab., prim.

— Ils tinrent (tenir); v. ac.; 1re conju.; 1re pers. pl.; indic. prét. indéf.; t. comp., ab., prim. *— Ils eurent éteint* (éteindre), v. neu.; 3e conju.; 3e pers. pl.; cond. pas.; t. comp., ab., dér.

97. *Partager*, infi. prés.*—Nous partageâ-mes*, indic. prés.*—J'ai partagé*, prét. déf.*—Partageant*, part. prés.*—Partagez*, part. pas. *—Partageons*, indic. prés.*—Ils partagèrent*, u.*—Vous aurez partagé*, cond. prés.*—Que j'eusse partagé*, sub. prés. *— Que je parta-geásses*, sub. impar.*—Avoir partagé*, cond. pas.*—Offrir*, infi. prés. *— J'ai offert*, part. pas.*—J'avais offert*, indic. impar.*—J'eus of-fert*, indic. prét. indéf. *— J'eusse offert,* . . . *—Que j'eusse offert.* . . . *— Que j'offrisse,* cond. pas.*—Secouer*, infi. prés.*—Il secoua*, indic. prét. antér.*—Je secouais*, indic. prét. déf. *— Il secouera*, indic. p-q-p.*—Il secoue-rait*, sub. prés. *— Secoue*, indic. prés.*—Recon-naître*, infi. prés.*—Reconnaissez*, indic. imp. *—Vous aviez reconnu*, indic. impar.*—Vous auriez reconnu*, indic. p-q-p.*—Qu'il eút re-connu*, indic. prét. indéf.*—Il eút reconnu*, sub. impar.

98. *Il appelle*, indic. prés., 3e pers. s. *— Vous excitâmes*, indic. prés., 1re pers. s. *— Vous rangerez*, cond. prés., 2de pers. s. *— Ils défendirent*, cond. prés., 3e pers. s.*— Vous pénétrâtes,* . . . . *— Nous pénétrerions,* indic. impar., 1re pers. pl.—*Vous auriez pénétré*, sub. pas., 2de pers. s.—*Que vous pénétriez*, indic. impar., 2de pers. pl.—*Qu'ils pénétrassent*, sub. prés., 1re pers. pl. — *Répandre*, infi. prés. — *Nous répandons*, indic. prét. déf. — *Que tu eusses répandu*, indic. prét. antér. — *Nous aurons répandu*, indic. prét. antér. — *Nous eûmes répandu*, indic. prét. indéf., 3e pers. pl. — *Plaindre*, infi. prés.—*Nous plaignons*, indic. prés.—*Nous plaignîmes*, prét. indéf. — *Ils plaignirent*, indic. prés. — *Plaignez*, indic. prés.— *Il suffira*, cond. pas. — *Il suffirait*, cond. pré.

Indiquez le nombre, la personne, le mode, et le temps des verbes suivans.

99. *Il secoua. Arrachant. Ils formaient. Nous tombâmes. Il eût dompté. Vous regagnâtes. Il a regagné. Táchons. Faites. Qu'il emporte. J'aurais écrasé. Il aura défendu. Il lança. Décocher. Blessé. Il eût couvert. Que vous eussiez endurci. Qu'ils se battissent. Vous entendez. Tu ajustais. Ayant écarté. J'ai fixé. Qu'il suffise. Je dis. Que tu perdes. Ils s'étaient élevés. Retentissant. Elles jonchaient. Qu'il précipitât. J'étais environné. Il entr'ouvrait. Que vous eussiez obscurci. Gémissons. Tu aurais accablé. Vous auriez formé. Que tu aies troublé. Vous auriez détournĕ. Il dressa. Vous fen-*

ttes. Avoir senti. Qu'ils brisent. Qu'ils em-portassent. Qu'ils eussent joint. Qu'ils aient fourni. Il eût percé.

FORMATION DES TEMPS PRIMITIFS (N° 195) ET DES TEMPS DÉRIVÉS (197 ET SUIVANS).

100. Infi., *trembl er;* impar., *je trembl erez;* fu., *nous trembl rons;* fu., *vous trembl erez;* prét. déf., *je trembl is;* impé., *trembl es;* impar. du sub., *que je trembl e;* sub. prés., *que nous trembl ons, que vous trembl ez, qu'ils trembl ent;* part. prés., *trembl ant.* —*Rempl ir;* part. prés. *rempl isant;* part. pas. *rempl it;* cond. prés., *je rempl irez, il rempl irèt, nous rempl irons, vous rempl irez.* — *Abattre,* cond. prés , *j'abatte rais; fu., j'abatte rai;* prét. déf., *j'abatt ai;* impar. du sub., *que j'abatt asses;* sub. prés., *que j'abatt is.*—*Tirer;* impé., *tir, tir rons, tir rez;* impar., *je tir ai, tu tir ais, il tir ait, nous tir ons, vous tir ez, ils tir aint;* prét. déf., *je tir ais, tu tir as, il tir at, nous tir assions, vous tir assiez, ils tir assent.*

101. *Aperc evoir.* Indic. prés.: *j'aperç ois, nous aperc evons, ils aperc event;* prét. déf.: *j'aperç u, il aperç u, nous aperç ume, nous aperc ute, ils aperç urent;* sub. prés.: *que j'aperc eve, que nous aperc evions, qu'ils aperc event;* p-q-p. du sub.: *que j'ai aperç u, qu'ils aient aperç u;* impar. du sub.: *que*

j'aperc evasses, que tu aperc evasses, qu'i
aperc evât; prét. indéf.: *j'aperc evai, tu a-*
perc evas, il aperc evat, nous aperc evâmes,
vous aperc evates, ils aperc evèrent. —
Perd re. Indic. prés.: *je perd e, tu perd es,*
il perd e, nous perd ons, ils perd ent; sub
prés.: *que je perd, que tu perd, qu'il perd*
que nous perd ions, que vous perd ez, qu'ils
perd ent; impar. du sub.: *que je perd asse*
qu'il perd ât.

102. *Franch ir.* Impar.: *je franch issais*
ils fran chissent; prét. déf.: *je franch i, tu*
franch is, il franch i, nous franch issâmes,
vous franch issâtes, ils franch issèrent; prét.
indéf.: *que j'eusse franch i, que tu eussès*
fran chi, qu'il eût franch i, qu'ils essent
franch i; p-q-p. du sub.: *que j'aurais fran-*
ch i, que tu aurais franch i, qu'il aurai
franch i; p-q-p. de l'indic.: *j'eusse franch i,*
tu eusses franch i, il eût franch i. — Des-
cend re. Prét. déf.: *que je sois descend u,*
que tu sois descend u, que nous soyons des-
cend u; infi. pas.: *étant descendu;* part. prés.:
descend ant; p-q-p.: *que tu sois descend u,*
que nous fussions descend us, qu'ils fussent
descend us; impar. du sub.: *que je des-*
cendrais, que tu descendrais, que nous des-
cenderions; indic. pas. déf.: *je descend ai, tu*
descend as, il descend a, nous descend âmes,
ils descend èrent; impé.: *descend, des-*
cend ez.

103. *Pondre*. Part. pas. : *pondu*; fu. : *je pond erai, tu pond eras, ils pond eront*; sub. prés. : *que je pond s, que tu pond s, qu'il pond, que nous pond ions, que vous pond iez, qu'ils pond e*; cond. prés. : *que je pond is, que tu pond is, qu'il pond it, que vous pond issions, qu'ils pond issent*; fu. ant. : *j'avais pond u*; pas. déf. : *j'ai pond u*; impar. du sub. : *je pond is, nous pond îmes*; infi. pas. : *Avoir pond re. — Tord re*. Indic. impar. : *je tord erais, nous tord erions, vous tord eriez*; fu. : *nous tord erons, vous tord-erez, ils tord eront*; sub. prés. : *que je tord s, que tu tord s, qu'il tord, que nous tord ons, que vous tord ez, qu'ils tord ent*; cond. pas. : *que j'eusse tord, que tu eusses tord, qu'il eût tord, que nous eûmes tord, que vous eûtes tord, qu'ils eussent tord*.

Séparez partout la terminaison des lettres radicales.

104. *Prétendre*. Indic. pas. déf. : *il prétenda, nous prétendâmes, vous prétendâtes, ils prétendirent*; impar. : *tu avais prétendu, il avait prétendu, nous avons prétendu*; sub. pas. : *que j'ai prétendu, que tu ai prétendu, qu'il a prétendu, que nous avons prétendu, que vous avez prétendu, qu'ils ait prétendu*; impé. : *prétend, prétendez*; fu. : *je prétende-rai*; cond. prés. : *nous prétenderions, vous prétenderiez. — Devoir*. Part. prés. : *devant*;

part. pas. . . .; p-q-p. du sub. . . .; sub. prés.
*que je dois, que tu dois, qu'il doit, que nous
devons, que vous devez, qu'ils doivent;* infi.
pas.: *avoir dû;* prét. déf.: *je devai;* cond.
prés.: *je deverais, nous deverions, vous de-
veriez;* impar. de l'indic.: *j'avais dû, nous
avions dû;* impar. du sub.: *que je. . . .;* —
Entasser. Impé.: *entasses, entassés;* prét.
indéf.: *j'ai entassai;* prét. déf.: *j'entassis;*
fu.: *j'entassrais, nous entassriez.*

CONJUGAISON DES VERBES PASSIFS,
PRONOMINAUX, IMPERSONNELS.

105. *Être accumulé,* v. p. Prét. déf.: *je
suis accumulé;* fu. antér.: *j'aurai accumulé;*
p-q-p. *du sub.: qu'ils fussent accumulé;*
cond. prés.: *j'aurais accumulé;* impar. du
sub.: *que je serais accumulé;* fu.: *j'aura
accumulé;* infi. prés.: *avoir accumulé.* —
Etre rempli. Impar.: *Nous avons rempli;*
prét. déf.: *ils furent remplis;* prét. indéf.:
j'eus été rempli; fu.: *j'eus rempli;* cond.
pas.: *que je fusse rempli;* sub. prés.: *que
j'ai été rempli;* prét. du sub.: *que nous eussions été remplis;* prét. de l'infi.: *être rempli.—Etre pris.* Prét. de l'infi.: *avoir pris;*
prét. du sub.: *que je sois pris, que nous
sommes pris;* impar. du sub.: *que vous fûtes
pris, qu'ils fussent pris;* prét. antér.: *j'ai été
pris, nous ont été pris;* impar. de l'indic.: *j'a-

serais pris; cond. prés. : *j'aurais été pris;* cond. pas. : *il eût été pris.*

VERBES NEUTRES CONJUGUÉS AVEC L'AUXILIAIRE
Etre.

106. *Arriver.* Indic. prés. : *elles arrive;* prét. déf. : *nous arrivînmes;* impar. indic. : *j'arrivais;* prét. indéf. : *je fus arrivé, tu fut arrivé, il fût arrivé, nous fussions arrivés, vous fussiez arrivés, ils fure arrivés;* cond. prés. : *j'arrivrai, tu arrivrais, il arrivrait, nous arriverions, vous arriveriez, ils arrivraient.*—*Entrer.* Sub. prés. : *qu'ils sont entrés;* prét. du sub. : *que j'entrasse, que tu entras, qu'il entra, que nous entrâmes, que vous entrâtes, qu'ils entrent.* — *Descendre.* Prét. de l'infi. : *étant descendu;* indic. prés. : *je descend, tu descend, il descend, nous descendons, vous descendez, ils descendons;* impar. du sub. : *que je descendasse, que nous descendassions, qu'ils descendassent;* prét. déf. : *je descendai, nous descendâmes, vous descendâtes.* — *Rester.* prét. déf. : *nous restâmes, vous restâtes;* impar. du sub. : *que nous restassions, qu'ils restassent.*

VERBES PRONOMINAUX.

107. *Se fâcher.* Indic. prés. : *elle s'est fâchée, elles se sont fâchées;* prét. déf. : *je me* *fus fâché, vous vous êtes fâchés;* impar.: *je m'étais fâché;* cond. prés.: *je me serais fâ-ché;* impé.: *que je me fâche;* sub. prés.: *qu'il se fachât, que nous se fachions, qu'il se fâchent;* impar du sub.: *que je me fusse fâché;* p-q-p. du sub.: *que je m'eusse fâché;* infi. pas.: *s'avoir fâché.* — *Se tromper.* Pré. indéf.: *je m'ai trompé, nous s'avons trompés;* prét. déf.: *ils se trompèrent;* p-q-p.: indic. *vous vous aviez trompés;* pas. antér.: *nou nous eûmes trompés;* cond. pas.: *je m'aurai trompé, elles s'auraient trompées;* fu. antér.: *je m'aurai trompé;* impar. du sub.: *je m fusse trompé;* sub. prés.: *je me tromperais, nous se tromperions.* — *Se tourner.* impé.: *tournons;* sub. prés.: *que je te tournez;* cond. prés.: *je serais tourné;* fu.: *je m'aurai tou-né;* prét. déf.: *je m'ai tourné;* prét. indéf.: *je me fus tourné.*

VERBES IMPERSONNELS.

108. *Y avoir.* Prét. déf.: *il y eut;* fu. an-tér.: *il y aura,* fu. sim....; p-q-p. indic.: *y aurait;* cond. prés.: *il y aurait eu;* sub. prés.: *qu'il y aie;* prét. du sub....; p-q-p. du sub.: *qu'il y eusse eu;* infi. pas.: *y avoi eu.* — *Importer.* Indic. impar: *il importait;* sub. prés.: *qu'il importât,* prét. déf....; impar du sub.: *qu'il ait importé;* part. pas. sim...; fu. antér.: *il importerait.* — *Tonne.* Indic. prés.: *il tonne;* impar.: *il avait tonne.*

fu.: *il tonnera;* sub. prés.: *il tonnerait;* impar.: *qu'il tonna;* p-q-p.: *qu'il ait tonné;* prét. déf. . . . .; prét. antér.: *il avait tonné.—* Grêler. Prét. déf.: *il grêlait;* prét. indéf.: *il eut grêlé;* cond. pas.: *il eut grêlé;* sub. prés.: *qu'il grêlât;* impar.: *qu'il eut grêlé;* p-q-p.: *qu'il eusse grêlé. — Neiger.* Infi. pas.: *avoir neigé;* sub. prés.: *qu'il ait neigé;* impar.: *qu'il eût neigé.*

VERBES IRRÉGULIERS.

109. *Conduire.* Prét. déf.: *je conduis, ils conduirent;* fu.: *je conduirais, nous conduirons;* cond. prés.: *je conduisais, vous conduisiez;* impar du sub.: *que je conduisse, qu'ils conduissent;* part. prés.: *conduisant;* part. pas.: *condui;* sub. prés.: *que je conduie, que tu conduies, qu'il condui, que nous conduisons, que vous conduisez, qu'ils conduient.—Connaître.* Impar. indic.: *je connaîtrais;* prét. déf.: *je connaissai, nous connaissâmes;* fu.: *je connaisserai, tu connaissera, nous connaisserons, vous connaisserez, ils connaisseront;* sub. prés.: *que je connus, que tu connus, qu'il connut, que nous. . . . ;* impar. du sub.: *que je connaissasse, que nous connaissions, que vous connaissiez, qu'ils connaissent. — Plaire.* Indic. prés.: *je plai, tu plais, il plai, nous plaizons, vous plaizez;* cond. prés.: *je plaiserais, nous plai-*

serions; fu.: *je plairrai, vous plaiserez, ils plairront.*

110. *Frire.* Impar. indic.: *je....*; prét. déf.: *j'ai frit, nous avons frit;* impar du sub.: *que nous frissions;* sub. prés.: *qu'il...;* cond. prés.: *nous...;* indic. prés.: *je fris, tu fris, il frit, nous...* (Nota: on remplace les t. inusités du v. *frire* par les t. correspondans du v. *faire frire.*)—*Résoudre,* Part. prés.: *résolvant;* fu.: *je résolverai, tu résolveras, nous résolverons;* indic. prés.: *je résous, tu résous, il résout, nous résoudons, vous résoudez, ils résoudent;* sub. prés.: *que je résoude, que nous résoudions;* impar. de l'indic.: *je résoudais, tu résoudais,* etc.; impé.: *résous, résoudons, résoudez;* impar. du sub.: *que je résousse, que tu résousses, que nous résoussions.*—*Rire.* Prét. indéf.: *j'ai ris;* p-q-p.: *nous avons ris;* impar. du sub.: *que je...;* sub. prés.: *que je...;* cond. prés.: *je rirai, tu rirais;* impar. indic.: *j'avais ris, nous avions ris;* prét. ant.: *j'eusse ris, nous eussions ris.*

111. *Faire.* Indic. prés.: *je fais, tu fais, nous faisons, vous faisez, ils font;* impar.: *nous faisions, vous faisiez, ils faisaient;* fu.: *je ferai;* cond. prés.: *nous fairions;* impé.: *faisons, faisez;* impar. du sub.: *que je fasse, que vous fassiez;* sub. prés.: *que je fais* que nous faisions, que vous faisiez; prét. déf.: je fesai, nous faisâmes. — Tenir. Indic. prés.: je tins, tu tins, il tint, nous tenons, ils tiennent; fu.: je tienrai, tu tienras, il tienra, nous tienrons, vous tienrez, ils tienront; prét. déf.: je tins, nous tenâmes, vous tenâtes, ils tenèrent; cond. prés.: je tienrais, tu tienrais, nous tienderions, vous tienderiez, ils tienraient; prét. indéf.: je tenais, tu tenais, nous tenions. — S'asseoir. indic. impar.: je m'assoyais, nous nous assoyons, vous vous assoyez, ils s'assoyiaient; indic. prés.: je m'assis, tu t'assis, il s'assit, nous nous assoyons, vous vous assoyez, ils s'assoyent; fu.: je m'asseoirai, tu t'asseoiras, il s'asseoira, nous nous assoirons, etc.; cond.: je m'assoirais, etc.; impé.: assis-toi, assoyez-vous.

112. Se rasseoir. (Ce v. se conjugue comme s'asseoir.) Prét. indéf.: je me suis rassis, elle s'est rassite, elles se sont rassites; cond. prés.: je me rassirais, nous nous rassirions; pass. antér.: je m'aurai rassis; impé.: rassisez-vous, rassisons-nous, rassis-toi; sub. prés.: que je me rassise, que tu te rassises, qu'il se rassise, que nous nous rassisions, que vous vous rassisiez, qu'ils se rassisent. — Mourir. Fu: je mourerai; cond.: prés.: nous mourerions, vous moureriez; impar. indic.: nous mourions, vous mouriez; p-q-p.: ils avaient mouru; prét. déf.: ils ont *mouru ;* sub. pré. : *que nous mourons, qu'ils meurent ;* impar. du sub. : *que tu… .*—*Mouvoir.* Indic. pré. : *nous mouvons, vous mouvez, ils… .;* impar. du sub. : *que je musse, que tu musses, qu'il musse, que nous mussions, que vous mussiez, qu'ils mussent.*

113. *Partir.* Indic. prés. : *il parte, ils partent ;* prét. déf. : *je partai, tu partas, il partà, nous partâmes, vous partâtes, ils partèrent ;* fu. : *je parterai, nous parterons ;* cond. prés. : *je partirais, nous parterions ;* prét. indéf. : *je suis parti, tu es parti, nous sont parti ;* impé. : *part, partons, partez ;* impar. du sub. : *que je partasse, que nous partassions, qu'ils partassent ;* sub. prés. : *que je pars, que tu pares, qu'il part, que nous partions, que vous partiez, qu'ils partent.* — *Sentir.* Prét. déf. : *nous sentâmes ;* indic. prés. : *vous sentez ;* impar. de l'indic. : *je sentissais, vous sentissiez ;* impar. du sub. : *que je sentasse, que tu sentasse, qu'il sentasse, que nous sentassions, que vous sentassiez, qu'ils sentassent ;* cond. prés. : *je senterais, nous senterions, vous senteriez, ils senteraient ;* fu. : *je senterai, tu sentras, il sentra, nous senterons, vous senterez, ils senteront ;* sub. prés. : *que je sens, qu'il sente.*

114. *Répondre.* Fu. : *je reponderai ;* cond. prés. : *nous réponderions ;* impé. : *répond ;* impar. du sub. : *que je… , que nous repon-*

...dassions; prét. déf.: *je repondai.* — *Moudre.*
Fu.: *je mourai, tu mouras, il moûra, nous
mourons, vous mourez, ils mourons;* impar.:
je moudais, nous moudions; cond. prés.: *je
mourais, tu mourais, nous mourions, vous
mouriez, ils mouraient;* impé.: *mous, mou-
lons, moulez;* sub. prés.: *que je mous, que
tu mous, qu'il mout, que nous moulions, que
vous mouliez, qu'ils moulent;* prét. déf.: *je
moulai, nous moulâmes, vous moulûtes;*
prét. indéf.: *j'ai mou, tu as mou, nous avons
mou.* — *Luire.* Part. prés.: *luisant;* prét. indéf.: *il a luit, vous avez luit, ils ont luit;*
sub. prés.: *que je lui, que tu lui, que nous
luisions;* impar. du sub.: *que je*...

115. *Mettre, que je mettasse, qu'il nais-
sât, que nous prenassions, que nous dissions,
j'écriverai, nous écriverions, j'excluerai,
vous dites, vous médites, vous vainquerez,
je vainque, je vaincais, il vaincait, que je
vaincusse, qu'il vaincût, vaincant, je con-
vainque, nous convainquons* (*convaincre* se
conjugue comme *vaincre*), *que nous bat-
tassions, il rompe, suivant, suire, j'ai sui, je
n'ai tais que je me taisasse, il se tairait, nous
nous taisâmes, elle s'est tu, je me plaignai,
je me plaignais, j'ai exclus, nous joindons,
vous joindez, vous joindiez, je couserai, j'ai
cousu, tu couserais, nous couserions, je coudis, tu coudis, il coudit, nous coudîmes, vous*

coudites, ils coudirent, que je coude, qu'i
coude.

116. *Nous avions ouvri, j'aurais ouvri,*
on m'a poursuivi (*poursuivre* se conjugue
comme *suivre*), il est bu, elle est buse, nous
buvâmes, je m'enfuyai (*s'enfuir* se conjugue
comme *fuir*), nous nous enfuyâmes, il s'en-
fuyait, nous partâmes, ils partirent, que je
partisse, que tu partisses, qu'il partisse, elle
boura, elle aura boulu, elle bourait, elle
boulait, elle boulut, en bouillissant, bous,
boulez, j'ai dormu, je dormerai, ils dorme-
raient, j'absolverais, il absolvera, vous absol-
veriez, je résolverai, résolvez, résolvons, il a
résolu, je trais, nous traisons, que je traise,
que tu traises, qu'il traise, que nous trai-
sions, que vous traisiez, qu'ils traisent, je
trayais, il trayait, peindre (tous les v. en
aindre, eindre, oindre, se conjuguent comme
le v. *plaindre*), je peindais, tu peindais, il
peint, nous peignons, vous peindez, je peignis, tu peignis, il peignit, que je peindisse,
que tu peindisses, j'ai peindu.

CONJUGAISON INTERROGATIVE.

117. *Ai-je? as-tu? a-il? j'avais-t-il? eus-*
je? avez eu-vous? ont-ils eu? eus-je eu? eusses-tu eu? eut-il? aurais-je eu? auraient-ils
eu? sont-elles? nous sommes-t-ils? vous êtes

t-il? ils seront-ils? eusse-je été? eusses-tu été? eût-t-il été? donne-je? donnes-tu? ils donne-ront-ils? avons-nous fini? rends-je? rendis-je? vous aviez-t-il rendu? eusse-je rendu? mens-je? mentez-vous? mange-je? avez mangé-vous? ils mangeront-t-ils? répondront-t-ils? dorment-t-ils? dort-t-il? donne-t-il? donnent-ils? eusse-je donné? chante-je? tu aurais-t-il répondu? vous perderiez-t-ils? sors-je? sais-je? vends-je? vais-je? sers-je? sert-il? vous se servez-t-ils? vois-je? vites-vous? descendâtes-vous? descendâmes-nous? portâtes-vous? sont-ils venus?

On pourra, pour s'exercer, conjuguer in-terrogativement en entier quelques-uns de ces verbes.

RÉSUMÉ DES CONJUGAISONS (MODÈLE).

118. *Nous faisons.* V. ac.; 4ᵉ conju.; 1ʳᵉ pers. pl.; indic. prés.; v. ir., t. sim., ab., dér.: v., parce qu'il attribue une qualité à un suj ; ac., parce qu'il attribue une action dont l'ef-fet peut être reçu par un rég. dir.; 4ᵉ conju., parce qu'il a l'infi. terminé en *re* ; 1ʳᵉ pers. pl., p-q. son suj. *nous* représente la pluralité et les pers. qui parlent ; indic., parce qu'il attribue simplement l'action; prés., parce qu'il indique l'action comme présente : *nous faisons maintenant;* v. ir. et dans ses t. prim., parce qu'ils n'ont pas les mêmes terminai-

sons que ceux du v. modèle *rendre*, et dans
ses t. dér., parce qu'ils ne se forment pas
tous régulièrement des t. prim.; t. sim., parce qu'il n'emprunte pas d'aux.; ab., p-q. ce
t. ne suppose de comparaison avec aucun
autre t.; dér., parce qu'il emprunte sa forme
du part. prés. en changeant *ant* en *ons* :
fais *ant*, nous fais *ons*.

ANALYSES INCORRECTES.

119. *Nous sommes nés.* V. ac.; 1re conju.;
3e pers. s.; indic. prés.; v. régu.; t. sim., rel.,
prim.: v., p-q...; ac., parce qu'il attribue
une action; 1re conju., parce qu'il a l'infi.
terminé en...; 3e pers. s., p-q. son suj...
représente l'unité et la pers. dont on parle;
indic., p-q...; prés., parce qu'il désigne l'action de naître comme présente; v. régu.,
p-q...; t. sim., parce qu'il n'emprunte pas
d'aux.; rel., p-q. ce t. suppose...; prim.,
parce qu'il emprunte sa forme du...

Il se serait trompé. V. imp.; 4e conju.; 1re
pers. s.; cond. prés.; v. régu.; t. comp., rel.,
dér.: v., parce qu'il désigne une qualité abstraite; imp., parce qu'il a pour suj. et pour
rég. une seule et même pers.; 4e conju., p-q.
...; 1re pers. s., p-q...; cond. prés., parce
qu'il attribue conditionnellement une qualité
présente; v. rég., p-q...; t. comp., p-q...;
rel. p-q. ce t. en suppose un autre avec lequel
on le compare; dér., p-q...

120. *Ils enverront.* V. neu., 1re conju.,
3e pers. pl.; cond. prés.; v. ir.; t. sim., ab.;
prim.: v., parce qu'il se joint à un n. pour en
marquer la qualité; neu., p-q...; 1re conju.,
p-q...; 3e pers. pl., p-q. son suj. représente
...; cond., p-q...; prés., p-q...; v. ir. et dans
un de ses t. prim., p-q. le radical *envoy* ne
se retrouve pas au prés. de l'indic., et dans
ses t. dér., p-q. son fu. et son cond. ne se
forment pas régulièrement : au lieu de faire :
.... en changeant..., il fait...; t. sim., p-q.
...; ab., p-q...; prim., p-q...

Que vous eussiez été mordus. V. p.; 1re
conju.; 2de pers. s.; sub. p-q-p.; t. comp., rel.,
dér.: v., p-q...; p., parce qu'il n'attribue pas
d'*action*; 1re conju., parce qu'il a l'infi. terminé en...; 2de pers. s., p-q. son suj... représente...; sub., parce qu'il ne peut s'employer sous cette forme que quand il dépend
d'un autre mot dont il est rég.; p-q-p., parce
qu'il indique un t. pas. relativement à un autre...; t. comp., p-q...; rel., p-q...; dér.,
parce qu'il se forme de...(dites comment).

Analysez de même les verbes suivans :
121. *Dirai-je? vous renvoyâtes, il eut re-
monté, fuyez, abuserez-vous? j'acquerrai,
qu'il veuille, elle aurait été expédiée, il fut
averti, que tu sois endormi, qu'il soit sanglé,
il braira, vous éviterez, j'envie, dormez-vous?
que je peignisse, que je peignasse, nous nous
entourâmes, elle ourdira, il avait voué, j'au-*

rais vécu, je serais mort, que vous eussie
modéré, admettriez-vous? il excellait, s'être
grattés, ils se furent grattés, tu te prônes, tâ-
tez, ils s'étaient regalés, ils se sont succédé
vous eussiez pu, que vous eussiez lavé, il
auraient été cultivés, sommes-nous? fûmes-
nous? vous recourrez, j'aissistais, qu'ils péné-
trassent, asseyez-vous, il y aurait, ayez.

La préposition, l'adverbe, la conjonction
et l'interjection.

122. *Il vous chatiera* DANS *sa colère. Dans*
est une pré. qui a pour complément *colère,*
—*Si vous aviez le courage, vous auriez la*
puissance. SI est une conj. qui sert à lier
deux assertions ou deux propositions dont
elle indique le rapport. — *Le pot* DE *fer.* DE
conj., p-q... — *Ils ont l'adresse* ET *le cou-*
rage. Et, conj: c'est comme s'il y avait : *ils*
ont l'adresse et ils ont le courage; et sert
donc à lier deux propositions dont il indique
un rapport d'union; c'est donc une conjonction.——Ah! *craignez* QUE *le ciel* NE *transporte*
BIENTÔT CHEZ *vous les pleurs* ET *la misère.*
Ah! interj., p-q. c'est un cri de douleur. *Que,*
conj., parce qu'il marque un rapport entre
deux v. *Ne,* adv., parce qu'il exprime un
rapport avec son rég. : il veut dire : *avec né-*
gation. Bientôt, pré., p-q... *Chez,* adv., parce qu'il marque un rapport entre deux mots
dont le dernier (vous) est un subs. du moins

équivalemment. (Le pro. équivaut à un subs., puisqu'il en tient la place.) *Et*, conj., p-q…

123. QUANT *à l'autre*, VOICI *le personnage en raccourci. Quant à*, loc. pré^{ve}, ou assemblage de mots qui font la fonction d'une pré., parce qu'il marque un rapport entre ce qu'on vient de dire et un subs. représenté par le pro. *l'autre*, qui, pour cette raison, en est le rég. *Voici*, conj., parce qu'il tient lieu de cette assertion : *vous voyez ici. En*, pré., parce qu'il indique un rapport entre les mots *voici le personnage* et le mot *raccourci* qui équivaut à un subs., puisqu'il signifie *discours raccourci* ou *abrégé.*—NE *jugeons* JAMAIS *des gens* SUR *l'apparence. Ne* adv., p-q. …*Jamais*, adv., p-q…: il équivaut à : *en aucun temps. Sur*, pré., p-q… — *Les gens* SANS *bruit sont* QUELQUEFOIS PLUS *dangereux* QUE *les autres ne le sont. Sans*, pré., p-q… *Quelquefois*, adv., p-q… *Plus*, adv., parce qu'il exprime un rapport avec son rég.: il signifie *en un degré supérieur. Que*, conj., parce qu'il lie la phrase qui précède avec la phrase suivante.

124. SANS *vous je serais* COMME *un enfant qui*, QUAND *il quitte sa mère, tombe* DÈS *le premier pas. Sans*, pré., parce qu'il marque un rapport entre les mots sous-entendus *si j'étais*, et le subs. représenté par le pro. *vous*, qui, pour cette raison, en est le rég. *Comme*, conj. qui marque un rapport entre la proposition *je serais* et la proposition *un enfan* (est) : ce v. est sous-entendu. *Quand*, conj qui exprime un rapport entre cette proposition : *il quitte sa mère*, et cette autre : *i tombe.* Dès, pré., p-q...—*On doit* TOUJOURS *rejeter les mauvais conseils* AVEC *indignation* QUAND MÊME *le succès en serait infaillible.* *Toujours*, adv., p-q...*Avec*, pré., p-q... *Quand même*, conj., parcequ'il marque un rapport entre cette proposition..., et cette autre:...—*Il était très important* QUE *j'eusse vue* SUR *la mer*, AFIN QUE *je n'omisse rien* POUR *sortir* DE *l'île, si la Providence permettait* QU'il *vînt quelque vaisseau* A *ma portée. Très* adv., parce qu'il exprime un rapport avec son rég.; il signifie *dans un degré élevé. Que*, conj. qui exprime... *Sur*, pré. qui exprime un rapport entre... *Afin que*, conj. qui exprime un rapport entre cette proposition : *j'eusse vue*, etc., et cette autre : *je n'omisse rien. Pour*, conj. qui...

NOTA : *Pour*, devant un n. ou un pro., est une pré. *De*, pré. qui exprime un rapport entre... *Si*, conj. qui exprime un rapport entre *sortir de l'île*, et cette proposition : *la Providence permettait. Qu'* (pour *que*), conj. qui exprime un rapport entre... *A*, pré. qui...

125. JAMAIS *hymen* NE *fut accompli* SOUS *de* SI *tristes auspices.* — *Le goût est* PLUTÔT don DE *la nature*, qu'une acquisition de *l'art.* — Oh! *heureuse l'âme qui, remontant jusqu'à son origine, passe* AU TRAVERS DES *choses créées sans s'y arrêter.*

Jamais, adv. parce qu'il exprime…; il équivaut à *en aucun temps. Ne*, adv., p-q. …; il équivaut à *avec négation. Sous*, pré. qui exprime…; elle a donc pour rég. le subs… *Si*. adv., p-q…; il signifie ici: *à un tel degré. Plutôt*, adv., p-q…; il signifie ici: *avec plus de vérité. De*, pré. qui…; elle a donc pour rég. le subs… *Que*, conj. qui exprime un rapport entre la 1re proposition: *le goût est un don*, etc., et la 2de: *il est une acquisition. De… Oh!* interj., p-q. c'est un cri d'admiration. *Jusqu'à*, pré. qui exprime…; elle a donc pour rég. le subs… *Au travers de*, pré. qui…; elle a pour rég. … *Sans*, conj. qui exprime un rapport entre *passer* et *s'arréter.* (Nota: si *sans* était devant un n., ce serait une pré).

126. QUOIQUE *les libertins fassent les esprits forts* PENDANT *leur vie, on les voit tous trembler* QUAND *ils sont* PRÈS DE *mourir. Ju-bien,* POUR *démentir la prophétie* ·DE *J.-C.* CONTRE *le temple* DE *Jérusalem, entreprit* DE *le relever;* MAIS LE PLUS *éclatant comme* LE *plus* avéré DE *tous les miracles, força ce prince impie* A *se désister* DE *son entreprise. Quoique*, conj. qui exprime un rapport entre… *Pendant*, pré. qui exprime un rapport entre le v. *fassent* et le subs . . . *Quand*, conj. qui exprime un rapport entre cette proposition : *on les voit trembler*, et cette autre : *ils sont près de mourir. Près de*, pré. qui exprime un rapport entre le v. *ils sont* et l'infi. *mourir* qui tient lieu du subs. *la mort. Pour*, conj. qui exprime un rapport entre cette proposition : *il entreprit de*, etc. et celle-ci : *démentir* ou *qu'il démentît la prophétie. De*, pré. qui. . .; son rég. est. . . *Contre*, pré. qui. . .; elle a pour rég. . . *De*, pré. . ., etc. *Mais*, conj. qui exprime un rapport entre la proposition qui précède : *il entreprit. . .*, et la suivante *le plus éclatant* etc. *Le plus*, adv., p-q. . .; il signifie *au plus haut point. De. . . A*, pré. qui exprime un rapport entre *força* et le v. *se désister* qui tient lieu d'un subs. *De. . .*

127. *On attribue* à *Cicéron l'invention* ou du moins *le perfectionnement* de *l'art d'écrire* en *notes* et de *suivre la parole* avec la *plume. —* Comme *les juges étaient gagnés ils prononcèrent une condamnation* contre *Socrate*, et ne *lui laissèrent* que *le choix de la peine.*

A, pré. qui. . .; elle a pour rég. . . *Ou*, conj. qui exprime un rapport entre cette proposition : *on attribue l'invention*, et cette autre : *on attribue le perfectionnement. Du moins*, adv., parce qu'il exprime un rapport avec son rég.; il signifie *par restriction. De. . .*

pré. qui... *En*, pré. qui... *Et*, conj. qui exprime un rapport entre deux propositions qui sont : *on attribue l'art d'écrire en notes, et on attribue l'art de suivre la parole. Avec*, pré. qui... *Comme*, conj. qui exprime un rapport entre cette proposition : *ils pronon-cèrent*, et cette autre : *ils étaient gagnés. Contre*, pré. qui... *Et*, conj. qui exprime... *Ne*, adv. p.-q... *Que*, conj. qui ex-prime un rapport entre cette proposition : *Il ne lui laissèrent rien*, et celle-ci : *ils lui laissèrent le choix ;* il équivaut à *si ce n'est que. De*, pré. qui... ; son rég. est...

128. ALORS *Socrate déclara* QUE PUISQU'*on l'obligeait de se taxer lui-même*, *il se con-damnait*, POUR *avoir consacré sa vie à l'in-struction des Athéniens*, A *être nourri* PEN-DANT *le reste* DE *ses jours*, DANS *le Prytanée*, *aux dépens* DE *la république. Irrités* PAR *cette réponse*, *les juges le condamnèrent* A *boire de la ciguë.* AUSSITÔT *Socrate prit* TRANQUIL-LEMENT *le chemin de la prison.*

Alors, adv., p-q... ; il signifie *en ce mo-ment. Que*, conj. qui exprime un rapport entre cette proposition : *Socrate déclara*, et cette autre : *il se condamnait. Puisque*, conj. qui exprime un rapport entre la pro-position *il se condamnait*, et la proposition *on l'obligeait. De*, pré. qui exprime un rap-port entre le v. *on l'obligeait*, et le v. *se taxer. Pour*, conj. qui exprime un rapport

entre le v. *il se condamnait*, et le v. *avoir*
consacré. A, pré. qui exprime un rapport
entre le v. *avoir consacré*, et le subs... *A*,
conj. qui exprime un rapport entre le v. *il se*
condamnait, et le v. *être nourri. Pendant*,
pré. qui exprime un rapport entre le v. *être*
nourri, et le subs... *De*... *Dans*, pré.
qui exprime un rapport entre le v. *être*
nourri, et le subs... *De*, ... *Par*, pré.
qui... *A*, conj. qui... *De*, pré. qui exprime un rapport entre le mot *une portion*
sous-entendu, et le subs. *ciguë. Aussitôt*,
adv., p-q...; il signifie *au même instant*.
Tranquillement, adv., p-q...; il signifie...
De...

ANALYSES RAISONNÉES SUR TOUTES LES ESPÈCES DE MOTS A CORRIGER PAR L'APPLICATION DES DÉFINITIONS.

129. *Plus docile que l'homme, non seule-*
ment le chien s'instruit en peu de temps,
mais même il se conforme à toutes les
habitudes de ceux qui lui commandent.

PLUS   Adv., p-q...; il signifie : *dans un degré*
supérieur; il modifie l'adj. *docile*.

DOCILE   Adj. m. s., au sup.; il qualifie... : adj.,
parce qu'il se joint à un subs. pour lui attribuer une qualité; m. s., parce qu'il est joint
à un subs. m. s. au sup., parce qu'il désigne la
qualité *docile* comme ayant dans *le chien* un
degré supérieur à celui qu'elle a dans *l'homme*.

QUE   Conj. qui exprime un rapport entre deux
v. sous-entendus; en effet c'est comme s'il y

avait de chien qui *est* plus docile que l'homme n'*est* docile.

L' Pour *le*. Pro. pers^{el}, 3e pers., m. s.; il tient la place de..: pro., p-q..; pers^{el}, p-q...; 3e pers. m. s.; parce qu'il tient la place d'un subs. m. s. représentant la personne qui parle.

HOMME N. col. m. s., 2e terme de la comparaison exprimée par le comp. *plus docile :* n., parce qu'il nomme une pers., une substance; col., parce qu'il convient à une espèce et à chaque individu de cette espèce; m., p-q...; s., p-q...

130.

NON SEU- Adv., p-q...; il signifie *non avec exclu-*
LEMENT *sion.*

LE Ar. m. s. qui détermine...: ar., parce qu'il tient la place d'un n.; m. s., p-q...

CHIEN N. pr. m. s., rég. du v. *instruit :* n., p-q...; pr., parce qu'il ne convient qu'à une seule espèce d'animaux; m., p-q...; s., p-q...; rég. etc., parce qu'il reçoit l'effet de l'action attribuée par ce v.

S' Pour *se*. Adj. dém. m. s. qui détermine...; suj. du v. *instruit :* adj., p-q...; dém., p-q..., m. s., p-q...; suj. etc., p-q. le v. *instruit* lui attribue une qualité.

INSTRUIT V. neu.; pro^{al}; 2de conju; v. ir.; 1re pers. s.; part. pas. sim.; v. sim., ab., prim. : t., parce qu'il se joint à un subs. pour en désigner une qualité; neu., p-q. l'effet de son action n'est pas reçu par un rég. dir. différent du suj.; pro^{al}, p-q...; 2de conju., parce qu'il a l'infi. term^{né} en *ire ;* v. ir., p-q. ses t. prim. n'ont pas la même term^{on} que les t. correspondans du v. modèle; 1re pers. s., p-q...; part. pas. sim., parce qu'il indique simplement la qualité produite par

l'action du v. sous la forme d'un adj., san⸗
indiquer par sa term^on la pers. qui en est l⸗
suj.; t. sim., parce qu'il ne prend pas d'aux.
ab., parce qu'il ne suppose de comp^on ave⸗
aucun autre t.; prim., parce qu'il sert à for⸗
mer d'autres t.

EN   Pré. qui exprime un rapport entre le v⸗
instruit et le subs. *peu,* qui pour cette rai⸗
son en est le rég.

PEU   N. col. parti. m. s., rég. de la pré. *en*⸗
n., parce qu'il nomme une chose, une qua⸗
lité abstraite (il signifie petite quantité);
col., p-q...; parti., p-q...; m., par l'u⸗
sage ; s., p-q...

DE   Pré. qui...., et qui a pour rég. le⸗
subs....

TEMPS   Adv., p-q....

131.

MAIS   Conj. qui exprime un rapport entre le v.⸗
il s'instruit, et le v. *il se conforme*.

MÊME   Conj. qui exprime un rapport entre les
deux mêmes v.

IL   Ar. m. s. qui détermine...: ar, p-q...⸗
m. s., p-q....

SE   Pour *soi*. Pro. poss. m. s., suj. du v⸗
conforme : pro., p-q...; poss., p-q...; m. s.,
p-q...; suj., etc., p-q. ce v. lui attribue une
action.

CONFORME   V. ac. pro^al; 4e conju.; v. régu.; 1re pers.
s.; indic. prés.; t. comp., rel., dér. : v.,
p-q...; ac., parce qu'il attribue une action
...; pro^al, parce qu'il a une seule et même
pers. pour...; 4e conju.; parce qu'il a l'infi.
term^né en...; v. régn., p-q. tous ses t. ont
la même term^on que...; 1re pers. s., p-q.
son suj. représente...; indic., parce qu'il
attribue...; prés., p-q...; t. comp.,
p-q...; rel., p-q...; dér., p-q...

A   Pré. qui exprime un rapport entre...; elle a pour rég...

TOUTES   Adj. indéf. f. s. qui détermine...: adj., p-q...; indéf., parce qu'il désigne les habitudes comme représentant tous les individus de l'espèce; f. s., p-q...

LES   Pro. de la 3e pers. m. pl.; il tient la place de...: pro., p-q...; 3e pers., p-q...; m. pl., p-q...

HABITUDES   N. com. f. pl., rég. indir. du v. *conforme*: n., p-q...; com., parce qu'il désigne la pluralité; f.. parce qu'il représente un être femelle; pl., parce qu'il convient à...; rég. indir., etc, parce qu'il a avec ce v. un rapport marqué par la pré. *à* dont il est aussi le rég.

132.

DE   Pré. qui...; elle a pour rég. le pro. *ceux*, qui équivaut à un subs., puisqu'il en tient la place.

CEUX   Pro. dém. m. pl. qui tient la place des *hommes* : pro., p-q...; dém., parce qu'il indique le subs. *hommes*, dont il tient la place, comme présent à la pensée; m. pl., p-q...

QUI   Pro. rel. m. s. qui tient la place de..., et qui a pour ant...; il est suj. du v...: pro., parce qu'il se joint à un n.; rel., parce qu'il tient la place de... dont ou vient de parler dans une proposition principale, et dont on développe le sens dans une proposition incidente; m. s., p-q. le nom dont il tient la place est m. s.; suj. du v..., parce qu'il reçoit l'effet de l'action attribuée par ce v.

LUI   Pour *à lui*. Pro. de la 3e pers. f. s., rég. indir. du v. *commandent* : pro., p-q...;

. . . 3e pers. f. s., p-q...; rég. indir., etc., p-q. le
v. *commandent* lui attribue une action.

COMMAN-   V. neu.; 4e conju.; v. régu., 3e pers. s.
DENT   sub. prés.; t. sim. ab., dér. : v., parce qu'il
désigne une qualité; neu., parce qu'il n'a
pas de rég. dir.; 4e conju., p-q...; v.
régu., p-q...; 3e pers. s., p-q. son suj. représente....; sub., parce qu'il attribue l'action absolument; prés., p-q...; t. sim.,
p-q...; ab., p-q...; dér., parce qu'il emprunte sa forme de....

133. *Il n'y a rien de plus ingénieux q.   c*
que dit Descartes touchant l'eau qui se
raréfie lorsqu'elle gèle.

IL   Pro. ab., p-q...; il est suj. apparent du
v. suivant, p-q...

N'   Pour *ne*. Adv. de négation, parce qu'il
exprime un rapport avec son rég.; il signifie : *avec négation.*

Y A   V. imp.; 3e conju.; v. ir.; indic. prés.
t. s., ab., prim. : v., p-q...; imp., p-q
dans tous ses t. il ne s'emploie qu'à la 3e pers
et qu'il n'a jamais pour suj. apparent que le
pro. ab. *il*; 3e conju., parce qu'il a l'infi
en..., v. ir., p-q..., ind., parce qu'il attribue
simplement la qualité; prés., parce qu'il
attribue une qualité présente; t. sim., parce qu'il emprunte l'aux. *avoir*; ab., parce
qu'il suppose comparaison avec un autre t.;
prim.; p-q...

RIEN   Pro. indéf., suj. réel du v. *il y a* : pro.,
parce qu'il tient la place d'*aucune chose*;
indéf., parce qu'il indique le mot *chose*
comme représentant l'exclusion de tous les
individus désignés par ce mot; m., par l'u-
sage; s., parce qu'il représente l'unité; suj.
réel, etc., p-q. c'est réellement à lui que le v.

il *y a* attribue une *qualié* : c'est comme s'il
y avait : *rien n'est plus ingénieux.*

DE Pré. qui a un rapport entre le subs. *rien*
et le subs. *choses* sous-entendu : c'est comme
s'il y avait : *il n'y a rien* des *choses ingénieuses
qui soit plus ingénieux que.*

PLUS Adv., p-q...; il signifie *en un degré su-*
périeur.

INGÉNIEUX Adj., au sup., m. s.; il qualifie *rien* :
adj., p-q...; au sup., parce qu'il désigne
la qualité *ingénieux* comme ayant dans *rien*
un degré supérieur à celui qu'elle a dans *ce
que dit Descartes*; m. s., parce qu'il qualifie
rien qui est m. s.

134.

QUE Conj. qui exprime un rapport entre ces
deux propositions : *il n'y a rien qui soit plus
ingénieux , et ce que dit Descartes n'est ingénieux.*

CE Adj. dém. m. s. qui tient la place du subs.
vague *la chose,* 2e terme de la comparaison
exprimée par *plus ingénieux :* adj., p-q...;
dém., parce qu'il désigne l'être dont il tient
la place, comme présent à la pensée; m. s.,
p-q...

QUE Pro. rel. m. s., rég. dir. du v. *dit,* tenant
la place de *la chose* représentée par l'adj. *ce*
qui, pour cette raison, en est l'ant. : pro.,
p-q...; rel., p-q...; m. s., p-q...; rég.
dire. etc., p-q...

DIT V. neu.; 1re conju.; v. ir.; 1re pers.
s.; indic. prés.; t. comp., abs., dér. :
p-q...; neu., parce qu'il n'a pas de rég. dir.;
1re conju., parce qu'il a l'infi. en *re*; v. ir.,
p-q...; 1re pers. s., p-q...; indic.,
p-q...; prés., p-q...; t. comp., p-q...;

ab.; parce qu'il n'emprunte pas d'aux.; dém.
p-q...

DESCARTES   N. pr. d'homme m. s., rég. dir. du
dit : n., p-q...; pr., p-q...; m., par l'u-
sage; s., p-q...; rég. dir., etc., p-q.
v. *dit* lui attribue une action : qui est-ce q
dit ?...

TOUCHANT   Pré. qui exprime un rapport entre...,
qui a pour rég...

LE   Pour *le*. Pro. de la 3e pers. m. s. qui tien
lieu de... : pro., parce qu'il se joint à u
n. pour en marquer le genre et le nombre
3e pers. m. s., p-q...

EAU   N. com. f. s., rég. de... : n., p-q...
com., p-q...; f., par l'usage; s.; p-q.

135.

QUI   Pro. rel. f. s. qui tient la place de... so
ant., suj. du v... : pro., p-q...; rel
p-q...; f. s., parce qu'il représente un sub
f. s.; suj du v..., p-q. ce v. lui attribu
une action.

SE   Adj. dém. f. s. qui tient la place de...
rég. dir. du v... : adj., parce qu'il tient
place d'un n.; dém., p-q...; f. s., p-q.
n. dont il tient la place est f. s.; rég., etc.
p-q...

RARÉFIE   V. ac. pro^{al}; 1re conju.; v. régu.; 3e pe
s.; indic. prés.; t. sim., ab.; prim. (Rend
raison de chacune de ces assertions.)

LORSQU'   Pour *lorsque*. Conj. qui exprime un ra
port entre le v. *raréfie* et le v. *gèle*.

ELLE   Pro. de la 3e pers. f. s., suj. du v. gè
(Rendez raison.)

GÈLE   (Analysez, et raisonnez l'analyse.)

Faites l'analyse raisonnnée des phrases suivantes :

136. Descartes suppose que l'eau est composée de petites parties longues et flexibles comme des anguilles; que lorsque ces petites parties cessent de se mouvoir, elles font de la glace, qui doit occuper plus de place que l'eau n'en occupait, parce que, dit-il, ces petites parties, se raidissant et se recourbant, ne s'accommodent plus les unes avec les autres; ainsi elles se séparent et tiennent plus de place.

FIN DES EXERCICES SUR LA LEXICOLOGIE.

EXERCICES.

TROISIÈME PARTIE.

LA SYNTAXE.

CHAPITRE PREMIER.

MANIÈRE DE RÉUNIR ET DE COORDONNER LES MOTS.

ANALYSES LOGIQUES.

1. *La charité est douce.* Cette réunion de mots est une proposition, parce qu'elle exprime un jugement. Elle a pour v. *est*, p-q. c'est ce mot qui attribue la convenance ou l'identité aux deux autres; elle a pour suj. *la charité*, p-q. c'est à *la charité* que le v. *est* attribue la qualité *douce*; elle a pour attribut *douce*, p-q. ce qualificatif est attribué par le v. *est* au suj. *la charité*.

Les brebis sont stupides. Cette réunion

de mots forme une proposition, p-q...Son v. est *sont*, p-q...; elle a pour suj..., p-q. c'est à ce mot que le v. *sont* attribue la qualité...; elle a pour attribut..., p-q...

La gnomonique est l'art de tracer des cadrans solaires. Proposition, p-q...*Est* en est le v., parce qu'il attribue l'identité aux deux autres termes; *la gnomonique* en est le suj., p-q. le verbe lui attribue l'autre terme; *l'art de*, etc., en est l'attribut, p-q. c'est le terme attribué par le v. au suj.

2. *L'esprit ressemble à l'œil.* Proposition, p-q... Elle équivaut à : *l'esprit est ressemblant à l'œil. Est* en est le v., p-q...; *l'esprit* en est le suj., p-q. le v...; *ressemblant* en est l'attribut, p-q. c'est le terme attribué par...

Il voit tout. Proposition, p-q...Elle équivaut à : *il est... Est* en est le v., p-q...; son suj. est..., p-q...; son attribut est..., p-q...

Il ne se voit pas lui-même. Proposition, parce qu'elle exprime... Elle équivaut à : *il est ne se voyant pas lui-même.* (Assignez-en le suj., le v., et l'attribut, en donnant la raison de chaque assertion.)

Soyez ami constant. Proposition, p-q... Elle équivaut à : *vous soyez ami constant.* Elle a pour v. *soyez*, qui attribue l'identité aux deux autres; pour suj. *vous*, à qui le v. attribue l'autre terme; pour attribut, *ami*, qui est attribué par le v. au suj.

Prévenons toujours le repentir. Proposition, p-q... Elle équivaut à : *nous soyons
prévenant,* etc. Elle a pour v..., p-q...; pour
suj..., p-q...; pour attribut..., p-q...

3. *La morale est l'art de vivre heureu.*
Proposition, p-q... *Est* en est le v., p-q...
La morale en est le suj., p-q... Ce sujet e
simple, parce qu'il est unique ; incomplexe
parce qu'il n'a ni qual. ni rég. *L'art* en e
l'attribut, p-q...; attribut simple, parc
qu'il est unique ; complexe, parce qu'il
pour rég. *de vivre heureux.*

*La Géographie et la chronologie sont le
deux yeux de l'histoire.* Proposition, p-q...
Elle a pour v..., p-q... Elle a pour suj. *l
géographie et la chronologie,* p-q...; su
comp., parce qu'il est la réunion de deux
incomplexe, p-q... Elle a pour attribut...
p-q..., attribut sim., p-q...; complexe
parce qu'il a pour complément...

*Les Grégoire, les Basile, les Chrysostóme
se sont formés sur les anciens orateu
grecs.* Proposition, p-q... Elle se décompos
ainsi: *les Grégoire,* etc., *ont été formant eu
sur,* etc. Elle a pour v..., p-q...; pour su
..., p-q... Ce sujet est sim., parce qu'il n'
pas de complément; complexe, parce qu'i
est la réunion de trois suj. Elle a pour attri
but..., p-q...; attribut sim., parce qu'il es
unique; complexe, parce qu'il a pour com
plément...

4. *Les choses confuses ne sont ni belles ni utiles.* Proposition, p-q... Elle a pour v. *sont*, p-q...; verbe complexe, parce qu'il a pour complément l'adv. *ne*. Elle a pour suj. *les choses*, p-q...; sujet comp., parce qu'il a pour complément...; incomplexe, parce qu'il est unique. Elle a pour attribut *ni belles ni utiles*; attribut sim., p-q...; complexe, p-q...

L'ordre et l'arrangement fait (tournez : *est faisant*) *la beauté de l'univers.* Proposition, p-q... (Assignez-en les trois termes; dites si le suj. et l'attribut sont sim., ou comp., ou incomplexes, et rendez raison de chaque assertion.)

Les Égyptiens ensevelissaient leurs morts avec beaucoup de soin. Tournez... Proposition, p-q... Elle a pour v. *ensevelissaient*, parce qu'il attribue au suj. une action. Elle a pour suj..., p-q...; sujet comp., parce qu'il renferme une réunion; comp., p-q... Elle a pour attribut..., p-q. c'est le terme attribué au suj. par le v.; attribut comp., p-q...; complexe, p-q...

5. *Le soleil paraît tourner autour de la terre.* Tournez : *le soleil est...* Proposition, parce qu'elle exprime un jugement. Elle a pour v. *est*, p-q...; pour suj. *le soleil*, p-q. le v. *est* lui attribue une qualité; suj. sim., parce qu'il est...; incomplexe, parce qu'il n'a pas de complément. Elle a pour attribut..., p-q. ...; cet attribut est sim., parce qu'il est

unique; complexe, parce qu'il a pour complément. . .

*S'appliquer sérieusement à des choses inu-
tiles et momentanées, c'est bâtir un château
de cartes.* Cette réunion de mots est une
proposition, p-q. . . Elle a pour v. *est*, p-q. . .
pour suj. l'infinitif *s'appliquer*, p-q. . .; ce
sujet est sim., p-q. . .; complexe, parce qu'il
a pour compléments l'adv. *sérieusement*, le
rég. dir. *se*, et le rég .indir. *à des choses*, etc.
Elle a pour attribut l'infi. *bâtir*, parce qu'il
est attribué au suj. par le v. *est*; attribut
sim., p-q. . .; complexe, parce qu'il a pour
complément *un château de cartes.*

*Il y a quelque chose de vrai dans les er-
reurs mêmes.* Tournez: *quelque chose de vrai
est existant dans les erreurs mêmes.* Proposition, p-q. . . Elle a pour v. *est*, p-q. . .;
pour suj., *quelque chose*, p-q. le v. *est* lui
attribue l'autre terme. Ce suj. est sim., p-q. . .;
complexe, p-q. . . Elle a pour attribut *existant*, p-q. ce terme est attribué par le v. au
suj.; attribut sim., p-q. . .; complexe, p-q. . .

6. *Les Anglais sont faibles et aisés à vaincre chez eux.* Proposition, parce qu'elle exprime. . . Elle a pour v. *sont*, p-q. . .; v. incomplexe, p-q. . . Elle a pour suj. *les Anglais*, p-q. . .; suj. comp., parce qu'il exprime
une réunion de suj.; complexe, parce qu'il
a pour complément *faibles et aisés à vaincre.* Elle a pour attribut. . ., p-q. . .; attribut sim., p-q. . .; complexe, p-q. . .

Travaillez à vous rendre l'esprit vrai-
ment solide. Tournez : *vous soyez travaillant*
... Proposition , p-q... Elle a pour v...,
p-q...; v. incomplexe, parce qu'il n'a pas
de complément. Elle a pour suj..., p-q...;
suj. sim., parce qu'il n'a pas de complément;
incomplexe, parce qu'il est unique. Elle a
pour attribut..., p-q...; attribut comp.,
parce qu'il a pour complément...; incomplexe, parce qu'il est unique.

DIFFÉRENTES ESPÈCES DE PROPOSITIONS.

7. *Le cheval est susceptible d'un vif atta-*
chement. Proposition absolue, parce qu'elle
ne dépend d'aucune autre et qu'aucune autre n'en dépend. Elle a pour v. *est*, p-q...;
v. incomplexe, p-q...Elle a pour suj. *le che-*
val, p-q. c'est à lui que le v. attribue une
qualité; suj. sim., p-q...; incomplexe, p-q...
Elle a pour attribut *susceptible*, p-q. c'est
la qualité attribuée au suj. par le v.; attribut
sim., parce qu'il est unique; complexe,
parce qu'il a pour complément *d'un vif at-*
tachement.

Pline assure qu'on l'a vu quelquefois ex-
primer ses regrets par des larmes. Cette période renferme deux propositions: 1re, *Pline*
assure. Proposition principale et par conséquent rel., parce qu'elle a une autre proposition sous sa dépendance. Elle a pour v. *est*,
p-q...; v. incomplexe, p-q...Son sujet est
..., p-q...Son attribut est *assurant*, p-q...;

attribut sim. p-q... ; complexe, parce qu'il a pour complément rég. la proposition suivante. 2me, *on l'a vu*, etc. Proposition rég. et par conséquent subalterne et rel, parce qu'elle dépend de la 1re, comme rég. du v. *assure*. Son v. est *a été*, p-q... Son suj. est *on*, p-q... ; suj. sim., p-q..., incomplexe, p-q... Son attribut est *voyant*, p-q... ; attribut sim., p-q..., complexe, p-q...

8. *Les microscopes sont des verres ou de lunettes à travers lesquelles les objets paraissent plus gros qu'ils ne le sont réellement.*

Cette période renferme trois v. à un mode pers^el, et par conséquent trois propositions.

1re. *Les microscopes sont des verres ou de lunettes.*

Proposition principale, et par conséquent rel., parce qu'elle a sous sa dépendance la proposition qui suit. Elle a pour v. *sont*, p-q... Son suj. est..., p-q... ; suj. comp., parce qu'il désigne plusieurs individus ; complexe, parce qu'il a pour complément... Elle a pour attribut..., p-q... ; attribut sim., p-q..., complexe, parce qu'il a pour complément qual. la proposition incidente qui suit.

2e. *A travers lesquelles les objets paraissent plus gros.* Proposition incidente dét., et par conséquent subalterne et rel., parce qu'elle dépend de la première en ce qu'elle restreint l'extension de son attribut *verres ou lunettes.* Elle a pour suj..., p-q... ; suj. sim., *q.* . .; incomplexe, p-q. . .Son verbe est *sont*, .p-q. . . Son attribut est. . ., p-q. . .; attribut sim., p-q. . .; complexe, parce qu'il a pour complément un rég, indir. *à travers lesquelles*, et un qual. *plus gros*.

3ᵉ. *Ils ne le sont réellement*. Proposition simplement subalterne, parce qu'elle dépend de la deuxième, comme lui étant jointe par une conj. Elle a pour suj. . ., p-q. . .; suj. sim., p-q.; incomplexe, p-q. . . Elle a pour v. *sont;* v. complexe, p-q. . . Elle a pour attribut *le*, mis pour *gros*, p-q. . .; attribut sim. p-q. . .; incomplexe, p-q. . .

9. *Les télescopes font paraître près de nous les objets qui en sont éloignés.*

Cette période renferme deux propositions.

1ʳᵉ. *Les télescopes font paraître près de nous les objets.* Proposition principale, et par conséquent rel., p-q. la seconde en dépend. Elle a pour suj. *les télescopes*, p-q. . .; suj. comp., parce qu'il désigne plusieurs individus; complexe, p-q. . . Elle a pour v. . ., p-q. . . Elle a pour attribut. . ., p-q. . .; attribut comp., parce qu'il a pour complément . . .; complexe, parce qu'il renferme plusieurs mots.

2ᵉ. *Qui en sont éloignés.* Proposition incidente dét., et par conséquent subalterne et rel., p-q. . . Elle a pour suj. . . .; suj. sim., p-q. . .; incomplexe, parce qu'il est unique.

Elle a pour attribut....; attribut sim., par
qu'il est unique; incomplexe, p-q....

Quels progrès n'a-t-on pas faits dans
physique depuis Descartes ? Proposition ab
solue, p-q...Elle a pour suj. *on*, p-q...; Ell
a pour v. *a été*, p-q... Elle a pour attribu
faisant, p-q...; attribut sim., parce qu'
est unique; complexe, parce qu'il a pou
complément *quels progrès dans la physiqu*
depuis Descartes.

10. *C'est dommage, Garo, que tu n'e*
point entré au conseil de celui que prèche to
curé.

Cette période renferme trois propositions
parce qu'elle renferme trois v. à des mode
personnels.

1ʳᵉ. *C'est dommage.* Proposition...,p-q...
Elle a pour v. *est*, p-q... Elle a pour suj
ce, p-q...; suj. sim., p-q...; incomplexe
p-q... Elle a pour attribut *dommage*, p-q
c'est le terme que le v. *est* attribue au pro
ce; attribut sim., parce qu'il est unique; incomplexe, p-q...

2ᵉ. *Tu n'es point entré au conseil de celui.*
Proposition..., p-q... Elle a pour suj. *tu*
p-q...; suj. sim., parce qu'il n'a pas de complément; incomplexe, parce qu'il est unique.
Elle a pour v. *es*, p-q. c'est lui qui attribue
l'identité aux deux autres; il est complexe,
parce qu'il a pour complément qual. l'adv.
de négation *ne point*. Elle a pour attribut *en-*

ré, p-q...; attribut sim., parce qu'il a
pour complément *au conseil de celui*; complexe, parce qu'il est unique.

3e. *Que prêche ton curé.* (Faites l'analyse logique raisonnée de cette proposition.)

11. *Sanchoniaton, qui est le plus ancien des historiens profanes, vivait chez les Phéniciens 500 ans après Moïse.*

Cette période renferme deux propositions, parce qu'elle renferme deux verbes à des modes personnels.

1re. *Sanchoniaton vivait chez*, etc. Proposition principale et par conséquent rel., parce qu'elle a sous sa dépendance la seconde proposition. Elle a pour suj. *Sanchoniaton*, p-q...; suj. sim., parce qu'il est unique; incomplexe, p-q... Elle a pour v. *était*, p-q...; et pour attribut *vivant*, p-q... Cet attribut est sim., p-q...; complexe, parce qu'il a pour complément...

2e. *Qui est le plus ancien des* etc. Proposition incidente explicative, et par conséquent subalterne et rel., parce qu'elle dépend de la première, dont elle développe le suj. *Sanchoniaton*, en y ajoutant quelques idées. Elle a pour suj..., p-q...; suj. sim., p-q...; incomplexe, p-q... Elle a pour v..., p-q...; et pour attribut..., p-q... Cet attribut est sim., p-q...; incomplexe, parce qu'il a pour complément *des historiens.*

Dieu fait bien ce qu'il fait.

Cette période a deux propositions.

1re. *Dieu fait bien ce.* Proposition ..., p-q. Elle a pour suj. *Dieu,* p-q...; suj. sim., p-q... incomplexe, p-q... Elle a pour v. *est,* p-q... et pour attribut *faisant,* p-q... Cet attribut est sim., parce qu'il est unique; complexe, p-q...

2e. *Qu'il fait.* Proposition ..., p-q... Elle a pour suj. *il,* p-q...; suj. sim., p-q...; incomplexe, p-q... Elle a pour v. *est,* p-q...; et pour attribut, *faisant,* p-q... Cet attribut est sim., p-q...; complexe, parce qu'il a pour complément *que.*

12. *A Sparte les enfans dont le corps sans énergie était surchargé d'une graisse molle étaient battus de verges, parce qu'on les regardait comme coupables de paresse.*

Cette période contient trois propositions, parce qu'elle a trois v. à un mode pers[el].

1re. *Les enfans étaient battus de verges à Sparte.*

Proposition principale et par conséquent [pers]rel., parce qu'elle a sous sa dépendance les deux autres propositions. Elle a pour suj. *les enfans,* p-q...; suj. comp., parce qu'il désigne la pluralité; complexe; p-q... Elle a pour v. *étaient,* p-q...; et pour attribut *battus,* p-q. c'est le terme attribué par le v. au suj. Cet attribut est sim., parce qu'il est unique; complexe, parce qu'il a pour complément...

2°. *Dont le corps sans énergie était sur-chargé d'une graisse molle.* Proposition incidente dét., p-q... Elle a pour suj. *le corps,* p-q...; suj. comp., parce qu'il a pour complément...; incomplexe, p-q... Elle a pour v. *était,* p-q...; et pour attribut,...., p-q... Cet attribut est comp., p-q...; complexe, parce qu'il renferme plusieurs mots.

3°. *Parce qu'on les regardait comme coupables de paresse.* Proposition subalterne, parce qu'elle est jointe à la deuxième par une conj. Elle a pour, etc... (Analysez le reste, en donnant la raison de chaque assertion.)

13. *Resté seul contre trois, que vouliez-vous qu'il fît? — Qu'il mourût.*

Ces deux périodes renferment trois propositions exprimées et une autre sous-entendue.

1re. *Vouliez-vous.* Tournez : *étiez-vous voulant.* Proposition principale et par conséquent rel., parce qu'elle a la deuxième sous sa dépendance. Elle a pour suj..., p-q...; suj. sim., p-q...; incomplexe, p-q... Elle a pour v..., p-q...; et pour attribut, *voulant,* p-q... Cet attribut est sim., parce qu'il est unique; complexe, parce qu'il a pour complément la deuxième proposition.

2°. *Que, resté seul contre trois, il fît* (il fût faisant). Proposition subalterne rég., p-q... Son suj. est *il,* p-q...; suj. sim., p-q...;

complexe, parce qu'il a pour complément...
Elle a pour v..., p-q...; et pour attribu
faisant, p-q... Cet attribut est sim., p-q..
complexe, parce qu'il a pour compléme
rég. le *que* inter: qui commence la périod

3°: Proposition sous-entendue: *je voula*
Proposition principale et par conséque
rel., p-q... Elle a pour suj. *je*, p-q..
suj. sim., p-q...; incomplexe, p-q...: El
a pour v..., p-q..., et pour attribut. .
p-q... Cet attribut est sim., p-q...; con
plexe, parce qu'il a pour compléme
rég...

4°. *Qu'il mourût.* (Faites-en l'analyse log
que raisonnée.)

14. *Socrate, voyant un jour une grand
quantité d'objets exposés en vente sur
place publique: Que de choses, s'écria-t-i
dont je n'ai pas besoin!*

Cette période renferme trois proposition
1ʳᵉ. *Socrate voyant* etc., *il s'écria.* Propo
sition principale et par conséquent rel., p-
... Elle a pour suj. *Socrate*, p-q...; su
sim., p-q...; complexe, parce qu'il a pou
complément qual... Elle a pour v..., p-
...; et pour attribut..., p-q... Cet attr
but est sim., p-q...; complexe, parce qu'
a pour complément la proposition sui
vante.

2°. *Que de choses* (sous-entendu *je v*
ici). Proposition subalterne rég., et par co

rel., parce qu'elle est rég. de l'attribut de la première. Elle est elliptique, p-q. le rég. seul de son attribut est exprimé; tous les autres termes sont sous-entendus. Elle p. pour suj...., p-q....; suj. sim., p-q....; complexe, p-q... Elle a pour v...., p-q....; et pour attribut..., p-q.... Cet attribut est sim., p-q....; complexe, p-q....

3°. *Dont je n'ai pas besoin.* Proposition incidente explicative, et par conséquent subalterne et rel., parce qu'elle dépend de la deuxième, dont elle développe le mot *choses*, en y ajoutant quelques idées. Elle a pour suj. *je*, p-q....; suj. sim., p-q....; incomplexe, p-q... Elle a pour v. *suis*, p-q....; et pour attribut, *ayant*, p-q... Cet attribut est sim., p-q....; incomplexe, parce qu'il a pour complément *dont* et *besoin.*

15. *Je croyais, moi, que l'on devait rougir de la duplicité.* (Analysez cette proposition, en faisant remarquer le pléonasme qui s'y trouve.)

Il est certain tempérament que le Maître de la nature veut que l'on garde en tout. Le fait-on? Nullement.

Ces trois périodes renferment cinq propositions.

1re. *Il est certain tempérament.* Proposition absolue, parce qu'elle ne dépend d'aucune autre, et qu'aucune autre ne dépend d'elle. Elle a pour suj. apparent *il*, et pour suj.

16

réel, *tempérament*, p-q. c'est à lui que le
est attribue l'existence ; suj. sim., p-q.
complexe, parce qu'il a pour complément.
Elle a pour v. *est*, p-q...; et pour attribut
existant, sous-entendu, parqu'il est attribué
au suj. par le v. Cet attribut est sim., p-q..
et incomplexe, p-q...

2°. *Le Maitre de la nature veut.* Proposition incidente dét., p-q.... Elle a pour suj.
le Maitre de la nature, p-q....; suj. sim.,
p-q...; complexe, p-q... Elle a pour v. *est*,
p-q...; et pour attribut, *voulant*, p-q...
Cet attribut est sim., parce qu'il est unique;
complexe, parce qu'il a pour complément la
troisième proposition.

3°. *Que l'on garde en tout.* Proposition
subalterne rég., parce qu'elle est rég. du v.
veut, qui constitue la deuxième proposition.
Elle a pour suj..., p-q...; suj. sim., p-q...
complexe, p-q... Elle a pour v..., p-q...
et pour attribut,..., p-q... Cet attribut est
sim., p-q...; complexe, p-q...

4°. *Le fait-on?* (Faites-en l'analyse logique
raisonnée.)

5°. *Nullement* (on ne le fait nullement).
Proposition elliptique, p-q... (Faites le reste
de l'analyse raisonnée.)

16. *Si tu n'étais qu'un citoyen vulgaire,
je te dirais : Va, sers, sois tyran sous ton
père.*

Cette période renferme cinq v. à des mo-

des pers^ell., et par conséquent cinq propositions.

1re. *Si tu n'étais qu'un citoyen vulgaire*. Proposition principale et par conséquent nel. , parce qu'elle a sous sa dépendance la deuxième proposition. Elle a pour suj. *tu*, p-q. . .; suj. sim., p-q. . .; incomplexe, p-q. . . . Elle a pour v. *étais*, p-q. . .; v. complexe, parce qu'il a pour complément l'adv. de négation *ne que*, équivalant à *seulement*. Elle a pour attribut *un citoyen*, p-q. . .; attribut sim., p-q. . .; complexe, p-q. . .

2e. *Je te dirais*. (Tournez : . . .) Proposition subalterne par rapport à la première, à laquelle elle est jointe par la conj. *si*, placée avant la première; et principale par rapport à la seconde, qui en dépend comme son rég. Faites le reste de l'analyse raisonné.)

3e. *Va*. (Tournez : . . .) Proposition ellip-tique, p-q. . .; subalterne rég., p-q. . . Elle a pour suj. . ., p-q. . .; suj. sim., parce qu'il est unique; incomplexe, parce qu'il n'a pas le complément. Elle a pour v. . . ., p-q. . .; et pour attribut, . . ., p-q. . .; cet attribut est sim., p-q. . .; incomplexe, p-q. . .

4e. *Sers*.—5e. *Sois tyran sous ton père*. (Ana-lysez-les logiquement.)

17. *Tombe sur moi le ciel, pourvu que je ne venge !*

Cette période renferme trois propositions, dont la première est sous-entendue.

1re. *Que m'importe.* Proposition principale et par conséquent rel., parce qu'elle
les deux autres sous sa dépendance. On peu
la tourner ainsi : *en quoi est-il important pou*
moi ? Elle a pour suj. apparent *il*, et pou
suj. réel la deuxième proposition. Elle
pour v. *est* ; et pour attribut, *important.* E
effet c'est au suj. *il*, qui tient lieu de la pro
position seconde, que le v. *est* attribue l
qualité *important.* Cet attribut est sim., p-q
...; et complexe, parce qu'il a pour com
plément *pour moi* et *en quoi.*

2e. *Que tombe sur moi le ciel.* Proposition
subalterne par rapport à la première, puis
qu'elle en est le suj. réel, et qu'elle lui es
jointe par une conj. sous-entendue. Elle es
une inversion, p-q. ses termes n'occupen
pas leur place grammaticale. Pour faire dis
paraître l'inversion, il faudrait dire : ...
Elle a pour v..., p-q...; pour suj.,...
p-q... Ce suj. est sim., p-q...; incom
plexe, parce qu'il est unique. Elle a pou
attribut....; attribut sim., p-q....; incomplexe, p-q...

3. *Pourvu que je me venge.* Proposition
etc. (Faites-en l'analyse logique raisonnée.

18. *Je l'ai vu de mes yeux.* Proposition
absolue, p-q... Elle est un pléonasme,
p-q. les mots *de mes yeux* s'y trouvent
deux fois exprimés de deux manières différentes : une fois implicitement dans le v. *j'ai*

vu, puisqu'on ne peut pas voir autrement que par ses yeux, et une fois explicitement. Elle a pour v..., p-q..; pour suj., p-q. Ce suj. est sim., p-q ...; incomplexe, p-q... Elle a pour attribut..., p-q...: attribut comp., parce qu'il a pour complément...; incomplexe, parce qu'il est unique.

La lèvre où s'empreint la rougeur du corail, de la blancheur des dents relève encore l'émail.

Cette période renferme deux propositions, parce qu'elle a deux v. à un mode personnel.

1re. *La lèvre...de la blancheur des dents relève encore l'émail.* Proposition principale, par conséquent subalterne, p-q... Elle est une inversion, p-q... Pour faire disparaître l'inversion, il faut dire : ... Elle a pour v. *est*, p-q. c'est le terme qui attribue l'identité aux autres; pour suj., *la lèvre*, p-q. le v. *est* lui attribue l'autre terme. Ce suj. est sim., p-q...; complexe, parce qu'il a pour complément *de la blancheur des dents*. Elle a pour attribut *relevant*, p-q. c'est le terme attribué au suj. par le v.; attribut sim., p-q...; incomplexe, p-q...

2e. *Où s'empreint la rougeur du corail.* Proposition subalterne, incidente explicative, p-q...; inversion, p-q... (Achevez-en l'analyse logique raisonnée.)

19. *Une multitude de serpens entrela...*
forment dans leurs mouvemens un bruit q...
ressemble au broiement des cailloux.

Cette période renferme deux propo...
tions, parce qu'elle a deux v. à un mo...
pers[1].

1e. *Une multitude de serpens ... forme...*
... un bruit. Proposition principale, et p...
conséquent rel., p-q... C'est une syllepse...
p-q. le v. *forment* s'accorde avec *serpen...*
au lieu de s'accorder avec *multitude*, qui e...
est le suj., et qui, en cette qualité, le gou...
verne grammaticalement. Elle a pour v...
p-q...; pour suj., *une multitude de se...*
pens, p-q... Ce suj. est comp., parce qu...
représente plusieurs individus; complexe...
p-q... Elle a pour attribut...; attribut sim...
p-q.; complexe, p-q...

2. *Qui ressemble au broiement des cai...*
loux. Proposition... (Achevez-en l'analys...
logique raisonnée.)

Compagnon, sacrifiez, voilà nos aigles...
au défaut d'autels.

Cette période renferme deux propositions...

1e. *Sacrifiez.* Proposition absolue, p-q...
(Achevez l'analyse.)

NOTA. Le mot *compagnon* ne fait pa...
partie de la proposition, il est mis en apo...
strophe.

2e. *Voilà nos aigles,* etc. Proposition ab...
solue, p-q...; implicite, p-q. c'est un...

conj. qui tient lieu d'une proposition. C'est comme s'il y avait : *vous voyez là nos aigles.* (La poposition ainsi convertiea pour v., etc. Achevez l'analyse.)

20. *Il m'est impossible de pouvoir flatter les grands.* Proposition absolue, p-q... pléonasme, p-q. *impossible de pouvoir* est le même terme répété deux fois en des termes différens ; c'est comme s'il y avait : *je n'ai pas le pouvoir d'avoir le pouvoir.* Elle a pour v. *est*, p-q... Ce suj. est sim., p-q...; complexe, p-q... Elle a pour attribut..., p-q...; attribut sim., p-q....; complexe, parce qu'il a pour complément...

Croyez-vous que cet officier puisse rentrer dans les bonnes grâces du prince ? — Oui, monsieur; pour cela, il n'a seulement qu'à avouer sa faute.

Il y a dans ces phrases quatre propositions.

Ire. *Croyez-vous que.* Proposition principale, et par conséquent rel., p-q... Elle a pour v...., p-q...; pour suj.,..., p-q. ... Ce suj. est sim., p-q...; incomplexe, p-q... Elle a pour attribut...; attribut sim., p-q...; complexe, parce qu'il a pour complément rég. la seconde proposition.

2e. *Cet officier puisse rentrer dans,* etc. Proposition subalterne rég., et par conséquent rel., p-q... (Achevez l'analyse.)

3e. *Oui.* Proposition absolue, p-q...; implicite, p-q. c'est une conj. qui tient lieu de cette proposition : ... La proposition ainsi convertie a pour v. . . (Achevez l'analyse.)

4ᵉ. *Pour cela, il n'a seulement qu'à avouer sa faute.* Proposition absolue, p-q . . . ; pléonasme, p-q. *seulement* et *ne. . . que* sont le même terme exprimé de deux manières différentes. Tournez ainsi : *il n'es* ayant pour cela qu'à, etc. Cette proposition a pour v. . . (Achevez l'analyse.)

CHAPITRE SECOND.

RÈGLES QUI DÉRIVENT DES PROPRIÉTÉS DES MOTS.

ARTICLE PREMIER.

SYNTAXE DU SUBSTANTIF.

DU GENRE.

21. *Ayons toujours* UN GRAND *amour pour Dieu, et nous ne nous livrerons jamais à de* FOLLES *amours. Un* et *grand* sont au m., parce qu'ils s'accordent avec *amour* qui est m. aus. *Folles* est au f., parce qu'il s'accorde avec *amours* qui et f. au pl. — *Ma mère fait* TOUTES *mes délices. Toutes* est f., parce qu'il s'accorde avec *délices,* qui est au pl. — *C'est* UNE *délice de boire* *frais quand il fait chaud.* Un est au m., parce qu'il s'accorde avec *délice* qui est m. au s. — *Les plus* GRANDS *délices sont* CEUX *que cause une bonne action.* Grands au m., p-q... *Ceux* au m., parce qu'il s'accorde avec *délices* qu'il remplace et qui est m. — *Voici* UNE BELLE *orgue. Une* et *belle* au f., parce qu'ils s'accordent avec... —*Ces deux autres orgues sont encore plus* BELLES. *Belles* au f., p-q... — UN *couple de bœufs suffit pour traîner cette charrue. Un* au m., parce qu'il s'accorde avec *couple* qui est du m. — *Après le mariage,* LE JEUNE *couple revint au hameau. Le* et *jeune* sont au m., parce qu'ils s'accordent avec... — *Une petite fille fut le fruit de leur mariage :* CET *enfant embellit leur union. Cet* au m., p-q...

22. *Les hymnes de Santeuil sont très-*BEAUX. *Beaux* au m., p-q... *Il y a dans un héros quelque chose qui est encore plus* ES-TIMÉE *que les vertus guerrières, c'est l'empire sur ses passions. Estimée* au f., parce qu'il se rapporte à *chose* qui est du f.—*Les guides de mon cheval sont-ils* RACCOMMODÉS ? *Raccommodés,* au m., parce qu'il s'accorde avec *guides* qui est du m. — *Voici* UN BEL *exemple d'anglaise. Un bel* au m., p-q... —TOUTES LES BONNES *gens de ce hameau vinrent me faire leurs adieux. Toutes les bonnes* au f., p-q...—*Ne suivez pas les* MAU-

vaises *exemples des libertins. Mauvaises* a
f., parce qu'il s'accorde avec *exemples* q
est toujours du f., excepté quand il désig
un modèle d'écriture.—*L'automne sera* pl
vieuse. *Pluvieuse* au f., parce qu'il s'accord
avec *automne*, qui est à la vérité des deu
genres, mais qu'on met préférablement a
m. — *Quelque chose que nous disions da*
*la colere, il est rare qu'*il *ne nous cause p*
de regret. Il au m., parce qu'il s'accorde av
quelque chose qui est du m., lorsqu'il
gnifie *une chose.*

23. *Les noms des notes de la musique o*
été tirés d'un ancien *hymne de saint Jea*
Baptiste. Un ancien au m., p-q... — 0
chantait une hymne républicaine. *Une*
républicaine au m., parce qu'ils s'accorde
avec *hymne* qui est toujours du m., excep
quand... — Toutes les honnêtes gens so
affligées *de cette perte. Toutes, les, ho*
nêtes, et *affligées*, sont au f., parce qu'ils s'a
cordent avec *gens* qui veut au f. tous les qu
correspondans qui le précèdent et tous ce
qui le suivent.—*Il y a dans ce pays quelq*
chose qui mérite d'être vue *par les curieu*
Vue au f., parce qu'il s'accorde avec *quelq*
chose qui est du f., quand il signifie u
chose.—*Quelque chose que j'ai* fait, *on n*
toujours réprimandé. Fait au m., parce qu
s'accorde avec *quelque chose* qui est m
quand il signifie...

DU NOMBRE.

DES SUBSTANTIFS QUI ONT DEUX PLURIELS.

24. *J'ai le bonheur de posséder encore mes deux* AÏEUX. *Aïeux*, et non pas *aïeuls*, parce qu'ici il est employé dans le sens d'ancêtres. —*Nous n'avons pas d'autre gloire que celle de nos* AÏEULS. *Aïeuls*, et non pas *aïeux*, parce qu'ici il est employé dans le sens d'ancêtres.—*Voilà deux beaux* CIEUX *-de-lits. Cieux*, et non pas *ciels*, p-q... — *Ce peintre fait bien les* CIELS. *Ciels*, et non pas *cieux*, parce qu'il ne fait au pl. *cieux* que quand il signifie... — *Le Dieu qui règne dans les* CIELS. *Ciels*, et non pas *cieux*, p-q...—*J'ai eu mal aux* YEUX. *Yeux*, et non pas *œils*, parce qu'ici il désigne l'organe de la vue.—*Il y a des* YEUX *sur la soupe et dans le fromage. Yeux* et non pas *œils*, p-q...—*Nous avons fait pratiquer des* YEUX-de-bœuf. *Yeux*, et non pas *œils*, p-q...—*Ce maréchal a deux beaux* TRAVAUX *pour ferrer les chevaux vicieux. Travaux*, et non pas *travails*, p-q...

25. *Le ministre a eu cette semaine trois travails avec le roi. Travails*, et non pas *travaux*, parce qu'ici il signifie *des rapports faits par un chef d'administration à un supérieur.* —*Nous nous occupons aux* TRAVAILS *de la campagne. Travails*, et non pas *travaux*, p-q...—*J'ai fait construire dans ma cuisine*

deux œils-de-bœuf. *ŒLils*, et non pas *yeux*
p-q... — *Mes deux* AIEULS *vivent encor*
Aïeuls, et non pas *aïeux*, p-q... —*Les* CIEL
de ces lits ne sont pas assez hauts. Ciels,
non pas *cieux*, p-q... — *Jésus-Christ e*
monté aux CIELS *le jour de l'Ascention*
Ciels, et non pas *cieux*, p-q...

26 *Les* TRAVAUX *que le ministre a eu*
avec le roi étaient très-importans. Travau
et non *travails*, p-q.... — *On leur a cre*
les YEUX. *Yeux*, et non pas *œils*, parce qu
s'agit ici de l'organe de la vue. —*L'Italie e*
sous un des plus beaux CIEUX *de l'Europe*
Cieux, et non pas *ciels*, p-q... —*Ce boui*
lon a des YEUX. *Yeux*, et non pas *œil*
p-q... —*Il a mal aux* YEUX. *Yeux*, et no
pas *œils* p-q... — *Ces chevaux ne veule*
pas entrer dans les TRAVAUX *des maréchau*
Travaux, et non pas *travails*, p-q... — *(*
commis a eu hier deux TRAVAILS *avec le m*
nistre. Travails, et non pas *travaux*, p-q..
— *L'histoire rapporte les belles actions*
nos AIEULS. *Aïeuls*, et non pas *aïeua*
p-q...

NOMBRE DANS LES NOMS PROPRES.

27. *Les deux* SÉNÈQUE *sont nés en E*
pagne. Sénèque, quoique au pl., ne pre
pas *s*, parce qu'il sert ici à nommer de
personnes par leur nom. — *Il y a eu bu*

les ALEXANDRES *et bien des* CÉSARS *dont les noms sont inconnus*. Ici on doit écrire avec un *s Alexandres* et *Césars*, parce qu'ils sont employés comme n. com. — *Nos généraux ont des* CÉSAR. Ici on doit écrire *César* sans *s*, p-q… — *Pour désigner des hommes cruels, on dit :* des NÉRONS, des CALIGULAS. *Nérons* et *Caligulas* prennent *s*, parce qu'ils sont employés comme n. pr. — *Les* MOLIÈRES, *les* BOILEAUX, *les* RACINES, *élevèrent la langue française au plus haut degré de gloire où elle soit parvenue. Molières, Boileaux, Racines,* prennent la marque du pl., p-q… — *Les* BOSSUET *et les* FÉNÉLON *sont rares. Bossuet, Fénélon,* ne prennent pas la marque du pl., parce qu'ils sont employés comme n. com. — *Le procès des* MARTINS *n'est pas encore terminé. Martins* prend la marque du pl., p-q… — *La famille des* BARILLONS *est très-respectable. Barillons* prend la marque du pl., p-q…

28. *Ces deux poètes ont été les* HOMÈRE *et les* VIRGILE *de leur siècle. Homère, Virgile,* ne prennent pas la marque du pl., parce qu'ils sont employés comme n. pr. — *Les* TURENNES *et les* CONDÉS *se sont distingués. Turennes et Condés* prennent la marque du pl., p-q… — *Quelle nation n'a pas eu ses* CÉSARS *et ses* POMPÉES? *Césars* et *Pompées* prennent la marque du pl., parce qu'ils sont employés comme n. com. — *Les*

Napoléons *ne sont plus. Napoléons* pren[nent]
la marque du pl., p-q… — *L'Eglise a* [eu]
encore des Bourdaloue *et des* Massillo[n].
Bourdaloue, Massillon, ne prennent pa[s]
la marque du pl., parce qu'ils sont employ[és]
comme n. com. — *Les* Augustes, *l*[es]
Scipions, *les* Richelieux *et les* Condé[s]
étaient amis des sciences et des arts. Au-
gustes, Scipions, Richelieux, Condés, prennent la marque du pl., p-q… —*Si ces deu*[x]
princes règnent un jour, ce seront des Néro[ns]
et des Caligula. *Néron, Caligula,* ne prennent pas la marque du pl., p-q…

NOMBRE DANS LES NOMS COMPOSÉS.

29. *Il y a en France quatre-vingt-si*[x]
chefs-lieux de préfecture. Chefs et *lieu*[x]
prennent l'un et l'autre la marque du pl.,
p-q. quand un n. comp. est formé de deu[x]
subs. placés immédiatement l'un aprè[s]
l'autre, ils prennent tous les deux la marqu[e]
du pl.—*Aimez-vous les chou-fleurs?* Fleur[s]
prend la marque du pl., p-q… — *Il y* [a]
plusieurs Hôtels−Dieux *dans cette vill*[e]
Hôtels et *Dieux* prennent l'un et l'autre l[a]
marque du pl., p-q. quand un n. comp. es[t]
formé de deux subs.,… — Les loups-
garous *n'épouvantent que les enfans et le*[s]
vieilles femmes. Loups et *garous* prennen[t]
l'un et l'autre la marque du pl., p-q. *garou*[s]
ne s'employant jamais seul, est regard[é]

comme un adjectif; or quand un n. est comp.
d'un subs. et d'un adj.,... —*Ce prince re-*
cueille avec grand soin les CHEFS-D'OEUVRE
de l'art. Chefs prend seul la marque du pl.,
p-q. quand un n. est comp. de...

30. *On voyait deux arc-en-ciels à la*
fois. Ciels prend seul la marque du pl.,
p-q. quand... —*Athalie est un de nos* CHEF-
D'OEUVRE *dramatiques.* Ni *chef* ni *œuvre* ne
prennent la marque du pl., p-q. quand un
n. est comp. de deux subs. unis par une
pré., on ne met la marque du pl... —*Les*
CHAMPS-ELYSÉES *sont le Paradis des anciens.*
Champs et *Elysées* prennent l'un et l'autre
la marque du pl., p-q. ce sont deux subs.;
or, quand un n. est comp. de deux subs.
placés immédiatement l'un après l'autre,
... —*Il est si distrait, qu'il fait sans cesse*
les COQS-A-L'ANE. *Coqs* prend seul la marque
du pl., p-q. quand un n. est comp. de deux
subs. unis par une pré., ... —*Deux ou trois*
TÊTE-A-TÊTE *suffisent ordinairement pour*
connaître le caractère d'une personne. Ni
le premier ni le second *tête* ne prennent la
marque du pl., p-q. le sens ne permet pas
de pluraliser le premier : c'est comme s'il
y avait : ... Quant au second, il ne prend
pas non plus la marque du pl..., p-q. quand
un n. est comp. de plusieurs subs. unis par
une pré., ...

31. *J'ai tué à la chasse deux* CHATS-
HUANTS. *Chats* et *huants* prennent l'un e[t]
l'autre la marque du pl., p-q. *huant*, n'étan[t]
jamais employé seul, est regardé comm[e]
un adj. : or quand un n. est comp. d'u[n]
subs. et d'un adj., ... — *Ce pays est remp*[li]
de défilés qui sont de vrais COUPE-GORGE[S].
Gorges prend seul la marque du pl., p-[q.]
quand un n. est comp. d'un subs. joint [à]
un v., le subs. seul prend la marque du pl[.]
s'il désigne la pluralité; or ici *gorge* ne re[-]
présente pas la pluralité : c'est comme s'[il]
y avait : *des endroits où l'on coupe* l[a]
GORGE. — *On a saisi sur lui plusieurs* PASS[E-]
PARTOUT. *Passe-partout* est comp. d'un v. e[t]
d'un adv.; donc ils ne prennent ni l'un n[i]
l'autre la marque du pl. — *Toutes les* AR[-]
RIÈRE-SAISONS *ne sont pas humides. Arrière*[-]
saison est comp. de l'adv. *en arrière*, dont o[n]
retranche *en*, et du subs. *saison* (saiso[n]
en arrière); donc *saisons* seul prend l[a]
marque du pl., puisqu'il représente la plu[-]
ralité.

32. *Les saints docteurs étudiaient sur leu*[rs]
prie-Dieux. Prie-Dieux est comp. de...[,]
donc *Dieux* seul doit prendre la marque d[u]
pl., parce qu'il représente la pluralité. —
Parmi les CONTRE-POISONS, *il y en a un qu'o*[n]
appelle Mithridate. Savez-vous de qui [il]
tire son nom? Contre-poisons est formé d[e]

pré. *contre* et *de*... (remèdes contre le poison); donc *poisons* seul doit prendre la marque du pl., parce qu'il représente l'unité.—*Il vend des* TIRE-BOURRE. *Tire-bourre* est comp. de... Ces deux mots ne doivent prendre ni l'un ni l'autre la marque du pl., p-q... — *Les* BLANC-SEINGS *sont des signatures apposées sur des papiers laissés en blanc. Blanc-seings* est comp. de... *Blanc* ne prend pas la marque du pl., p-q. le sens ne le permet pas: c'est comme s'il y avait: *des seings*...

33. *Avares, ces écus entassés dans vos* COFFRE-FORT *sont le patrimoine des pauvres. Coffre-fort* est composé de...; donc ils ne prennent ni l'un ni l'autre la marque du pl., p-q... —*Faisons en sorte que nos* ARRIÈRES-NEVEUX *prononcent nos noms avec respect. Arrières-neveux* est comp. de....; donc ils prennent tous les deux la marque du pl., p-q... —*J'ai un plaisir charmant à entendre mes deux* GRAND'MÈRES *me parler du bon vieux temps. Grand'mères* est comp. de... *Grandes* ne prend pas la marque du pl., et même on remplace l'*e* par une apostrophe, p-q. l'usage le veut ainsi, à cause de l'euphonie. — *Les bénédictions qu'un riche reçoit de la part des pauvres sont pour lui des* PASSES-PORTS *pour le ciel. Passes-ports* est comp. de... Ils prennent l'un et l'autre

la marque du pl., p-q. quand un n. est comp.
d'un subs. joint à un v., le subs...

34. *Appui-main* fait au pl. des *appuis-main*, p-q. quand un n. est comp. de deux subs. placés immédiatement l'un après l'autre, ils prennent tous les deux la marque du pl., excepté... — *Après-midi* fait au pl. des..., p-q...quand un n. est comp. d'un subs. joint à une pré., et que le subs. ne représente pas la pluralité, ils ne prennent ni l'un ni l'autre la marque du pl. — *Arc-boutant* fait au pl..., p-q... — *Arc-en-ciel* fait au pl..., p-q. quand un mot est comp. de deux subs. unis par une pré.,... — *Arrière-pensée* fait au pl. des..., p-q. quand un n. est comp. d'un subs. joint à... — *Avant-coureur* fait au pl..., p-q... — *Basse-cour* fait au pl..., pq...

35. Indiquez le pluriel des noms suivans, et ajoutez la raison : —
Basse-taille, beau-père, bec-de-corbin, bec-de-lièvre, bec-figues (oiseau dont *le bec pique les figues*), *belle-fille, belle-mère, belle-sœur, blanc-bec, bout-de-l'an, chausse-pied, chauve-souris, chef-lieu, chou-navet, clin-d'œil, clou-de-girofle, colin-maillard, contre-coup, contre-danse, coq-d'Inde, corps-de-garde, coude-pied, courte-pointe, couvre-pied, croc-en-jambe, cul-de-jatte, cure-oreil-*

es, dent-de-loup, double-croche, eau-de-vie, écoute-s'il-pleut, état-major, fausse-porte, faux-monnayeur, fer-à-cheval, fer-blanc, franc-maçon, gagne-pain, gagne-petit, garde-fou, gros-bec, hache-paille, oiseau-mouche, passe-partout, perce-neige, perce-oreille, petite-fille, petit-fils, petit lait, pince-sans-rire.

NOMBRE DANS LES NOMS EMPRUNTÉS DES LANGUES ÉTRANGÈRES ET DANS LES MOTS INVARIABLES DE LEUR NATURE.

36. *Les* PATER *de ce chapelet sont trop gros.* Pater ne prend pas la marque du pl., p-q. les n. empruntés des langues étrangères, qui ne sont pas francisés, ne la prennent pas. — *Les* ALLÉLUIA *sont des cris de joie.* Alléluia ne prend pas la marque du pl., p-q... — *On a ordonné des* TÉ‑DEUM, *en réjouissance.* Té-Déum ne prend pas la marque du pl. p-q... — *La pause des* ALINÉA *doit être plus longue que celle des points simples.* Alinéa ne prend pas la marque du pl., p-q... — *La pièce a été accueillie par une explosion de* BRAVO. Bravo ne prend pas la marque du pl., p-q... — *On entend toujours des* SIS, *des* POURQUOIS, *des* OUIS, *des* NONS, *des* ON‑DITS. Tous ces mots prennent la marque du pl., p-q... — *Il a obtenu six* ACCESSIT. Accessit ne prend pas la marque du pl., p-q... — *Factum, solo, duo, opéra, dé--et, ave, passe-passe, vadé-mécum, venez-y-*

voir, va-et-vient, font au pluriel...., p-q...

RÉCAPITULATION.

37. *Les saints, dans le ciel, ont* UNE SI GRANDE *amour pour Dieu, qu'il leur est impossible de l'offenser. Une* et grande sont au f., p q...—*Les hymnes que l'Eglise chante en l'honneur des saints, sont plus* BELLES *que les hymnes* RÉPUBLICAINES. *Belles* et *républicaines* sont au f., p-q...— *Si* TOUTES *les honnêtes gens se tenaient moins* ISOLÉS, *les* MÉCHANTES *gens auraient moins de force pour faire le mal. Toutes* et *méchantes* sont au f., p.-q... *Isolés* est au m., p-q...— *N'avez-vous pas honte de vos* FOUS *amours! Fous* est au m., p.-q... — *Quelque chose que l'on m'ait* OFFERT, *je n'ai jamais* ACCEPTÉ. *Offert* et *accepté* sont au m.. p q...— *Les deux* CORNEILLES *sont nés à Rouen. Corneilles* prend la marque du pl., p-q... *Tous les historiens ne sont pas des* TACITES. *Tacites* prend la marque du pl., p-q...

38. *J'irai vous voir dans l'automne* PROCHAINE. *Prochaine* est au f., p-q... — CERTAINES *gens parlent beaucoup et pensent fort peu. Certaines* est au f., p-q... *Les rayons du soleil, en se réfléchissant dans les nuages, forment les* ARC-EN-CIEL. *Arc, ciel,* ne prennent pas la marque du pl., p-q... — *Les coqs sont d'excellens* RÉVEILLES-MATIN. *Ré-*

-eilles prend et *matin* ne prend pas la marque du pl., p-q... — *Les hymnes d'église composés par Santeuil sont très-poétiques. Composés* est au m., p-q... — *Les* OPÉRA *sont des pièces de théâtre mises en musique et accompagnées de danses. Opéra* ne prend pas la marque du pl., p-q... — *Les* OISEAU-MOUCHE *sont les plus petits oiseaux. Ni oiseau* ni *mouche* ne prennent la marque du pl., p-q... — *Les livres saints font mes plus* CHERS *délices. Chers* est au m., p-q...

39. *Si les hommes savaient lire les caractères de la sagesse divine écrits partout autour d'eux, de* QUELLE *amour ne s'enflammeraient-ils pas pour elle? Quelle* est au f., p-q... — *Si vous savez quelque chose, c'est qu'on vous l'a* APPRISE. *Apprise* est au f., p-q... — *L'impiété et l'insubordination furent les* AVANT-COUREURS *de la ruine de Rome. Coureurs* prend seul la marque du pl., p-q... — *La vertu des* SOCRATE *et des* PLATON *s'éclipse en présence de celles que le christianisme a produites. Ni Socrate* ni *Platon* ne prennent la marque du pl., p-q... — *Les premiers* TÊTE-A-TÊTES *furent consacrés aux épanchemens de l'amitié. Dans tête-à-têtes*, le premier mot ne prend pas la marque du pl., p-q... — *Quelque chose que nous fassions pour Dieu, il saura* LA *récompenser libéralement. La* est au f., p-q... — *Toutes les clefs d'or sont des* PASSE-

PARTOUT. Les mots qui composent *passe-
partout* ne prennent ni l'un ni l'autre la
marque du pl., p-q…

40. *Nos célèbres voyageurs n'ont jamais
vu de* LOUP-GAROU. Ni *loup* ni *garou* ne prennent la marque du pl., p-q… — *Les* FEU-
FOLLETS *qu'ils ont vus n'étaient pas sorciers.*
Follets prend seul la marque du pl., p-q…
— *Les* TÉ-DEUMS *ne doivent être composés
que dans l'inspiration de l'enthousiasme.*
Té-Deums prend la marque du pl., p-q…
— *De la part des mauvaises paies, on re-
coit les plus faibles à-compte. Compte* ne
prend pas la marque du pl., parce qu'il
représente l'unité. — *Il ne faut pas toujours
se moquer des* QU'EN-DIRA-T-ON. Aucune partie de ce dernier mot ne prend la marque
du pl., p-q… — *Les* IN-OCTAVO *ornent une
bibliothèque. In-octavo* ne prend la marque
du pl. dans aucune de ses parties, p-q…
— *L'automne* COURONNÉE *de pampres et*
CHARGÉE *de fruits, comble les vœux du laboureur. Couronnée* et *chargée* sont au f.,
p-q… — *Les rois qui savent récompenser
le dévouement, trouvent encore des* ZOPIRE.
Zopire ne prend pas la marque du pl., p-q…

ARTICLE SECOND.

SYNTAXE DE L'ARTICLE.

41. *Les hommes, femmes et enfans, furent passés au fil de l'épée.* Cette phrase est

...cieuse, p-q., l'article devant être placé devant tous les subs. com. dont l'extension est déterminée, il faut dire : *Les hommes, les femmes, et les enfans... Tous les ducs, comtes et barons du royaume, se trouvèrent* à *cette assemblée.* Cette phrase est vicieuse ; il faut dire..., p-q...—*Les officiers et soldats se rendirent à discrétion.* Il faut dire... p-q... *Au moment où cette femme est le plus irritée, un seul mot la calme subitement : c'est le nom de son fils.* Il faut dire : *est* LA *plus irritée,* p-q. *le,* devant *plus,* n'est invariable que quand *le plus* signifie *au plus haut degré,* sans désigner de comparaison entre plusieurs objets. — *Pierre et Jean-Baptiste sont le plus diligens de la classe et le moins dissipés.* Il faut dire : *sont...,* p-q. ... — *Les faux biens sont de véritables maux.* Il faut dire :..., parce qu'il faut supprimer l'ar. et employer seulement... — *Les grandes et les difficiles entreprises demandent une volonté énergique et constante.* Il faut dire : *les grandes et difficiles...,* p-q. l'ar. *les* ne devrait être exprimé deux fois qu'autant que le subs. *entreprises,* qu'il détermine, se trouverait lui-même deux fois dans la phrase, soit explicitement, soit implicitement.

42. *L'ancien et nouveau continent furent autrefois entièrement couverts par les eaux de la mer.* Il faut dire. *L'ancien et le nouveau...,*

p-q. *continent* se trouve deux fois équivale[m]-
ment dans la phrase qui est elliptique; et p[ar]
conséquent l'ar. *le* doit être répété.—*L'hum*-
ble évite d'avoir des nombreux témoins de se
belles actions. Il faut dire :..., p-q...—
Des bonnes actions et des études utiles so[nt]
les passe-temps le plus doux. Il faut dire
..., p-q...—*Les pensées le plus sublime[s]*
se trouvent souvent à côté des pensées [les]
plus communes. Il faut dire :..., p-q...—
L'Arabie produit de bons chevaux. Il faut
dire : *des bons chevaux*, parce qu'on emplo[ie]
du, de la, des, avant les n. com. employé[s]
dans un sens parti.—*On mange de bons ali*-
mens quand l'appétit les assaisonne. Il faut
dire : *des bons alimens*, p-q...—*Les vérité[s]*
le plus utiles sont celles qu'on aime le[s]
moins. Il faut dire:..., p-q...

43. *Les philosophes anciens et moderne[s]*
ont toujours fait profession d'aimer et d[e]
chercher la sagesse. Il faut dire : *Les philoso-*
phes anciens et les modernes..., p-q. la phras[e]
est elliptique : c'est comme s'il y avait : *Le[s]*
philosophes anciens et les philosophes mo-
dernes; par conséquent il faut répéter l'ar[t.]
les. — *Les habitudes vertueuses et vicieuse[s]*
s'acquièrent par la répétition des actes qu'o[n]
en fait. Il faut dire :..., p-q...—*La vast[e]*
et la magnifique église de St-Paul de Lon-
dres a été bâtie sur le modèle de St-Pierr[e]
de Rome. Il faut dire :..., p-q...—

Conduisez-vous dans le secret de votre appartement comme si vous aviez des nombreux témoins de vos actions. Il faut dire: ..., p-q... —Le nouveau Mexique produit du beau maïs et des excellens fruits. Il faut dire:..., p-q... — Les braves et les judicieux Belges sont amis des Français, dont ils ont partagé long-temps les exploits. Il faut dire:..., p-q... — Les chevaux arabes sont le plus beaux que l'on connaisse en Europe. Il faut dire:..., p-q...

44. Les chats tuent sans nécessité, lors même qu'ils sont les mieux nourris. Il faut dire:..., p-q... — Défiez-vous de l'agréable et du léger badinage de jeune chat, parce qu'il n'est jamais innocent. Il faut dire : ..., p-q... —De tous les hommes, les Lapons et les Groenlandais sont le plus petits et le plus laids. Il faut dire :..., p-q...—Les huit croisades eurent lieu dans le douzième et treizième siècle. Il faut dire :..., p-q...—Les hommes le plus savans sont les plus humbles. Il faut dire :..., p-q...—Il y a des pays où les pères et mères écrasent le nez à leurs enfans. Il faut dire : ..., p-q... On fait des petits présents pour entretenir l'amitié. Il faut dire..., p-q...—De toutes les vertus la mortification est celle qu'on pratique la moins. Il faut dire : ..., p-q...—L'instant où une nation est la plus policée est ordinairement le premier moment de sa décadence. Il faut dire:

..., p-q...—*Les arts et sciences se rallièren[t]
autour du génie de Louis XIV*. Il faut dire
..., p-q...

45. *De tous les littérateurs du dix-hui[t]-
tième siècle, Batteux et La Harpe furent l[es]
plus estimés*. Il faut dire : ..., p-q... — *C[e]
pays est si froid, qu'à peine y mange-t-o[n]
de petits-pois au mois d'août.* Il faut dire [:]
..., p-q... — *Les épis le plus vides son[t]
ceux qui lèvent le plus la tête*. Il faut dire [:]
les épis LES *plus vides*, p-q. l'ar. devant *plus*
n'est pas invariable, quand *plus* exprime
une comparaison entre plusieurs objets. I[l]
faut dire : *qui lèvent* LE *plus la tête*, p-q. *le*
devant *plus* reste invariable quand *le plus*
signifie... — *Au moment où les favoris de
la fortune sont les plus élevés, la roue tourne[,]
les voilà dans la boue*. Il faut dire : *sont* L[ES]
plus élevés, p-q... — *Vous verserez l'ea[u]
quand elle sera la plus chaude* Il faut dire *l[a]
plus chaude*(*), p-q...—*De toutes les partie[s]
du monde l'Europe est le plus peuplée.* Il fau[t]
dire:..., p-q...—*Il se rendit à Paris dans l[e]
temps où l'épidémie était la plus dangereuse.*
Il faut dire : LE *plus dangereuse* (*), p-q...

(*) *Le plus chaude* et *le plus dangereuse* sont d[es]
locutions conformes à la syntaxe ; cependant elles cho[-]
quent l'oreille. Il vaut mieux employer un autre tou[r]
et dire par exemple : *Quand elle sera à son plus hau[t]
degré de chaleur. — Offrait le plus de danger.*

ARTICLE TROISIÈME.

SYNTAXE DE L'ADJECTIF.

46. *Ce prince régna trois ans et demis.* *Demis* est au pl. m., p-q. l'adj. *demi* placé après un subs. en prend le genre et le nombre. — *Aller nu-pieds. Nu* est au s. m., p-q. quand il précède le subs., il est invariable. — *Une demi-livre. Demi* est au s. m., p-q. quand il précède le subs., il est invariable. — *Ils étaient nue-tête. Nue* est au f. s., p-q. étant placé avant le subs. *tête*, il en prend le genre et le nombre. — *Ce grand homme a tout perdu, exceptée sa vertu. Exceptée* est au f. s., p-q. étant placé avant le subs. *vertu*, qu'il qualifie, il doit en prendre le genre et le nombre. — *Les hommes recommandables par leur valeur ou par leur vertu étaient, après la mort, placés au rang des demis-Dieux. Demis* est au m. pl., p-q... — *Je n'oublierai jamais la recommandation que feu ma mère m'a faite en mourant. Feu* est au m. s., p-q...

47. *Le roi et la reine sont nés le même jour. Nés* est au m. pl., p-q. l'adj. qui qualifie plusieurs subs. doit se mettre... — *Les étangs et les rivières étaient glacées. Glacées* est au f. pl., p-q... — *Femme, moine, vieillard, étaient descendu. Descendu* est au m. pl., p-q... — *Il montra dans cette occasion une hardiesse et une présence d'esprit éton-

nante. Etonnante est au f. s., p-q...—Dieu montre à notre égard une patience et une longanimité *infinies. Infinies* est au f. pl., p-q ...—*Les raisins et les olives de la Palestine sont excellentes. Excellentes* est au f. pl., p-q...—*Tous les Israélites qui sortirent de l'Egypte à la suite de Moïse, périrent dans le désert, exceptés Caleb et Josué. Exceptés* est au m. pl., p-q...— *Le mensonge et l'envie sont sorties de l'enfer. Sorties* est au f. pl., p-q...—*Mon père et ma mère étaient plongée dans la douleur. Plongée* est au f. s., p-q...

48. *On a censuré les propositions onzième et douzième.* Il faut dire : *la proposition onzième et la douzième,* p-q. deux adj. s. ne peuvent pas qualifier un subs. pl. —*Supposée la croyance d'une éternité, comment l'homme peut-il s'exposer à une éternité de malheur? Supposée* est au f. s., p-q... — *On voit des chevaux faire six lieues et demi en une heure. Demi* est au s. m., p-q... — *La feu reine était adorée de tout le monde. Feu* est au m. s., p-q...—*Les carmes déchaussés étaient ainsi appelés parce qu'ils allaient toujours nu-pieds. Nu* est au m. s., p-q...—*On a rappelé les officiers en demi-solde.* Il faut écrire *demi-solde,* p-q... — *Le roi nus-pieds, nue-tête, et vêtu de l'habit de pénitence, suivait la procession.* Il faut écrire:..., p-q...

49. *Les sauvages courent très-vites.* Il faut écrire *vite*, p-q... — *La rose sent bonne.* Il faut écrire :..., p-q... — *Il a montré un goût et un discernement étonnant. Étonnant* est plus. m., p-q... — *C'est un homme si pauvre, qu'il distingue à peine sa main droite de sa main gauche.* Il faut dire : *c'est un*..., p-q... — *Cette personne parle trop bas. Bas* est m. s., p-q... — *Le vice et la vertu sont contraire. Contraire* est au m. s., p-q... — *Supposé la vérité de cette nouvelle, elle serait bien aise qu'on l'en informât. Supposé* est au m. s., p-q... — *Toutes les expressions de cet orateur ont une précision et une justesse merveilleuse. Merveilleuse* est au f. s., p-q... — *Le succès de cette entreprise suppose une habileté ou un bonheur extraordinaire. Extraordinaire* est au..., p-q... — *Les ancien et nouveau Testamens.* Il faut dire :..., p-q...

50. *Le pillage de la ville était promis et désiré des soldats.* Il faut dire : *était promis aux soldats et désiré d'eux*, p-q. deux adj. ne peuvent pas avoir le même rég., quand ces adj. gouvernent des prépositions différentes. — *Une femme avait perdu son mari; sa douleur paraissait inconsolable.* Il faut dire :..., p-q. l'adj. *inconsolable* ne peut qualifier que... — *Descartes n'est pas toujours incontestable dans ses opinions philosophiques.* Il faut dire : *les opinions philoso-*

phiques de Descartes ne sont pas toujours in
contestables, p-q...—Quand les hirondelles
volent basses, le laboureur prédit la pluie. Il
faut dire :..., p-q...—Des étoffes roses ten
dres étalées devant sa porte, attiraient les
regards. Il faut écrire :..., p-q...— Vous
n'êtes pas pardonnable. Il faut dire : votre
conduite n'est pas pardonnable, p-q...—Un
homme honnête ne doit avoir qu'une parole.
Il faut dire :..., p-q...

51. *Rome a été fondé sept cents-cinquante
trois ans avant Jésus - Christ, vers l'an du
monde trois milles deux-cents-quarante-sept.* Il
faut écrire *fondée*, p-q...*Cents* et *milles* pren
nent la marque du pl., p-q...—*Servius Tul-
lius divisa les Romains en cent-quatre-vingts-
treize centuries. Vingts* prend la marque du
pl., p-q... — *Tarquin-l'Ancien créa cent
nouveaux sénateurs. Cents* prend la marque
du pl., p-q...—*Monsieur Thornhil fit deux-
cents-quinze milles d'Angleterre, c'est-à-dire
environ soixante-douze lieues de France, en
onze heures trente - deux minutes. Cents*
prend la marque du pl., p-q... *milles* prend
aussi la marque du pl., p-q...—*Il y a quatre-
vingt-dix-neuf lieues de Paris à Londres.
Vingt* ne prend pas la marque du pl., p-q...
—*La lieue est composée de deux milles toi-
ses. Milles* prend la marque du pl., p-q...
—*Christophe Colomb aborda le premier en
Amérique, en mille - quatre - cents - quatre-

ingts-douze. *Mille* s'écrit ainsi parce qu'il est employé pour nombre ordinal. *Cents* et *vingts* prennent *s*, p-q...

52. *Le Gange parcourt un espace de près de cinq cent lieues.* Cent ne prend pas la marque du pl., p-q... — *Cicéron possédait une table qui avait coûté deux cent mille sesterces.* Ni *cent* ni *mille* ne prennent la marque du pl., p-q... — *Cette personne a toujours mal à sa tête ; des médecins prétendent que cette douleur est occasionnée par une goutte d'eau, d'autres prétendent le contraire : ils donnent, chacun, sa raison.* Il faut dire : *mal à la tête*, p-q... Il faut dire : *ils donnent chacun leur raison*, p-q. Quand *chacun* est avant le rég. dir. du v., on emploie les pro. poss. *leur, leurs.*—*La cathédrale de Reims est un très-bel édifice du genre gothique ; son portail surtout est d'une hardiesse étonnante.* On doit dire : *le portail surtout en est...*, p-q. l'ar. et le pro. en doivent remplacer l'adj. poss. qui a rapport à un possesseur inanimé dont le nom n'est pas exprimé dans la proposition où se trouve le poss.—*Les Pharisiens regardaient comme un crime de ne pas se laver leurs mains avant le repas.* Il faut dire : *de ne pas se laver...*, p-q...

53. *Le peuple romain se retira sur le Mont-Sacré, à trois mil de Rome. Mil* s'écrit ainsi,

p-q... — *Quelques corrompues que soie...*
nos mœurs, la vertu est toujours respectée. ...
faut écrire *quelque* sans *s*, parce qu'il est adv...
s'écrit en un seul mot et est invariable lor...
qu'il est suivi d'un adj. — *Il y a des vice...*
qu'il ne faut pas attaquer de front; en le...
fuyant on détruit leur force. Il faut dire : o...
en détruit la force, p-q... — *Quelque fût l...*
force de Samson, elle ne put résister aux per...
fides insinuations d'une femme. Il faut dire...
.., p-q... — *Elles s'éloignèrent tout trem...*
blantes de ce lieu d'horreur. Tout est au...
m., parce qu'il est invariable en qualité d'adv...
toutes les fois qu'il est joint à un adj.,...
moins que cet adj. ne soit f. et qu'il ne con...
mence par une... — *A la mort du Sauveu...*
du monde, le soleil s'éclipsa, les rochers s...
fendirent, les morts mêmes ressuscitèren...
Mêmes prend la marque du pl., parce qu'i...
est adj., puisqu'il est placé après un seul subs...

54. *On peut prédire le lever et le couche...*
des planètes, leurs éclipses, le lieu où ell...
paraîtront dans le ciel à quelque heu...
que ce soit; et cela, pour tous les temps...
les siècles mêmes les plus reculés. Mêm...
prend la marque du pl., parce qu'il est ad...
et par conséquent variable, lorsque... — ...
Aucuns chemins de fleurs ne conduisent...
la gloire. Aucuns doit être au s., p-q...
quand il signifie *pas un*, il exclut toute idé...
de pluralité. — *Toute la terre et les monta...*

...nes les plus élevées furent couvertes par les eaux du déluge. *Même* est ici conj. et par conséquent invariable, p-q... — *La gazette donne pour toute nouvelle qu'un chat s'est cassé sa jambe en tombant du Pont-Neuf.* Il faut dire:..., p-q... — *Une comète fameuse a paru en mille-huit cents-onze. Mille* s'écrit ainsi, p-q... *Cents* prend la marque du pl., p-q... — *La vérité est un bien commun, comme l'air; nous ne devons être que es organes.* Il faut dire :..., p-q... — *Le peuple romain était divisé en tribus; on assimait à chacune son canton.* Il faut dire : *eur canton,* p-q...

Dites comment il faut corriger les phrases suivantes, en indiquant la raison.

55. *Les couleurs blanche, bleue et rouge combinent assez bien.* — *L'horloge sonait onze heures et demi.* — *Quelque soient nos maux, pensons que d'autres sont encore plus malheureux que nous.* — *Hommes, femmes, vieillards, enfans mêmes, tous pleuraient de tendresse en le revoyant.* — *Ménénius Agrippa eut grande peine de ramener le peuple romain dans les murs de Rome.* — *La plus haute des pyramides d'Egypte a deux mille cents-quarante pieds de circuit, et au moins cinq cent pieds de haut.* — *La campagne de Rome était fertile; ses vins étaient renommés.* — *Une demie science éloigne de* la religion, une science plus étendue y mène. — Quelque soit votre éloquence naturelle, vous ne serez jamais un bon orateur si vous n'étudiez pas la grammaire et la logique. — Quatre-vingt francs valent quatre-vingts-une livre tournois.

56. A cette nouvelle, elle demeura toute interdite. — Quels que progrès qu'on ait fait dans l'art de la médecine, elle est encore très imparfaite. — Tout ridicule que paraît la coutume de faire des vœux de bonne année, je crois qu'on doit la conserver. — Ces arbres sont bien vieux, cependant leurs fruits sont délicieux. — Après avoir lavé les pieds à douze pauvres, on donnait trois sous et une livre et demi de pain à chaque. — Les habitans du pays et les étrangers mêmes pouvaient y entrer gratis. — Les demis savans sont dangereux. — Dieu a une bonté et une puissance infinie. — Toutes les marchandises se vendent bien plus chères qu'autrefois. — Xerxès vint attaquer la Grèce avec environ cents mil combattans. — L'endroit où il demeure est à cinq mille de Londres. — L'Hôtel des Invalides est beau; on admire sa structure. — Quelque soit votre réputation, l'envie cherchera à vous nuire. — Les riches quelques sots qu'ils soient, paraissent toujours avoir assez d'esprit.

57. Que les hommes fassent, chacun,

...étier, les vaches seront bien gardées. —
Quelque soit l'éloquence de Fontenelle, elle
contribua à altérer le bon goût. — Lebeau,
Charlevoix, Velly, ont chacun son mérite.
Une foule de grands hommes, de femmes
mêmes, illustrèrent par leurs écrits le siècle
de Louis-Quatorze. — Quelque soit l'antiquité de l'usage du fer, on connaît le nom
de celui qui l'employa le premier. — Quelque talens que vous ayez, ne vous en glori-
fiez pas. — Ils reprirent chacun le chemin de
leurs états. — Quelques grandes, quelques
brillantes que paraissent au premier aspect
les qualités de Julien l'apostat; quand on
considère leur odieux principe, l'admiration
s'éteint: et quelque fussent ses vertus appa-
rentes, ses vices réels furent encore plus
grands. — Les Israélites sortirent de l'Egypte
au nombre de six cent milles hommes, sans
compter les femmes et les enfans. — Dieu
leur ordonna d'emprunter les vases chacun
de leurs voisins, et les leur donna, en vertu
de son souverain domaine, pour les payer
lui-même de ce que les Egyptiens leur devaient.

ARTICLE QUATRIÈME.

SYNTAXE DU PRONOM.

58. Je demandai grâce pour le coupable;
on me l'accorda. Il faut dire: Je demandai la
grâce du coupable, etc., p-q. le pro. la ne doit
pas remplacer un subs. indéterminé. — Je

*vous écris pour répondre à celle dont vou...
m'avez honoré.* Il faut dire : *pour répondr...
à..., p-q...* — *La personne dont vous m...
parlez, elle est morte.* Il faut retrancher *elle*,
p-q. le pro. ne peut pas remplacer un n. ex...
primé dans la même proposition que lui.—
*Lorsque les Romains passèrent sous le jou...
à la vue des Samnites, ils les accablèrent d'in...
jures.* Il faut dire : *ceux-ci les accablèren...
d'injures*, parce qu'autrement la phrase se...
rait équivoque ; on ne saurait si c'est des *Ro...
mains* ou des *Samnites* que le pro. *ils* tient l...
place.—*On ne lui rendit pas justice comme i...
la méritait.* Il faut dire : *on ne lui rendit pas l...
justice*, p-q...—*Je lui ai prêté assistance san...
attendre qu'il me la demandât.* Il faut dire :...
je lui ai prêté mon assistance, p-q...*Le fil...
n'avait que du mépris pour son père ; auss...
ne voulut-il jamais consentir à demeure...
avec lui.* Il faut dire : *aussi ce fils ne voulu...
jamais*, etc., parce qu'on ne saurait si *il* rem...
place *le fils* ou *le père.*

59. *Vous avez donné un livre à moi.* Il...
faut dire: *vous m'avez donné*, p-q. le pro...
pers[el] rég. doit se mettre avant le v. ; e...
alors on met *me* au lieu de *à moi.*—*Il a sur...
pris moi.* Il faut dire : *..., p-q...* — *Cett...
affaire est difficile ; le succès d'elle est dou...
teux.* Il faut dire: *le succès en est*, etc...
p-q...—*Nous allons nous promener ; vou...
lez-vous venir à cela ?* Il faut dire :*..., p-q...*

.... —*Le beau livre! prêtez-moi-le*. Il faut dire: *prêtez-le-moi*, p-q., quand un verbe a deux pro. pour rég., l'un dir. et l'autre indir., le régime indir. se met ordinairement le second. —*Je le rendrai à vous*. Il faut dire: *je vous le rendrai*, p-q. le pro. pers¹ rég. doit se mettre..., et que, quand le ⸱ a deux pro. pour rég., si le rég. indir. est *vous* mis pour *à vous*, il se met le premier. —*Vous avez reçu un joli cadeau; montrez-vous-le*. Il faut dire:..., p-q... — *Nous ne connaissons pas votre maison; conduisez-nous-y*. Il faut dire:..., p-q...

60. *Votre fils désire aller à l'école; envoyez-l'y*. Il faut dire:..., p-q... — *Les Machabées n'étaient-ils pas les enfans de Matathias et les héritiers de sa valeur? Ils étaient*. On doit dire: *ils les étaient*, p-q. le pro. doit être du même nombre que le subs. dont il tient la place; or le pro. dont il s'agit tient la place des subs. *enfans* et *héritiers*: donc il faut employer le pro. pl. *les*. —*S'il vous faut une victime, hé bien! je le serai*. Il faut dire:..., p-q... — *La sculpture est peut-être plus ancienne que vous ne le croyez*. Il faut dire: *que vous ne le croyez*, p-q. *le* est invariable quand il.... — *La Chine est très-fertile; mais elle la serait bien davantage, si elle était mieux cultivée*. Il faut dire:..., p-q... —*Si vous voulez que les choses vous soient possibles, croyez qu'elles les sont*. Il faut dire: *croyez qu'elles le* *sont, p-q...—Plusieurs philosophes païens furent très-célèbres ; les principaux philoso-phes chrétiens ne les furent pas moins.* Il faut dire:..., p-q...

61. *Chacun songe à lui.* Il faut dire: *songe à soi,* p-q. *soi* s'emploie pour rempla-cer une pers. désignée dans la phrase par un pro. indéf.—*Cette commission est importan-te, donnez-lui tous vos soins.* Il faut dire: *donnez-y,* p-q. *lui* ne peut remplacer un n. de chose inanimée. — *L'homme livré à ses passions est à soi-même son propre bour-reau.* Il faut dire: *à lui-même,* p-q. le pro. *soi* ne peut remplacer un n. de pers. exprimé dans la phrase où il se trouve.—*Cette femme est toujours contente de soi.* Il faut dire:..., p-q... — *Etes-vous bien ma fille?* — *Oui, mon père, je le suis.* Il faut dire:..., p-q... — *On devrait souvent s'appliquer à lui-même les reproches qu'on entend faire aux autres.* Il faut dire: *à soi-même,* p-q. le pro. *soi* s'emploie pour remplacer... — *Un homme modeste ne parle de soi, ni en bien ni en mal.* Il faut dire:..., p-q... — *Ce torrent va nous inonder, si nous ne lui op-posons pas une digue.* Il faut dire: *si nous n'y opposons pas,* etc., p-q... —*Vous êtes heureuse, vous ; mais moi, je ne la suis pas.* Il faut dire:..., p-q...

62. *Ce que je désire le plus, est de con-naître la cause de tant de phénomènes qu'on* admire dans la nature. Il faut dire : *c'est de connaître*, etc.; p-q. quand *ce*, suivi d'une proposition incidente dét., est suj. de la proposition principale commençant par le v. *être*, on répète le pronom *ce* immédiatement avant le v. *être*. — *Parmi les statues, celles sculptées par Phidias et par Praxitèles sont les plus estimées.* Il faut dire : *celles qui ont été sculptées*, etc., p-q. le pro. *celles* doit toujours être suivi ou d'une phrase incidente ou de... — *Ce qui console le chrétien qui souffre, est l'espérance d'un avenir plus heureux.* Il faut dire : ..., p-q... — *De toutes les gloires, celle produite par une conduite constamment vertueuse, est la plus solide.* Il faut dire : *celle qui est produite*, p-q... — *C'est les peintres et les sculpteurs qui contribuent le plus à la corruption des mœurs.* Il faut dire : *ce sont*, p-q. quand *ce* représente un subs. pl. de la troisième pers., et qu'il est immédiatement suivi du v. *être*, le v. se met à la troisième personne pl.

63. *Après la mort d'Auguste, qui fit beaucoup de peine au peuple romain, Tibère monta sur le trône.* Il faut dire : *laquelle fit beaucoup de peine*, p-q. *qui* est équivoque, on ne sait s'il se rapporte à *Auguste* ou à *sa mort*. — *On ne doit pas écouter tous les rapports qu'on nous fait.* Il faut dire : *nous ne devons pas*, etc., p-q. le même pro. ne doit pas être répété dans une même

phrase, pour:... — *Il ne faut pas deman-*
der conseil, quand on est résolu de ne pas le
suivre. On doit dire : *Il ne faut pas deman-*
der un conseil, quand, etc.. p-q.... —*Que*
l'homme s'étudie soi-même, et il connaîtra
le monde. Il faut dire :..., p-q... — *La*
mémoire d'Auguste est en vénération; mais
elle la serait bien davantage, si l'on pouvait
séparer le nom d'Octave de celui d'Auguste.
Il faut dire :..., p-q... — *Ce qui affai-*
blit mon estime pour les vertus païennes, est
que je les vois presque toutes gâtées par
l'orgueil. Il faut dire:... p-q...—*Croyons*
que nous sommes heureux, et nous les se-
rons. Il faut dire:..., p-q... — *Le feu é-*
chauffe agréablement, quand on est à une
certaine distance de lui; mais il brûle et
cause des douleurs cuisantes quand on s'ap-
proche trop près de lui. Il faut dire:...,
p-q...

64. *Il n'y eut que nous deux qui voulu-*
rent s'exposer pour secourir ce malheureux.
On doit dire : *qui voulûmes nous exposer,*
p-q. le *qui* rel. doit toujours être de la
même pers. que son ant. — *Dans les pre-*
miers temps, on grava l'écriture sur la
pierre, qui ne fut d'abord qu'une peinture
grossière de l'objet. Il faut dire : *on grava*
sur la pierre l'écriture qui, etc., p-q. le
pr. rel. doit se placer...—*L'architecture est*
un art à qui l'Asie a donné naissance. Il faut

dire : *un art auquel*, etc., p-q. le pr. *qui* précédé d'une pré., ... — *L'esprit retourne au ciel, dont il est descendu.* Il faut dire : *d'où il est descendu*, parce qu'on emploie le rel. *d'où*, au lieu du pr. *dont*, quand il a pour ant. un n. de lieu, et qu'il est suivi d'un v. de mouvement. — *Moka est une ville de l'Arabie, dont on tire de très-bon café.* Il faut dire : ..., p-q... — *Le Colisée est un de ces amphithéâtres qui fut si souvent arrosé du sang des martyrs.* Il faut dire : *qui furent si souvent arrosés*, p-q...

65. *Les vestales étaient chargées d'entretenir le feu sacré sur l'autel qui brûlait nuit et jour.* Il faut dire : ..., p-q... — *Après avoir commis de grands crimes, les scélérats sont souvent effrayés par des fantômes qu'on dit qui les poursuivent nuit et jour.* Il faut tourner : *qui, dit-on, les poursuivent*, parce qu'autrement il y aurait dans la phrase un *qui* rel. à la place duquel le sens exige un *que* conj. — *La lecture des romans est une occupation que je prétends qui est inutile, et même très dangereuse.* Il faut tourner : *que je prétends être inutile* etc., parce qu'autrement... — *On rencontre souvent des gouffres que les gens de la campagne croient qui n'ont point de fond.* Il faut tourner : *que les gens de la campagne croient n'avoir pas de fond*, parce qu'autrement..... — *L'usage d'enseigner, en ne proposant aux écoliers que des questions qu'ils puissent résoudre par ce qu'ils savent déjà, est une méthode que l'histoire rapporte qui a été suivie par Socrate.* Il faut dire : *que l'histoire rapporte avoir été suivie,* parce qu'autrement.....

66. *Une bête de somme chargée d'excellens livres est l'objet à qui je compare un homme érudit qui a le jugement faux.* Il faut dire : *auquel je compare,* p-q... — *Bagrada est un fleuve d'Afrique, sur les bords de qui Régulus trouva un serpent contre qui il fallait combattre comme contre une forte citadelle.* Il faut dire : ....., p-q... —*Les Romains placèrent une machine appelée corbeau sur chaque galère, qui, tombant sur les vaisseaux ennemis, devaient les accrocher.* Il faut dire : *Les Romains placèrent sur chaque galère une machine appelée corbeau, qui, tombant, etc.,* p-q. le pr. rel. doit être placé... — *Je ne suis plus cet impie plein d'insolence, qui voulais citer Dieu à mon tribunal.* Il faut dire : *qui voulait citer Dieu à son tribunal,* p-q. le pro. rel. doit être de la même pers. que...

67. *On fit souffrir toutes sortes de tourmens à Régulus, et l'on l'attacha ensuite à une croix.* On doit retrancher le *l* euphonique, parce qu'ici il produirait une consonnance désagréable. — *On n'est pas égal après la mort; mais on ne peut plus avoir d'autre supériorité que celle de la vertu.* Il faut dire : *on n'est pas égaux*, p-q. quand on remplace évidemment un... — *On ouvrait le temple de Janus pendant la guerre, et l'on le fermait pendant la paix.* Il faut dire : ..., p-q... — *Qu'on est malheureux, quand on a un mari débauché !* Il faut dire : ..., p-q... — *Personne n'a été plus distingué par sa sagesse, que Salomon.* Il faut dire : ..., p-q. *Personne* est ici pro., puisqu'il n'est accompagné ni d'un ar., ni d'un adj. dét.; et par conséquent il doit être du genre... — *Horace et Virgile portèrent l'un l'autre la poésie latine à sa plus haute perfection.* Il faut dire : *l'un et l'autre*, parce qu'ici il n'est pas pro. réciproque, puisqu'il ne remplace pas... — *Les hommes ne cherchent le plus souvent qu'à se tromper les uns et les autres.* Il faut dire : ..., p-q...

68. *L'on ne doit craindre rien autre chose que Dieu.* Il faut dire : *on ne doit*, p-q. l'euphonie n'exige pas ce *l*. — *Il n'est personne qui puisse se flatter d'être toujours heureuse.* Il faut dire : *heureux*, p-q... — *Les hommes de génie s'estiment et se recherchent les uns et les autres.* Il faut dire : ..., p-q... — *Quand on s'est trompé mutuellement, on n'a rien à se reprocher.* Il faut dire : *trompés*,

p-q. *on* remplace évidemment un subs. pl. et par conséquent il doit être lui-même... — *Deux vrais amis s'avertissent l'un et l'autre de leurs fautes.* Il faut dire : ..., p-q. — *Si on en croit un écrivain, la science du mouvement n'avait point été connue avant Galilée.* Il faut dire : *Si l'on,* etc., p-q. *l'*euphonique est ici nécessaire pour éviter une consonnance désagréable. — *Quand on s'est disputé long-temps, on finit ordinairement par une explication par qui on aurait dû commencer.* Il faut dire : *Quand on s'est disputés,* p-q. *on* représente évidemment un subs. pl., et par conséquent... On doit dire aussi *par laquelle,* p-q...

69. *Ce qui favorise le plus le vice, est l'ignorance ou une fausse science.* Il faut dire : *c'est l'ignorance,* p-q... — *Les passions deviennent des tyrans, quand on s'abandonne à elles.* Il faut dire : *quand on s'y abandonne,* p-q... — *Il y a une majesté dans l'Écriture sainte, qui étonne.* Il faut dire : *Il y a dans l'Écriture sainte une majesté qui,* etc., p-q... — *L'homme qui ne vit que pour soi, s'appelle un égoïste.* Il faut dire : ..., p-q... — *Les yeux sont comme deux fenêtres par qui notre âme voit les objets extérieurs.* Il faut dire : ..., p-q... — *Vous êtes, ô Dieu! la vérité infinie, qui éclairez toute intelligence.* Il faut dire : *qui éclaire,* p-q... — *Il y a beaucoup de personnes qui s'appliquent aux* belles-lettres, qui sont contraints d'apprendre toute leur vie à parler et à écrire correctement, parce qu'ils ne se sont pas attachés d'abord à la connaissance des principes et des règles de la grammaire. Il faut dire : *beaucoup de personnes qui s'appliquent aux belles-lettres, sont contraintes.* On supprime ainsi le second *qui*, qui est équivoque. Il faut dire : *contraintes*, et non pas *contraints*, p-q...Il faut dire : *parce qu'elles ne se sont pas attachées*, etc., p-q...

70. *La lecture des bons auteurs n'est pas toujours utile ; elle la serait toujours, si on l'attachait dès le commencement à la juste signification des mots.* Il faut dire : *elle le serait*, p-q... Il faut dire aussi : *si l'on s'attachait*, p-q... — *La science et la vertu s'ornent l'une et l'autre ; celle-ci forme l'esprit, celle-là forme le cœur : celui qui les réunirait l'une l'autre au plus haut point, serait un homme parfait.* Il faut dire : *s'ornent l'une l'autre*, p-q... On doit dire aussi : *celle-là forme l'esprit, celle-ci forme le cœur*, p-q...*celle-là* marque le subs. *science*, qui est le plus éloigné ; et *celui-ci* représente... Il faut dire enfin : ..., p-q... — *On connaît l'utilité de ces hautes montagnes toujours couvertes de neige, de qui sortent les fleuves et les rivières qui fertilisent les campagnes.* Il faut dire : ..., p-q... — *L'âne est un animal que l'on croyait autrefois qui était un*

cheval dégénéré. Il faut dire : *que l'on croya[it]
autrefois être,* etc. ; parce qu'autrement il [y]
aurait dans la phrase un *qui* rel. à la plac[e]
duquel le sens exige... — *L'étude des langues est plus utile que vous ne la croyez.* I[l]
faut dire : ..., p-q...

Indiquez les corrections à faire, en ajoutan[t]
la raison.

71. *Cet auteur n'avait d'abord écrit qu[e]
pour soi.* — *Les Turcs croient que les hommes ont chacun sa destinée.* — *Eole, suivan[t]
la fable, tient les vents enfermés chacun dan[s]
leur loge.* — *Les hommes doivent s'aider l'u[n]
l'autre.* — *Sully fut un ministre de Henri IV
qui contribua beaucoup à la prospérité d[e]
la France.* (Remplacez le *qui* rel. équivoqu[e]
par *ce duc.*) — *On n'est chéri de son mar[i]
qu'autant qu'on le chérit lui-même.* — *Vot[re]
lettre du* 12 *est en contradiction avec cell[e]
datée du* 2. — *On ne voit personne qui so[it]
contente de son sort.* — *J'aime mon pays[;]
tout m'attache à lui.* — *Quand on se ser[a]
déchiré les uns et les autres, on aura a[s]-
souvi sa haine; mais sera-t-on plus heureux[?]*
— *Cette histoire est moins amusante que j[e]
ne la croyais.*

72. *C'est vous qui fut toujours mon meilleur ami.* — *Ce qui rend savant, est l'étud[e]
réfléchie.* — *Il enfante mille projets qui [se]*

détruisent l'un et l'autre. — Un écrivain médiocre retombe bientôt dans l'oubli dont il
était sorti un instant. — On ne doit pas toujours juger les autres d'après lui-même. —
Mes petits enfans, disait l'apôtre saint Jean,
aimez-vous les uns et les autres.—Aristide,
Miltiade, et huit autres chefs, devaient commander l'armée chacun à leur tour.—Nous
étions des esclaves qui tremblions à la vue
des tyrans.—Louis IX rendait justice à tous
ceux qui la méritaient. — Un bon maître
fait connaître à un jeune homme les funestes
effets des passions, et, par là, il l'empêche
de s'abandonner à elles. — Il y a deux mé-
thodes pour découvrir la vérité : celle ensei-
gnée par Descartes est favorable aux héréti-
ques, parce qu'ils abusent d'elle.

ARTICLE CINQUIÈME.

SYNTAXE DU VERBE.

SUJET, RÉGIME.

73. Philippe, après avoir lu la lettre, il
lit à Alexandre : Votre guérison, seigneur,
ne justifiera bientôt du parricide de qui on
m'accuse. Il faut retrancher il, p-q. le suje{t}
du v. ne doit être exprimé qu'une fois. Il
faut dire : dont on m'accuse, p-q. qui précédé d'une pré. ne s'emploie jamais que
pour... — Alexandre se baigna dans le
Cidnus, qui, comme ses eaux étaient très-

froides, il y fut saisi d'un frisson mortel. Il
faut retrancher ce *qui* rel., parce qu'il devrait être suj. d'un v., et cependant ce v.
ne se trouve pas. — *Ne vous informez pas
ce que les médisans disent de vous.* Il faut
dire..., parce qu'un v. ne peut pas avoir
deux rég. dir. — *C'est à vous, mon esprit, à
qui je veux parler.* Il faut dire : *C'est à vous,*
etc., *que je veux,* etc., p-q. le même rég.
indir. du même v. ne doit pas être exprimé
plusieurs fois. — *C'est dans l'adversité où
l'on reconnaît l'ami véritable.* Il faut dire
..., p-q... — *C'est à Dieu à qui nous devons rapporter la gloire de nos bonnes actions.* Il faut dire :..., p-q...

74. *Ils se reprochaient l'un l'autre leur
faiblesse.* Il faut dire : *l'un à l'autre,* p-q.
l'autre étant rég. indir. du v. *reprochaient*
doit être précédé d'une pré.— *La modestie
embellit et donne des grâces à ceux qui la
possèdent.* Il faut dire : *embellit ceux qui la
possèdent et leur donne des grâces,* p-q. le
même subs. ne peut pas, sans être répété, servir de rég. à deux v. différens, quand il n'a
pas avec eux le même rapport. — *L'histoire
remplace et équivaut aux voyages.* Il faut
dire : *remplace les voyages et...,* p-q... —
*C'est dans la solitude où le sage aime à se
retirer de temps en temps, pour converser
avec soi-même.* Il faut dire :..., p-q... —
Les trônes et les empires dépendent et sont

soumis à Dieu. Il faut dire : *dépendent de Dieu et...,* p-q...—*Alexandre ayant réglé et mis ordre à tout dans la Macédoine, il se mit en marche pour l'Asie.* Il faut dire : *ayant tout réglé et mis ordre à tout,* p-q...On doit aussi retrancher le pro. *il,* p-q...—*L'impatience du roi alarmait et causait du chagrin à tous ses soldats.* Il faut dire : ..., p-q...

75. *On n'entrait et on ne sortait jamais de la salle où était le prince, sans s'être prosterné devant lui.* Il faut dire : ..., p-q ...— *On accusait Philippe d'avoir été gagné des Perses pour empoisonner Alexandre.* Il faut dire : *d'avoir été gagné par les Perses,* p-q. le rég. du v. p. doit être précédé de la pré. *par,* quand...— *Alexandre soumit et se rendit maître de tout le pays.* Il faut dire : ..., p-q...—*L'étude n'est point aimée par ceux qui sont amis des plaisirs.* Il faut dire : *n'est point aimée de ceux,* etc., p-q...—*C'est au commerce à qui la géographie dut ses premiers développemens.* Il faut dire : ..., p-q...— *Quand un roi aime ses peuples comme ses enfans, il goûte le plaisir d'être aimé d'eux.* Il faut dire : ..., p-q... —*Deux fourbes se défient de l'un l'autre.* Il faut dire : *l'un de l'autre,* p-q. ce n'est pas le suj. mais le rég. qui doit être précédé d'une pré. — *Un esprit distrait n'est ni capable ni propre à rien.* Il faut dire : *n'est capable de rien, n'est propre à rien,*

p-q. le même subs. ne peut pas servir de rég. à deux adj. différens, si...—*Les enfans sont portés à se moquer de l'un l'autre. Il faut dire :..., p-q...*

NOMBRE ET PERSONNE.

76. *C'est vous qui m'a toujours servi de père.* Il faut dire :..., p-q. le v. doit être de la même pers. que... — *Eugène et moi ne se lassaient pas d'admirer le bel ordre qui régnait dans cette communauté.* Il faut dire : ..., p-q. le v. précédé de plusieurs suj. s'accorde en pers. avec... — *Le corps des plantes, aussi bien que celui des animaux, sont composés de molécules organiques vivantes.* Il faut dire : *est composé*, p-q., quand deux suj. sont unis par la conj. *aussi bien que*, le v. s'accorde avec... — *La mouche, aussi bien que le papillon, sont des vers avant que de voler.* Il faut dire :..., p-q... —*Une simple planche ou la terre nue servent de lit à ces religieux.* Il faut dire : *sert de lit*, p-q., quand deux suj. de la même pers. sont unis par la conj. *où*, le v. s'accorde avec le dernier seulement.—*Sous les rois de la deuxième race, la bougie, la chandelle même, était des objets de luxe, à peine usités chez les princes.* Il faut dire: *étaient*, p-q. quand le v. à plusieurs suj., il faut le mettre au pl.—*L'intérêt ou le caprice déterminent souvent les démarches des hommes.* Il faut dire :..., p-q...

77. Est-ce d'une tigresse dont il a sucé le lait dans son enfance ? Il faut dire : …, p-q… — Il leur montra Hazaël avec lequel Mentor et moi était venu de l'île de Chypre. Il faut dire : avec lequel Mentor et moi nous étions venus, p-q., quand le v. a plusieurs suj., il se met au pl. et s'accorde en pers. avec… — Une nuée de flèches sillonne l'air en sifflant. Il faut dire : sillonnent, p-q. le v. doit s'accorder avec… — Une troupe de jeunes garçons et de jeunes filles chantait des vers à la louange du Dieu qui tient dans ses mains la foudre. Il faut dire : …, p-q… — Son orgueil et sa fierté le rendaient insupportable à tout le monde. Il faut dire : le rendait, p-q. quand les deux suj. sont synonymes, le v. s'accorde… — Une troupe de Nymphes couronnées de fleurs nageait en foule derrière le char. Il faut dire : …, p-q… — De ces grottes profondes, creusées au fond de la mer, sortait les immenses baleines. Il faut dire : …, p-q… — La rage et l'impiété était peinte sur son visage mourant : Il faut dire ; …, p-q…

78. C'est les richesses et les plaisirs trompeurs qui fomentent les guerres et les dissensions. Il faut dire : Ce sont, etc., p-q. quand le pro. ce représente un subs. pl. de la 3e personne, le v. être dont il est suj. se met… — Un badaud, un manant, un rustre, un lourdaud, un animal, un âne, deviendraient bientôt éloquens à son école. Il faut dire : …,

p-q. quand les suj. sont placés par gradation,...—*Ni la mort ni la vie ne pourra m*
séparer de la charité de Jésus-Christ, disai
saint Paul. Il faut dire :..., p-q...—*Princes*
sujets, riches, pauvres, personne n'échap
pent au glaive de la mort. Il faut dire :...
p-q., quand le dernier suj. est un mot qu
résume tous les autres, le v. s'accorde ave
...—*Les enfans, les vieillards, et la sœur*
et le frère, et la fille, et la mère, tout es
égorgé. Le v. *est égorgé* est à la 3ᵉ pers. s.
p-q...—*L'ambition, aussi bien que la craint*
et l'avarice, agitent l'esprit, rongent le cœur
font fuir les plaisirs purs et simples. Il fau
dire :..., p-q...—*Avec quelle sagesse parl*
les hommes qui ont étudié la véritable phi
losophie : celle de la religion ! Il faut
dire :..., p-q...

79. *La couronne fut offerte aux deux*
étrangers ; l'un et l'autre la refusa. Il fau
dire :..., p-q. le v. qui a plusieurs suj. doi
se mettre au pl. — *Ni l'appât des richesses*
ni la crainte de la mort, ne doit détermine
l'homme à commettre une action criminelle
Il faut dire : ..., p-q. quand un v. a pour
suj. deux subs., le v. se met au...—*Ni l'un*
ni l'autre de vous deux ne sont celui que j
cherche. Il faut dire :..., p-q. quand un v.
a pour suj. *ni l'un ni l'autre,* et que la qua
lité attribuée par le v. ne peut convenir qu'à
l'un des deux, le v. se met au s. — *Un nom-*
bre infini d'oiseaux faisait résonner ces bo-

...ages de ses doux chants. Il faut dire :..., p-q. le v. qui a pour suj. un col. parti. s'accorde avec... — *C'est dans les Champs-Élysées où habitait le petit nombre des bons rois qui avait jusqu'alors gouverné les hommes.* Il faut mettre *qu'* à la place de *où*, p-q...; il faut dire *habitaient*, et *avaient*, p-q...

80. *Beaucoup de personnes étudie; mais peu étudie comme il faut.* Il faut dire :..., p-q...—*La plupart des rois n'a pas assez de courage pour rejeter la flatterie.* Il faut dire :..., p-q. le v. qui a pour suj. un col. parti. s'accorde... — *Ce n'est pas les bons conseils qui manquent aux rois, c'est les rois qui manquent aux bons conseils.* Il faut dire :..., p-q. quand le pro. *ce* représente un subs. pl. de la 3e pers., le v. *être* dont il est suj. se met à... — *Deux vertus sont nécessaires aux rois : c'est la justice et la modération.* Il faut dire : *ce sont*, p-q. *ce* représentant *vertus*, qui est un subs. pl. de la 3e pers. pl.,... — *Être vraiment honnête, est pratiquer la charité chrétienne.* Il faut dire :..., p-q. quand un v. a pour suj. un infi. suivi d'un complément, on met avant ce v. le... — *La musique et l'architecture fait partie des mathématiques.* Il faut dire :..., parce qu'un v. qui a plusieurs suj. doit se mettre au...

81. *Après Dieu, ce qui doit être le plus sacré aux hommes c'est les lois.* Il faut dire :..., p-q. quand le pro. *ce* représente...—

Le bonheur ou le malheur des peuples dé-
pendent de la soumission ou de la résistan[ce]
aux lois. Il faut dire : *dépend*, p-q. qua[nd]
un v. a plusieurs suj. de la même pers. un[ie]
par la conj. *ou*, il s'accorde avec... — *Ne p*[eut]
amasser avec Jésus-Christ, est dissiper. Il fa[ut]
dire :... p-q. quand un v. a pour suj. un seu[l]
infi... — *Celui qui peut être libre dan*[s]
l'esclavage même, il est le plus libre de tou[s]
les hommes. Il faut dire :..., p-q. le su[j.]
d'un v. ne doit être exprimé qu'une seul[e]
fois.—*Celui qui se croit malheureux, il l'es*[t]
réellement. Il faut..., p-q...—*Personne n*[e]
fut plus portée qu'Achille, à la colère et à
l'emportement, qui ne le rendaient propr[es]
qu'à troubler les hommes et à renverser le[s]
villes et les royaumes. Il faut dire : *porté*
p-q. *personne* est du m. lorsqu'il est employé comme... Il faut dire aussi : *qui ne l*[e]
rendait, p-q. le v. qui a pour suj. plusieu[rs]
subs. synonymes s'accorde avec...

MODES ET TEMPS.

INDICATIF ET CONDITIONNEL.

82. *Mentor disait à Télémaque qu'u*[n]
roi ne devait pas faire le détail. Il faut dire
ne *doit* pas, p-q. le v. *devoir*, correspondan[t]
à un t. prés. ne doit pas être mis à l'impar[f.]
—*On demanda aujourd'hui, dans une so*-
ciété où je me trouvais, quel était le plus m[al]-
heureux de tous les hommes. On doit dir[e]

a demandé, p-q. le prét. déf. ne peut jamais indiquer...; on doit dire aussi *quel est*,
p-q. le v. *être* correspond à un t. prés. (c'est
comme s'il y avait *on a demandé quel est
actuellement*): par conséquent on ne doit
pas le mettre à l'impar. —*L'un disait que
c'était un homme qui n'avait ni biens, ni
santé, ni honneur; un autre disait que c'é-
tait un homme qui n'avait aucun ami; d'autres soutenaient que c'était un homme qui
avait des enfans ingrats et indignes de lui:
un autre disait que le plus malheureux de
tous les hommes était celui qui croyait l'être,
parce que le malheur dépendait moins
des choses qu'on souffrait que de l'impatience avec laquelle on augmentait son malheur. Enfin on me demanda ma pensée, et
je répondis que le plus malheureux de tous
les hommes était celui qui se croyait heureux
en faisant le malheur des autres.* (Indiquez
les imparfaits qu'il faut mettre au présent,
& les prétérits définis qu'il faut mettre au
prétérit indéfini, en ajoutant la raison.)

83. *Les deux combattans s'allongent, se
replient, s'abaissent, se relèvent tout-à-coup,
et enfin se saisirent.* Il faut dire : *et enfin se
saisissent*, p-q. les v. semblables d'une énumération se mettent:...—*On vient de m'a-
vertir que la flotte partirait dans trois jours.*
Il faut dire:..., p-q. l'action de *partir* ne
dépend d'aucune condition, et par consé-

quent on ne doit pas l'exprimer par n
cond. — *J'ai appris par les hommes sag*
combien il était pénible de conduire les vil
les et les royaumes. Il faut dire :..., p-q
le v. *être*, correspondant à un t. prés., ne
doit pas se mettre à... — *La Sagesse mêm*
n'a-t elle pas dit que tôt ou tard les méchan
seraient confondus, que leurs prospérités s
dissiperaient comme la fumée, que le consé
et la sagesse leur serait ôtée. Il faut dire
seront confondus, se dissiperont, leur seron
ôtées, p-q. ces v., correspondant à un t. fu
sans condition, ne doivent pas être au cond
mais au fu.; il faut mettre *seront ôtées* au pl
p-q...

84. *Vous avez fait de grandes choses*
mais, avouez la vérité, ce n'est pas par vou
par qui elles ont été faites. Il faut dire :..., p-q
... — *Ne vous ai-je pas déjà dit que c'étaien*
le nombre du peuple et l'abondance des ali
mens qui faisait la vraie force et la vrai
richesse d'un royaume? Il faut dire : *que c'est*
p-q...; il faut mettre le v. *est* au s., p-q. le
v. qui a pour suj. le pro. *ce* se met au..., à
moins que le pro. *ce* ne représente...; i
faut dire aussi : *qui font*, p-q. le v. corres
pondant à un t. prés. ne doit pas se mettre
à...; il faut mettre *font* au pl., p-q. le v. qui
a pour suj... doit se mettre au pl. — *A ces*
cris, Jérusalem redoubla ses pleurs; les voû
tes du temple s'ébranlent; le Jourdain se

...ouble, *et tous ses rivages retentirent de lu-*
bres sanglots. Il faut mettre tous ces v. au
prés., ou au..., p-q...—*Tous demandaient
comment étaient morts cet homme puissant
qui sauvait le peuple d'Israël.* Il faut dire
était mort, p-q...—*Je ne savais pas que
vous demeuriez maintenant à Paris.* Il faut
écrire:..., p-q. le v. *demeurer* exprimant une
qualité présente ne doit pas se mettre...

85. *Je songeai cette année que, de maux
consumé, côte à côte d'un mort on m'avait
inhumé.* Il faut dire : *j'ai songé,* p-q...—
Je partis aujourd'hui même. Il faut dire :
j'ai parti, p-q...— *Vous avez appris dans
l'histoire, qu'Idoménée avait fait mourir
son fils, pour accomplir un vœu indiscret.*
Il faut dire : *fit mourir,* p-q. le t. du v. *faire
mourir* n'étant comparé à aucun autre, ne
doit pas être exprimé par le p-q-p. — *Les
astronomes ont annoncé qu'il y aurait une
éclipse de soleil dans le mois prochain.* Il
faut dire : *qu'il y aura,* p-q. le v. *avoir,* désignant un fu. sans condition, ne doit pas
se mettre au cond. — *Boileau a dit que
souvent un beau désordre était un effet de
l'art.* Il faut dire *est,* p-q. ce v. désignant
une qualité présente, ne doit pas se mettre
à l'impar.—*Un courrier fut expédié aujour-
d'hui pour l'Angleterre et un autre pour
la Russie.* Il faut dire : *a été expédié,* p-q.
...—*Au commencement de cette année, il*

parut un phénomène extraordinaire. Il fa[ut]
dire : ..., p-q. le prét. déf. doit toujou[rs]
indiquer...

SUBJONCTIF.

86. *Apollon voulut qu'en deux quatrain[s]*
de mesure pareille, la rime, avec deux so[ns]
frappe huit fois l'oreille. Il faut dire : *frappâ[t]*
au sub., p-q. ce v. est rég. de *voulut* auque[l]
il est uni par la conj. *que;* et qu'on ne peu[t]
pas, sans changer le sens, le faire deveni[r]
v. principal. — *L'histoire rapporte que Ri-*
chelieu fonda l'académie française. Fonda,
quoique v. rég., n'est pas au sub., parc[e]
qu'il peut devenir v. principal sans que l[e]
sens soit changé.—*En quatorze cents-vingt[s]*
un arrêt du parlement de Paris défendit qu[e]
les femmes de mauvaise vie portassent l[a]
ceinture dorée. Il faut mettre *cent et ving[t]*
ans., p-q...; *portassent* est au sub., parc[e]
qu'il est v. rég., et qu'il ne peut pas... —
Il faut qu'un général sache garder un se-
cret. Sache est au sub., parce qu'il est v.
rég. et qu'on ne peut en faire le v. princip[al]
sans que le sens soit changé.—*Pensez-vou[s]*
que la simplicité de nos bons aieux ne va[ut]
pas tous nos raffinemens? Il faut mettre *le[t]*
au prés. du sub., et dire : ..., p-q. ce v. es[t]
rég., et que...

87. *La charité chrétienne exige que nou[s]*
pardonnons à nos ennemis, et que nous fa[s-]

sons du bien à ceux qui nous haïssent. Il faut dire : *exige que...*, *et que...*, p-q. ces deux v. sont rég. et ne peuvent devenir v. principaux, sans que le sens soit changé. — *Pensez-vous qu'un autre que Dieu peut nous inspirer la véritable sagesse ?* Il faut dire : *puisse*, p-q... — *Pensez-vous qu'il vaut mieux avoir beaucoup d'esprit sans vertu, que beaucoup de vertu avec peu d'esprit ?* Il faut dire : ..., p-q. ce v. est rég., et qu'il ne peut pas... — *Je ne crois pas que c'est un bonheur de commander à beaucoup de monde.* Il faut dire : ..., p-q. ce v. est rég., et que... —*Ne savez-vous pas que j'aie le pouvoir de vous faire mourir ?* Il faut dire *que j'ai*, à l'indic., p-q. ce v. rég. peut devenir v. principal, sans que le sens soit changé; on peut dire : *J'ai le pouvoir de vous faire mourir ; ne le savez-vous pas ?* — *Croyez-vous que le coupable dort tranquille, et qu'il peut étouffer les remords dont il est déchiré.* Il faut dire : *dorme* et *puisse*, p-q. ces v. rég. ne peuvent pas devenir v. principaux, puisqu'on ne peut pas dire affirmativement, sans que le sens soit entièrement changé : *Le coupable dort tranquille, et il peut*, etc.

§ **88.** *Il a fallu que mes malheurs m'ont instruit.* Il faut dire : ..., p-q. ce v. rég. ne peut pas devenir v. principal, sans que le sens soit changé. Le sens n'est pas : *mes*

malheurs m'ont instruit. — *Si vous juge*
que je puis vous aller trouver, envoyez-mo
un anneau d'or. Il faut dire : ..., p-q. c
v. rég. ne peut pas... Le sens n'est pas : *j*
puis vous aller trouver. — *Il suffit que vou*
reconnaissez votre faute. Il faut dire : ...
p-q... Le sens n'est pas : *vous reconnaisse*
votre faute; ce n'est pas là ce qu'on veu
dire. — *Narbal savait que Baléazar ne fu*
point noyé, quand on le jeta dans la mer
mais Astarbé ne savait pas qu'il était vivan
Il faut dire : *ne fut point noyé,* à l'indic.
p-q. ce v. rég. peut devenir v. principal
sans que le sens soit changé. Le sens es
bien : *Baléazar ne fut point noyé,* etc.
Narbal le savait. Mais il faut dire : *qu'il fu*
vivant, au sub.; p-q. ce v. rég. ne peut pa
... Le sens n'est pas : *mais il était vivan*
Ce n'est pas là ce qu'on veut dire.

89. *Je ne savais pas que la Grèce a main*
tenant un roi. Il faut dire : ..., p-q. ce v. rég
peut...Le sens est : *La Grèce a maintenan*
un roi. — *Ne croyez pas que vous pouve*
m'échapper, je mourrai plutót sur vos pa
Il faut dire : ..., p-q. ce v. rég... Le sen
n'est pas: *vous pouvez m'échapper.* — *I*
faut qu'il me donne la mort, ou qu'il souffr
que je vous suis. Il faut dire : ..., p-q...
Vous m'exhortez à fuir, et vous ne voule
pas que je fuis en suivant vos pas. Il fau
dire :..., p-q... — *Je ne puis vivre si vou*

ne souffrez que je suis Mentor. Il faut dire : *...*, p-q... —*Je ne savais pas qu'il y a tant de douceur à souffrir pour la justice.* Il faut dire : *qu'il y eût*, p-q. ce v. rég. ne peut pas l'... Le sens n'est pas : *il y a tant de douceur*, etc.—*Il semble que la jeunesse est un temps de folie et de fièvre ardente.* Il faut dire :*...*, p-q. ce v. rég... Le sens n'est pas: *la jeunesse est un temps de folie*, etc. — *Il faut qu'on bannit des assemblées publiques les disputes et les contestations tumultueuses.* Il faut dire :*...*, p-q...

90. *Il n'est guère de courtisans qui ne font leur cour aux dépens des autres.* Il faut dire : *qui ne fassent*, p-q. le v. qui suit un pro. rel. précédé du mot *guère* se met au sub.—*La science et la vertu sont les seules choses que personne ne peut nous enlever.* Il faut dire : *ne puisse*, p-q. le v. qui suit un pro. rel. précédé de *le seul* se met au sub.—
Il n'y a pas de situation, quel que pénible qu'elle soit, que la patience ne peut rendre supportable. Il faut écrire : *quelque*, p-q... Il faut dire : *que la patience ne...*, parce qu'on met au sub. le v. qui suit un pro. rel. dont l'ant. est accompagné d'un terme restrictif; or *situation*, ant. de *que*, est accompagné des termes restrictifs *pas de*, qui équivalent à *aucune.*—*Platon est le plus grand philosophe qu'a eu l'antiquité.* Il faut dire : *...*, parce qu'il faut mettre au sub. le v. qui

suit un pro. rel. dont l'ant. est accompagné d'un sup. rel.—*Il n'y a que des ames lâches qui sont assez faibles pour se laisser vaincre par l'attrait du plaisir.* Il faut dire : ..., parce qu'on met au sub. le v. qui suit un pro. rel. dont l'ant. est accompagné d'un terme restrictif ; or il *n'y a que* sont des termes restrictifs qui accompagnent *ames*, ant. de *qui*.

91. *La fuite est le seul moyen par lequel vous pouvez vous soustraire aux dangers qui vous menacent.* Il faut dire : *par lequel vous*..., parce qu'on met au sub. le v. qui suit...—*Quel est le vice qui n'est pas le tourment de celui qui s'y livre?* Il faut dire : ..., parce qu'on met au sub. le v. qui suit un pro. rel., lorsqu'il peut se tourner par *tel qu'il le faut pour que*. — *Il n'y a pas de maux qu'un traitre n'est capable de susciter.* Il faut dire : ..., parce qu'on met au sub. le v. qui suit un pro. rel. dont l'ant. est accompagné de quelque terme restrictif ; or *il n'y a pas de* sont des termes restrictifs qui accompagnent *maux*, ant. de *que*. — *Par ma barbe, dit le Bouc, il est peu de personnes qui auraient trouvé cet expédient.* Il faut dire : *qui eussent trouvé*, au sub., parce qu'on met au sub. le v. qui suit un...— *Il n'est aucun lieu où l'on peut trouver le repos, quand on porte une conscience agitée par le remords.* Il faut dire : ..., p-q...—*Il n'est personne qui est plus aisée à tromper qu'un* *homme vain et orgueilleux*. Il faut écrire *lisé* au m., p-q...; il faut dire : *qui soit*, parce qu'on met au sub. le v. qui suit un pro. rel. dont l'ant...; or *personne* signifiant *aucun homme* doit être considéré comme accompagné d'un terme restrictif.

92. *Ils furent surpris de voir que ma ré- ponse était précisément celle de Minos.* On peut dire : *était*, à l'indic., p-q. ce v. rég. peut... Le sens est : *ma réponse était celle de Minos; on fut surpris de le voir.* — *Si vous voulez pécher, cherchez un lieu où Dieu ne vous voit point; et, après cela, faites ce que vous voudrez.* Il faut dire :..., parce qu'on met au sub. le v. qui suit l'adv. rel. *où*, quand il peut se tourner par *tel qu'il le faut pour que.* — *Cherchez un ami qui ne craint pas de vous reprendre.* Il faut dire :... parce qu'on met au sub. le v. qui suit le pro. rel., quand celui-ci peut se tourner par... — *Il n'y a aucun voisin de cette contrée, dont vous n'avez fait un ennemi sans le vouloir.* Il faut dire : *dont vous...*, parce qu'on met au sub. le v. qui suit un pro. rel. dont l'ant. est accompagné de... — *J'ai cru que vous pourriez souffrir que je vous parle sans adoucissement.* Il faut dire :..., p-q. ce v. rég. ne peut pas... — *Il vous est utile que quelqu'un vous tient, quand il faut, un lan- gage dur.* Il faut dire :..., p-q...

93. *Je n'ai jamais trouvé personne qui*

m'a assez aimé pour me déplaire, en me di-
sant la vérité tout entière. Il faut dire :...,
parce qu'on met au sub. le v. qui suit u
pro. rel. dont l'ant... — *Il faut, mon fils*
que vous m'aimez d'un amour moins tendr
et plus courageux. On doit dire :..., p-q
ce v. rég...—*Il ne faut point que le courag*
de celui qui commande aux autres peut êtr
douteux. Il faut dire :..., p-q...— *Un gé*
néral doit se posséder dans les plus grand
dangers, pour qu'il puisse profiter des occa
sions. Puisse est au sub. comme rég. de l
conj. *pour que.*—*Le plus sage roi est souven*
trompé, quelques précautions qu'il prenn
pour qu'il ne le soit pas. Prenne est au sub
comme rég. de *quelque* suivi de *que*; et *soi*
est au même mode, comme rég de...—*Pen*
sez-vous que le grand Ulysse n'a pas eu se
faiblesses et ses défauts. Il faut dire :..., p-q
ce v. rég. ne peut devenir v. principal san
que...—*Il est temps que vous partiez. Par*
tiez est au sub., p-q. ce v. rég...—*Ne faite*
rien qui ne soit digne des maximes de vertu
qu'on a tâché de vous inspirer. Soit est au
sub., parce qu'on met à ce mode le v. qui
suit un pro. rel. dont..; or *rien*, signifiant
aucune chose, doit être accompagné d'un
terme restrictif.

94. *Il voulut qu'on punît sévèrement tou-*
tes les banqueroutes, parce que, quoiqu'elles
ne soient pas toutes frauduleuses, il n'en est

presque aucune qui soit exempte de témérité. *Punit* est au sub., p-q...; *soient* est au sub., comme rég. de...; *soit* est aussi au sub., parce qu'on met à ce mode le v. qui suit un pro. rel. dont l'ant... —*Il faut que le commerce d'une ville soit semblable au flux et reflux de la mer.* Soit est au sub., p-q... —*Il faut que tout y entre et sorte librement.* Il faut dire : *et en sorte*, p-q...; *entre et sorte* sont au sub., p-q... — *Chacun des marchands, soit qu'il vient des rives orientales, soit qu'il est parti de cette grande mer où le soleil se couche, doit y vivre paisible et en sûreté comme dans sa patrie.* Il faut dire : *soit qu'il vienne, soit qu'il soit parti*, parce qu'on met au sub. le rég. de la conj. *soit que.* —*Les différentes couleurs servent à distinguer les rangs, sans qu'il soit besoin d'employer ni l'or, ni l'argent, ni les pierreries.* Soit est au sub., comme rég. de... —*La vertu sera assez encouragée, pourvu que vous donniez des couronnes aux belles actions.* Donniez est au sub., comme rég. de...

TEMPS DU SUBJONCTIF.

95. *Il serait honteux que des hommes, destinés à une vie sérieuse et noble, s'amusent à inventer des parures affectées.* Il faut dire : *s'amusassent*, au sub., p-q...; à l'impar., p-q. ce v. est prés. relativement au v. principal qui est au cond.—*J'ai toujours trou-*

vé honteux que des hommes bien élevés fassent consister leur grandeur dans les ragoût
Il faut dire : ..., au sub., p-q..., ; à l'impar
p-q. ce v. est prés. relativement à un v. prin
cipal qui est à un t. pas.— *Quelques bonne*
que fussent les lois d'un pays, elles sont in-
tiles si le roi ne leur donne de l'autorité pa
son exemple. Il faut écrire *quelque*, sans
p-q... ; il faut dire : *quelque bonne qu*
soient : soient au sub., comme rég. de....
au prés., parce qu'il est prés. relativement a
v. principal qui est lui-même au prés.—
donna des modèles, pour un petit espace un
maison gaie et commode, *en sorte qu'ell*
soit tournée à un aspect sain, que les loge
mens soient dégagés les uns des autres, qu
l'ordre et la propreté s'y conservent facile
ment, et que l'entretien soit de peu de dé
pense. Il faut dire : *qu'elle fût tournée*, etc.
que les logemens en..., *que l'ordre et l*
propreté s'y..., en mettant tous ces v. a
sub., comme rég. de...; à l'impar., parc
qu'ils sont prés. relativement à...

96. *Il voulut que chaque maison ait un*
salon et un petit péristyle. Il faut dire : ...,
au sub., p-q...; à l'impar., p-q...—*Sa mo-*
dération n'empêcha point qu'il n'autoris
les grands bâtimens destinés aux exercic
du corps. Il faut dire : ..., au sub., p-q...;
à l'impar., p-q...—*On trouvera des peupl*
qui se soumettront aux plus rudes travaux

...ourvu qu'on leur *promit des récompenses* ...*nvenables.* Il faut dire : ...., au sub., comme ...g de...; au prés., p-q. ce v. est fu. rela-...ement à un verbe principal qui lui-même ...t au fu.—*Un peuple deviendrait bientôt in-*...*mbrable, pourvu qu'on y facilite les ma-*...*ages.* Il faut dire :...., au sub., comme rég. ....; à...., p-q... —*Heureux les hommes* ...*e la campagne qui sont sans ambition, sans* ...*fiance, sans artifice; pourvu que les dieux* ...*ur donnassent un bon roi, qui ne troublât* ...*oint leur joie innocente!* Il faut dire : *don-*...*nt,* au sub., p-q....; au prés., p-q... Il ...ut dire : *qui ne trouble,* au sub., parce ...'on met à ce mode le v. qui suit un....; ...i prés., p-q...

*...*97. *N* *craignez pas que l'abondance et* ...*paix corrompent les peuples, pourvu que,* ...*ns leur abondance, ils n'eussent rien de* ...*perflu.* Corrompent est au sub., p-q....; ...i prés., parce qu'il est prés. relativement à ...*.* Il faut dire : *pourvu que, dans leur abon-*...*ance, ils...,* au sub., p-q....; au prés., p-q. ... — *Si l'on a planté trop de vignes, il* ...*ut qu'elles fussent arrachées.* Il faut dire : ..., au sub., p-q....; au prés., p-q... —*Je* ...*croirai jamais qu'on ait pu civiliser les* ...*uples barbares, si on ne leur avait pas* ...*arlé le langage de la religion.* Il faut dire : ...*'on eût pu,* au sub., p-q....; au p-q-p., ...q. le v. rég. est pas. conditionnellement.

— *Quand un roi est aimé de se[s] peuples,* [il] *n'y a aucun de ses sujets qui ne hasardera*[it] *sa vie, s'il le fallait, pour conserver cell*[e] *d'un si bon roi.* Il faut dire : *qui ne hasardâ*[t,] au sub., parce qu'on met à ce mode le v[.] qui suit un pro. rel. dont....; à l'impar[.,] p-q. ce v. rég. est fu.. conditionnellemen[t.] — *Dans la crainte que Pygmalion ne re*[re]*vienne, et qu'il ne veuille la faire mouri*[r] *avec elle, Astarbé se jeta sur lui et l'étouff*[a.] Il faut dire : *ne revînt et ne voulût,* au sub[.,] comme rég. de...; à l'impar., parce qu'[il] est prés. relativement à....

98. *Les balles de plomb que les fron*[deurs]*deurs des îles Baléares employaient, arri*[vaient tout brûlantes : il fallait, pour qu'elle[s] *s'échauffent ainsi, qu'elles aient é[té] lancées*[s] *avec beaucoup de vigueur.* Il faut dire [:] *toutes brûlantes,* p-q. *tout,* quoique adv[.,] varie, quand... Il faut dire : *qu'elles s'é*[chauffassent,* au sub., comme rég. de...; [à] l'impar., p-q. le v. rég. est prés. relativer[e]ment au v. principal *il fallait,* qui est à un[n] t. pas. Il faut dire aussi : *qu'elles eussent ét*[é] *lancées,* au sub., p-q...; au p-q-p., p-q. ce[e] v. rég. est... relativement au v... qui es[t] à un t... — *Un philosophe, témoin de* [l'é]*clipse de soleil arrivée au moment où Jésus-*[*Christ expira, dit à cette occasion que la* [*nature se dissout, ou que le Dieu de la na*-*ture souffre.* Il faut dire : *la nature se...,*

sub., p-q...; à... (marquez le t. du v.),
q...—*Il serait impossible que j'embrasse
dans mes vers toute l'étendue de mon sujet.*
Il faut dire: *que....*, au sub., p-q. ce v. rég.
ne peut pas devenir v. principal sans que
...; à... (marquez le t.), p-q...—*Il faudrait pour cela que j'aie cent langues, cent
bouches, et une voix de fer.* Il faut dire:...,
au sub., p-q..., à... (marquez le t.);
p-q...

   99. *J'ai chanté jusqu'ici ce qui produi-
sait les riantes moissons.* Il faut dire:
..., p-q. l'impar. ne peut indiquer un t.
prés. ou fu. — *Alors la barrière s'ouvrit,
tous les chars s'élancent à la fois, les coursiers franchirent rapidement l'espace; en
vain le conducteur voulut lutter contre leur
fougue, ils n'entendirent plus ni le frein ni
la voix.* Il faut mettre tous les v. de cette
énumération à... (Indiquez le t.), p-q...
— *Au commencement du siècle où nous
vivons, tout dans la nature annonça la colère du ciel; l'Etna, vomissant le feu de
ses fourneaux entr'ouverts, inonda de sa
lave brûlante les campagnes des Cyclopes;
les Alpes éprouvèrent des tremblemens jusqu'alors inconnus; la terre ouvrit des abîmes
sous les pas.* Il faut dire : ..., p-q. le prét.
déf. ne peut jamais... — *Les vieillards
mêmes ont assuré que jamais la foudre n'é-
tait tombée plus fréquemment dans un temps*

serein. Il faut dire : *n'est tombée,* p-q. le
de ce v. étant pas absolument, et n'éta
comparé avec aucun autre t., ne doit p
être exprimé par un p-q-p. — *Ils se so
persuadé, à cause de cela, qu'il arriv
rait quelque grand malheur.* Il faut dir
qu'il arrivera, p-q. ce v., ne dépenda
d'aucune condition, ne doit pas être m
au...

100. *Avant de livrer au tranchant d
fer un sol inconnu, il est nécessaire que
laboureur sait quels vents y règnent.* Il fau
dire : *que le laboureur...,* p-q... — *T
peux laisser reposer ton champ par le se
changement de production, sans que t
perds en le laissant en jachère.* Il faut dire
..., au subj., comme rég. de... —*Souven
on s'est bien trouvé de brûler dans u
champ stérile la paille sèche restée su
pied, soit que cet incendie communiquât
la terre des sucs nourrissans, soit que le fe
en évaporât une humidité superflue ; soi
que la chaleur en ouvrît les pores, et déga
geât les conduits secrets par où la sève do
s'insinuer dans les racines de l'herbe nais
sante ; soit qu'au contraire elle durcît le so
en sorte que ni les pluies excessives, ni le
chaleurs brûlantes, ni les fortes gelées, n
pussent les pénétrer et en emporter le suc
(Dites pourquoi les v. communiquer, évapo
rer, ouvrir, dégager, durcir, pouvoir, son

sub.; à quel t. ils doivent être, et pour-
oi.) Remarquez que les qualités attri-
bées par ces v. correspondent à tous les t.
Pline ne croyait pas que les griffons sont
les animaux réels. (Dites à quel mode et à
quel t. on doit mettre le v. *être*, et ajoutez
la raison.)

INFINITIF.

101. *Dès que le coursier a atteint le quatrième été, il faut l'accoutumer de tourner
un manége, de faire retentir la terre d'un
pas ferme et réglé, de développer avec grâce
ses jarrets flexibles.* Il faut dire : ..., p-q.
l'infi. qui suit le v. *accoutumer* doit être
précédé de la pré...—*D'une corne terrible,
le taureau heurte et tâche à ébranler le tronc
des arbres.* Il faut dire : ..., p-q. l'infi. qui
suit le v ... doit être précédé de... —
*Tremblez à voyager seul dans les déserts de
Lybie.* Il faut dire :..., p-q. l'infi. qui suit
...—*On pardonne aux poètes à adopter
dans leurs vers les préjugés répandus, pourvu qu'ils offrissent quelque chose de mer-
veilleux.* Il faut dire *d'adopter*, p-q...; il
faut dire : *pourvu qu'ils offrent*, au sub.,
p-q...; au prés., p-q...—*En vain ils s'ef-
forcent à écarter les montagnes de neige
qui les entourent.* Il faut dire : ..., p-q...
—*Elle aime de porter à l'étable de l'herbe
et des branches d'arboisier.* Il faut dire :...;

p-q. l'infi. qui suit le v.... doit être précéd...
de... — *J'entreprendrai à chanter les ex-*
ploits guerriers de César. Il faut dire : ...
p-q... — *Hâtez-vous de profiter du temp...*
où le bétail est dans sa force. Il faut dire...
..., p-q...

102. *La vie est trop courte pour voulo...*
tout apprendre. On ne doit pas mettre...
v. *vouloir* à l'infi., parce qu'il n'a pas...
même suj. que la proposition qui le gou...
verne. Il faut dire : *La vie est trop cour...*
pour qu'on veuille tout apprendre. — *Apr...*
qu'un livre a été parcouru rapidement, sar...
en profiter, on passe à un autre, qu'on l...
aussi inutilement. **Profiter** ne doit pas êt...
à l'infi., parce qu'il n'a pas le même su...
que... Il faut dire : *sans qu'on en a...*
profité. — *Le calendrier fut réformé p...*
Grégoire XIII, pour remédier au dérang...
ment qu'une erreur avait causé. **Remédi...**
ne doit pas être ici à l'infi., p-q... Il fau...
dire : *Grégoire XIII réforma le calendri...*
pour remédier, etc. — *Dieu laisse le jus...*
exposé aux tentations, pour avoir plus d...
mérite à les réprimer. **Avoir** ne doit pas êt...
à l'infi., p-q... Il faut dire : *pour qu'il a...*
plus de mérite, etc. — *David fit placer Ur...*
dans un poste périlleux, pour y perdre l...
vie. **Perdre** ne doit pas être à l'infi., p-q...
Il faut dire : *pour qu'il y perdît.* — *Ne vou...*
attendez pas de revoir jamais votre frère. ...

...t dire : ..., p-q. l'infi. qui suit le v. *s'at-*
tendre doit être précédé de...

TEMPS COMPOSÉS.

103. *Comme les premières conditions*
n'étaient pas convenues aux alliés, on en
proposa de nouvelles. Il faut dire : *n'avaient*
pas convenu, p-q. *convenir* signifiant *être*
convenable prend l'aux. *avoir.* — *Mentor,*
en les quittant, était monté sur une haute
tour pour mieux découvrir les ennemis. Il
faut dire : *avait monté,* parce qu'ici le v.
monter attribue une action, et par conséquent doit prendre l'aux. *avoir.* — *A peine*
y eut-il arrivé, qu'il aperçut Philoctète et
Nestor. Il faut dire : *y fut-il arrivé,* p-q. le
v. *arriver* prend toujours l'aux. *être.* — *Dès*
qu'il eut descendu, il marcha vers une porte
de la ville. Il faut dire : ..., parce qu'ici
le v. *descendre* attribue au suj., non pas l'action de descendre, mais l'état où il était
après cette action. — *O hommes généreux !*
Je sais que vous n'avez venu ici que pour
l'intérêt commun de la liberté. Il faut dire :
..., p-q... — *Les uns ont fait naufrage ,*
les autres sont expirés dans le sein même
de leurs familles. Il faut dire : ..., p-q. *ex-*
pirer signifiant *mourir* prend toujours l'aux.
avoir. — *D'autres ont disparu depuis plu-*
sieurs années, sans savoir ce qu'ils sont de-
venus. Il faut dire : *sont disparus,* p-q. ce v.

attribuant au suj.... doit se conjuguer av...
... *Savoir* ne doit pas être à l'infi., p-q...
Il faut dire : *sans qu'on sache ce qu'ils son*
devenus.

104. *On n'attendit pas que la trève eû*
expiré pour se préparer à un nouveau com
bat. Il faut dire: *fût expirée,* p-q. *expire*
signifiant... se conjugue avec... Ce v...
est au sub., p-q....; à l'impar., p-q... Nota...
remarquez bien que *fût expirée* n'est pas l...
p-q-p. du sub. du v. *expirer,* c'est le v. *être*
à l'impar. du sub., suivi d'un attribut. (Voye...
la synt. n° 116, 3°). — *Les soldats de Henri*
ont combattu avec tant d'ordre et de résolu
tion, qu'enfin la victoire leur a resté; le
trois quarts de l'armée du duc de Mayenne
ont demeuré sur le champ de bataille. Il fau...
dire: *leur est restée,* et *sont demeurés,* p-q...
rester, n'attribuant aucune action au suj...
doit se conjuguer avec...; et *demeurer* n...
prend l'aux. *avoir* que quand il signifie... —
Dès qu'ils eurent arrivé au haut de la mon
tagne, ils ont tombé dans une embuscade.
Il faut dire:..., p-q... — *J'étais demeuré*
pendant près de dix ans dans cette île dé-
serte et sauvage. Il faut dire: *j'avais demeu-*
ré, p-q... — *Ils avaient convenu de partir*
ensemble. Il faut dire:.... p-q. *convenu*
signifiant... prend toujours l'aux... — I...
n'avait pas encore parvenu à ce haut degré
de gloire où il a parvenu dans la suite. Il faut...

...dire...., p-q. *parvenir* se conjugue toujours avec...

ARTICLE SIXIÈME.

SYNTAXE DU PARTICIPE.

§ Ier. PARTICIPE PRÉSENT. — ADJECTIF VERBAL.

105. *Télémaque s'avança vers ces rois, qui étaient dans des bocages odoriférans, toujours renaissans et fleuris.* Renaissans s'accorde... Il est adj. verbal, parce qu'il n'attribue rien et qu'il est précédé d'un adv. — *Mille petits ruisseaux d'une onde pure, arrosant ces beaux lieux, y faisaient sentir une délicieuse fraîcheur.* Arrosant est part. prés., parce qu'il attribue une action, et qu'il est suivi d'un rég. dir. — *On voyait tout ensemble les fleurs du printemps naissantes sous les pas, avec les plus riches fruits de l'automne pendans des arbres.* Naissantes et *pendans* sont adj. verbaux, parce qu'ils n'attribuent rien et qu'ils se joignent simplement à des sub., pour en désigner des qualités concrètes. On peut les faire précéder d'un adv. et dire : *les fleurs toujours naissantes, les fruits toujours pendans.* — *Un nombre infini d'oiseaux, formant les plus mélodieux accords, faisaient résonner ces bocages de leurs doux chants.* Formant est invariable; et il est part. prés., p-q... — *La furieuse canicule n'y fait jamais sentir ses* *ardeurs brûlantes. Brûlantes* est adj. verbal, parce qu'il n'attribue rien, et qu'il se joint simplement à un subs., pour... On peut le faire précéder d'un adv., et dire : *ses ardeurs les plus brûlantes.*

106. *La guerre baignante dans le sang, l'envie cruelle et mordante, portant des vipères entortillées dans son sein et autour de ses bras ; les jalousies, les défiances, la crainte, les chagrins dévorans, les vains désirs, n'approchent jamais de ce charmant séjour de la paix. Baignante, mordante, dévorans, charmant,* sont adj. verbaux, p-q... *Portant* est part. prés., p-q... — *Une lumière pure et douce, se répandant autour des corps de ces hommes justes, les environne de ses rayons, comme d'un vêtement. Répandant* est..., p-q... — *Les hautes montagnes de la Thrace, s'écroulant avec fracas, ébranleraient les fondemens de la terre, que les cœurs de ces hommes justes ne pourraient pas même être émus. S'écroulant* est part. prés., parce qu'il attribue..., et qu'il est accompagné d'un rég. dir. — *Seulement tant de misères, accablant les hommes vivans dans le monde, excitent leur pitié. Accablant* est..., p-q... *Vivans* est..., p-q... On peut le faire précéder d'un adv., et dire : *les hommes actuellement vivans.* — *Mais c'est une pitié douce et pai-*

ble, n'altérant en rien leur immuable félicité. *Altérant* est part. prés., p-q...

107. *Une jeunesse toujours florissante, une félicité toujours subsistante, une gloire toute divine est peinte sur leur visage.* Florissante et subsistante sont adj. verbaux, p-q... — *Mais ce n'est pas une joie ressemblante aux joies folâtres et indécentes du monde.* Ressemblante est..., p-q... On peut mettre devant un adv., et dire : *une joie bien ressemblante.* — *C'est une joie enivrante, mais noble et pleine de majesté.* Enivrante est..., parce qu'il n'attribue rien ; se joint seulement à un subs., pour...On peut le faire précéder d'un adv., et dire : *une joie toujours enivrante.* — *C'est un goût sublime de la vérité et de la vertu, transportant à la fois leur esprit et leur cœur.* Transportant est..., p-q... — *Ils sont sans interruption, à chaque moment, dans le même ravissement où est une mère revoyant son cher fils qu'elle avait cru mort.* Revoyant est..., p-q... — *C'est une joie constante, ne s'enfuyant jamais de leur cœur, ne languissant jamais un seul instant.* S'enfuyant est..., p-q... ; languissant est..., il est suivi d'un adv. — *C'est le délicieux transport de l'ivresse ; mais calme et modéré, ne causant aucun trouble, aucun aveuglement.* Causant est..., p-q...

108. *Foulans à leurs pieds les molles*

*délices et les vaines grandeurs, ils repasse[nt]
avec plaisir ces tristes, mais courtes anné[es]
où combattans contre eux-mêmes, résistan[s]
au torrent des hommes corrompus, ils se-
maient dans les larmes ce qu'ils recueille[nt]
maintenant dans la joie.* Il faut écrire: *foulant combattant, résistant,* p-q. tous ce[s]
mots sont part. prés., puisque...; *foulant*
un rég. dir.; *combattant* et *résistant* peuvent être précédés de la pré. *en.* — *Ils ad-
mirent comment les dieux, les conduisan[s]
comme par la main à la vertu, les ont sau-
vés de tant de périls.* Il faut écrire: *conduisant;* ce mot est un part. prés., p-q... — *Il[s]
sentent une vertu divine et ineffable coulant
au milieu de leurs cœurs.* Il faut écrire: ...
C'est un..., p-q... On peut, sans changer
le sens, remplacer ce mot par un autre t. d[u]
v. *couler,* et dire: *Ils sentent une vertu divine et ineffable* COULER, ou *ils sentent qu'un[e]
vertu divine* COULE. — *On dirait un torren[t]
de la Divinité même s'unissant à eux et pén[é-]
trant leur substance.* S'unissant et *pénétran[t]*
sont des..., p - q... — *Voyans, goûtans[,]
savourans leur bonheur, ils sentent qu'il[s]
seront heureux toujours.* Il faut dire:... C[e]
sont des..., p-q...

109. *Lorsque, chantans les louanges d[es]
dieux, ils mêlent leurs voix, on n'entend plu[s]
qu'une mélodie exprimante une seule pensée[,]
un seul amour.* Il faut dire:...; ces deux mot[s]

nt des...., p-q...—*Un même esprit communiquant à l'un les douces émotions de
l'autre, fait comme un flux et reflux de félicité dans ces âmes unies.* Communiquant est
un...., p-q... — *Dans ces ravissans entretiens, les siècles, coulans avec plus de ra-
pidité que les heures, passent inaperçus.* Ravissans est adj. verbal, et par conséquent
variable, puisqu'il n'attribue... On peut le
faire précéder d'un adv. et dire : *dans ces
entretiens si ravissans. Coulans* est..., et
par conséquent il doit s'écrire :...., p-q...;
on peut le faire précéder de la pré. *en.* —
*Ainsi mille et mille siècles fuyans sans re-
tour, pourront s'écouler ; et leur félicité toujours nouvelle, toujours entière, aura toujours le charme d'une félicité naissante.*
Fuyans est un.... et par conséquent...,
p-q...; il peut être précédé de... *Naissante*
est un..., p-q...; on peut le faire précéder
d'un adv. et dire : *une félicité à peine naissante.*—*Régnant tous ensemble, non sur des
trônes brillant d'un éclat trompeur, que la
main des hommes peut renverser, mais en
eux-mêmes, avec une puissance immuable,
ils ne portent pas ces vains diadèmes cachant tant de craintes et de noirs soucis ;
les dieux mêmes les ont couronnés de leurs
propres mains, avec ces couronnes que rien
ne peut flétrir.* (Dites si *régnant, brillant,
cachant,* sont des part. prés. ou des adj.

verbaux, et rendez raison de chaque assertion.

PARAGRAPHES DEUXIÈME, TROISIÈME ET QUATRIÈME.

SYNTAXE DU PARTICIPE PASSÉ.

110. *Souvent les empires sont averti par le ciel, des troubles préparé par les méchans, des perfidies caché, des guerres qui sont fomenté sourdement.* Averti doit s'accorder avec *empires* et par conséquent prendre un *s*, p-q. le part. pas. joint à l'aux. être s'accorde avec son suj. *Préparé* doit s'accorder avec *troubles* et prendre un *s.*, p-q. le part. pas. sim. s'accorde toujours avec son suj. *Caché* doit s'accorder avec... et prendre la marque du f. et du pl., p-q... *Fomenté* doit s'accorder avec... et prendre la marque du ..., p-q...—*Lorsque ces princes nous eurent été ravi, il sembla que le soleil, les astres, et même toute la nature, eussent pris part à nos malheurs.* Il faut écrire *ravi...* ce part. doit s'accorder avec...., p-q. le part. pas. joint au v. *être* doit... *Pris* doit être invariable, p-q. le part. pas. joint au v. *avoir* est invariable toutes les fois qu'il n'est pas précédé de son rég. dir. *Eussent pris* est au sub., p-q...; au p-q-p., p-q. ce v. est passé relativement à...—*On vit le front du soleil couvert d'un voile lugubre, et les coupables mortels furent menacés d'une éternelle nuit.*

...ouvert doit s'accorder avec..., p-q. le part.
pas. sim. doit.... On doit écrire *menac....*;
le part. doit s'accorder avec..., p-q...

111. *Le silence des bois sacrés fut souvent
interrompu par des voix effrayantes. Interrompu* doit s'accorder avec..., p-q. le part.
pas. joint au v. *être* s'accorde avec.... *Effrayantes* est adj. verbal, parce qu'il n'attribue rien; on peut le faire précéder d'un adv.,
et dire : *des voix très-effrayantes.—On a vu
de pâles et hideux fantômes se promenant à
l'entrée de la nuit. Vu* est invariable, p-q.
le part. pas. accompagné du v. *avoir* est invariable toutes les fois que... *Se promenant*
est part. prés., parce qu'il attribue une action; il a un rég. dir.—*Pour comble d'horreur, on a vues des bêtes parlant, des rivières suspendant leur cours ; on a vu, dans
les temples, l'ivoire répandant des larmes, et
le bronze se couvrant de sueur. Vues,* dans
la première proposition, doit s'écrire..., et
s'accorder avec..., p-q. le part. pas. joint à
aux. *avoir* est invariable toutes les fois que
... Dans la seconde proposition *vu* est invariable, p-q... *Parlant* est part. prés., p-q.
...; on peut le changer en un autre t. du v.,
et dire : *On a vu des bêtes* PARLER. *Suspendant, répandant et couvrant* sont...., p-q...
—*L'Éridan, ce roi des fleuves, se débordant
avec furie, roula dans ses flots les forêts dé-*

racinées. *Débordant* est..., p-q... *Déraci-*
nées s'accorde avec...., p-q.....

112. *Les campagnes furent ravagé, les*
étables furent entraîné avec les troupeaux.
Ravagé et *entraîné* doivent s'écrire..., p-q...
—*Long-temps les entrailles des victimes n'o*
offertes que des signes funestes. Il faut écrire
offert, p-q...—*Long-temps les sources, au*
lieu d'eau, n'ont donné que du sang. Donné
est invariable, p-q...—*Long-temps les villes*
ont retenti toutes les nuits d'affreux hurle-
mens de loups. Retenti est invariable, p-q...
—*Jamais les comètes flamboyantes n'avaien*
annoncées aussi fréquemment la colère des
dieux. Annoncées est variable et s'accorde
avec..., p-q. le part. pas. joint au v. *avoir*
s'accorde avec son rég. dir. quand...,.—
Aussi les plaines de Philippe ont-elles vu,
pour la seconde fois Romains contre Ro-
mains combattans avec les mêmes armes e
se perçans des mêmes traits. Vues s'accorde
avec..., p-q... Combattans et *perçan*
sont adj. verbaux, p-q...; on peut tourner
combattans par un autre t. du v., et dire
combattre sans que le sens soit changé.—
Une seconde fois le ciel a vu sans pitié le
vastes champs de la Macédoine s'engraissa
de notre sang. Vu s'accorde avec...., p-q
Engraissant est adj. verbal, p-q...; il a u
rég. dir.

113. *Quels traits me pré*••• *vos fastes,* impitoyables conquérans !* Il faut dire : *pré-sentent*, p-q . . . — *Des vœux outré, des pro-jets vastes. Outré* est invariable, p-q . . . — *Des rois vaincus par des tyrans. Vaincus* est variable et s'accorde avec . . ., p-q . . . — *Des murs ravagé par la flamme. Ravagé* est in-variable, p-q . . . — *Des vainqueurs fumant le carnage. Fumant* est part. prés., p-q . . . ; on peut le faire précéder d'un adv., et dire *tout fumant.* — *Un peuple aux fers aban-donné. Abandonné* est variable et s'accorde avec . . ., p-q . . . — *Des mères pâles et san-glantes arrachantes leurs filles tremblantes. Arrachantes* est adj. verbal, p-q . . . ; il a un rég. dir. *Tremblantes* est adj. verbal, p-q . . . — *Des bras d'un soldat effréné. Effréné* est invariable, p-q . . . — *Dans le réduit obscur d'un alcove enfoncé s'élève un lit de plumes à grands frais amassé. Un* est au m., p-q . . . *enfoncé* est variable et s'accorde avec . . ., p-q . . . *Amassé* est variable et s'accorde avec . . ., p-q . . . — *C'est là que le prélat, muni d'un déjeuner, dormant d'un léger somme attendait le diner. Muni* est variable et s'ac-corde avec . . ., p-q . . . *Dormant* est part. prés., p-q . . . ; on peut le faire précéder de la particule *en.*

114. *On voit à l'horizon, des deux points opposé, des nuages montant dans les airs embrasé. Opposé* est invariable, p-q . . . ;

Montant [illegible] t. prés., p-q. . . ; on peut le
remplacer par un autre t. du v., et dire
monter. *Embrasé* est invariable, p-q. . . —
*D'un tonnerre éloigné le bruit s'est fait en-
tendre.* *Éloigné* est variable, et s'accorde
avec. . ., p-q. . . — *Les flots en ont frémi,
l'air en est ébranlé.* *Frémi* est variable et
s'accorde avec. . ., p-q. le part. pas. joint au
v. *avoir* est invariable toutes les fois que. . .
Ébranlé est variable et s'accorde avec *air* qui
est du m., p-q. . . — *Et le long du vallon le
feuillage a tremblé.* *Tremblé* est variable et
s'accorde avec. . ., p-q. . . — *Les monts ont
prolongé ce lugubre murmure.* *Prolongé*
est variable et s'accorde avec *murmure*, p-q.
le part. pas. s'accorde toujours avec son rég.
dir. quand. . . — *Echo l'a répété.* *Répété* est
invariable, p-q. le part. pas. s'accorde. . .
avec. . . — *Et toute la nature s'est couverte
à l'instant d'un voile plein d'horreur.* *Couverte* est variable et s'accorde avec le pro. se
représentant *nature*; p-q. le part. pas. joint
au v. *être*, mis pour *avoir*, s'accorde avec
son rég. dir., quand. . . *S'est couverte* est mis
pour : *a couvert soi.*

115. *Cette douce paix sans laquelle l'âme
demeure toujours serré et flétri au milieu
des délices, l'avez-vous jamais sentie? Serré*
et *flétri* sont invariables, p-q. . . *Sentie* est
invariable, p-q. le part. pas. joint à. . . —
Non, répondit-il, je ne l'ai jamais connue.

connu est variable et s'accorde avec...., p-q. — Ce part. pas, accompagné du v. *avoir* s'accorde toujours avec son rég. dir., quand il n'est précédé. — *Mon âme était sans cesse agité de nouveau désirs. Agité* est variable et s'accorde avec...., p-q.. — *J'ai toujours tâché de m'étourdir moi-même par l'ébranlement de mes passions. Tâché* est variable et s'accorde avec son suj. *je*, p-q... — *Ceux qui m'entouraient ont toujours eus soin d'entretenir cette ivresse, pour la rendre continuelle. Eus* est variable et s'accorde avec son suj. *ceux qui m'entouraient*, p-q... — *Le moindre intervalle de raison m'aurait causée trop d'amertume. Causé* est variable et s'accorde avec *amertume*, p-q. le part. pas. s'accorde avec son rég. dir., quand... — *Voilà la paix dont j'aie jouie. Jouie* est variable et s'accorde avec *la paix*, p-q. le part. pas. joint à l'aux. *avoir* s'accorde toujours avec son rég. dir., quand... — *Voilà les biens que j'ai possédés. Possédés* est variable et s'accorde avec *les biens*, p-q. le part. pas. s'accorde avec son rég. dir. toutes les fois qu'il en est précédé.

116. *Il regrettait ainsi les années qu'il avait vécu sur la terre. Vécu* est invariable, p-q. le part. pas. d'un v. neu. joint à l'aux. *avoir* est toujours... — *Il pleurait, comme des hommes lâches qui ont été amolli par les prospérités, et qui n'ont jamais été accou-*

tumé à supporter un malheur. *Amolli* est
invariable, p-q... *Accoutumé* est variable
et s'accorde avec..., p-q... — *Il avait auprès de lui quelques esclaves à qui on avait
donnée la mort pour honorer les funérailles.
Donnée* est variable et s'accorde avec *la mort,*
p-q... — *Mercure les avait livré à Caron
avec leur roi. Livré* est variable et s'accorde
avec *Mercure,* p-q. le part. pas. joint à l'aux.
avoir... — *Il leur avait donné une puissance
absolue sur ce roi, qu'ils avaient servis sur
la terre. Donné* est invariable, p-q. le part.
pas. joint à l'aux. *avoir* est invariable toutes
les fois que... *Servis* est variable et s'accorde avec..., p-q... — *Ces ombres d'esclaves ne craignaient plus l'ombre de ce Na-
bopharsan autrefois si redouté. Redouté* est
invariable, p-q... — *Elles la tenaient enchaînés et lui faisait les plus cruelles indigni-
tés. Enchaînés* est variable et s'accorde avec
ces ombres représentées par le pro. *elles,*
p-q. le part. pas. sim. s'accorde avec le suj.
qu'elles qualifient.

117. *Pluton était assis sur un trône d'é-
bène. Assis* est invariable, p-q... — *Son visage était pâle et sévère, ses yeux creux et
étincelant. Étincelant* est part. prés., p-q.
... ; on peut le faire précéder de l'adv. *très.*
— *Son front ridé et menaçant. Menaçant* est
adj. verbal, p-q... — *La vue d'un homme
vivant lui était odieuse. Vivant* est adj. verb.

..., p-q...; on peut le faire précéder de l'adv. *encore.* — *A son côté paraissait Proserpine, jouissante d'une beauté toujours nouvelle. Jouissante* est adj. verbal, p-q...; on peut, sans changer le sens, le remplacer par un autre t. du v., et dire : *elle jouissait.* — *Mais elle paraissait avoir joint à ces grâces divines je ne sais quoi de dur et de cruel. Joint* est invariable, p-q... — *Au pied du trône était la Mort pâle et dévorante, avec sa faux tranchante qu'elle aiguisait sans cesse. Dévorante* et *tranchante* sont des adj. verbaux, p-q... — *Que de têtes elle avait abattu pendant les dix années qu'avait durées le siége de Troie. Abattu* est invariable, p-q... le part. passé joint à l'aux. *avoir* est invariable toutes les fois qu'il n'est pas précédé de son rég. dir. *Durées* est variable et s'accorde avec *années,* p-q. le part. pas. d'un v. neu., joint à l'aux. *avoir,* est toujours...

118. *Là on voyait aussi voltiger les noirs soucis qui n'ont jamais dormi. Dormi* est invariable, p-q. le part. pas. d'un v. neu. joint à l'aux. *avoir* est toujours invariable. — *Les cruelles défiances, les vengeances tout dégouttant du sang qu'elles ont versées, et tout couvertes des plaies qu'elles ont reçues. Dégouttant* est part. prés., p-q...; il est précédé de l'adv. *tout. Versées* est variable et s'accorde avec *vengeances,* p-q. le part. pas. joint à... s'accorde avec son rég. dir., quand... *Reçues* est variable et s'accorde avec..., p-q... On doit écrire *toutes,* et non pas *tout,* p-q. *tout,* quoique adv., varie quand...—*Les chaines chargées d'injustices. Chargées* est variable et s'accorde avec..., p-q... — *L'avarice qui s'est rongé elle-même. Rongé* est invariable, p-q. le part. pas. joint à l'aux. *être* mis pour *avoir* est invariable toutes les fois qu'il n'est pas précédé de son rég. dir. — *Le désespoir qui s'est déchiré de ses propres mains. Déchiré* est variable et s'accorde avec le pro. *se* représentant *le désespoir,* p-q...—*L'ambition entourée de débris, symboles des ruines qu'elle a fait. Entouré* est variable et s'accorde avec..., p-q... *Fait* est variable et s'accorde avec..., p-q...

119. *La trahison s'abreuvante du sang qu'elle a versée. Versée* est variable et s'accorde avec *trahison,* p-q... *Abreuvante* est adj. verbal, p-q... — *Et ne pouvant jouir des maux qu'elle a faite. Pouvant* est part. prés., parce qu'il attribue une qualité, et qu'il a un rég. dir. qui est le v. *jouir. Faite* est variable et s'accorde avec..., p-q. le part. pas. joint à l'aux. *avoir* s'accorde avec... toutes les fois que... — *L'envie, qui, après avoir versée son venin mortel autour d'elle, s'est tourné en rage, lorsqu'elle a vue l'impuissance où elle était de nuire. Versée* est variable et s'accorde avec..., p-q. le

part. pas. joint au v. *avoir* s'accorde avec...
lorsque... *Tourné* est invariable, p-q. le
part. pas. joint au v. *être* mis pour le v.
avoir... *Vue* est invariable, p-q. le part.
pas. joint au v. *avoir* est invariable toutes
les fois que...—*L'impiété qui s'est creusé
elle-même un abime sans fond, où elle s'est précipité sans espérance. Creusé* est invariable,
p-q. le part. pas. joint au v. *être* mis pour
avoir est invariable toutes les fois qu'il n'est
pas précédé de son rég. dir. *Précipité* est
variable et doit s'accorder avec..., p-q...

120. *Philosophes insensés ! quelle est
donc cette justice dont vous vous êtes tant
vantée ? Vantée* est variable et s'accorde
avec..., p-q. le part. pas. joint au v. *être* mis
pour *avoir*... — *Vous n'avez manqués à
aucun devoir envers les hommes, qui ne sont
rien. Manqués* est variable et s'accorde avec
..., p-q... — *Mais vous vous êtes plus à
rapporter toutes vos vertus à vous-même et
non aux dieux qui vous les ont donnés.
Plus* est variable et s'accorde avec..., p-q.
... (remarquez que *plaire* est un v. neu).
On doit écrire *mêmes*, et non pas *même*, car
même est adj. et par conséquent s'accorde
avec..., p-q...—*Vous avez jouis seuls du
fruit de vos vertus. Jouis* doit s'écrire sans *s*
et être invariable, p-q. le part. pas. des v.
neu. est...—*Vous vous êtes réjouis au-de-
dans de vous-même de ce que vous n'étiez*

pas comme le reste des hommes. Réjouis variable et s'accorde avec..., p-q...—*Vo...* *vous êtes complus dans votre sagesse. Co...* *plus* est variable et s'accorde avec..., p-q... —*Vous avez voulu être votre propre div...* *nité. Voulu* est variable, p-q. le part. pas... suivi immédiatement d'un infi. est invari... ble quand...

121. *Mais les dieux que vous avez cru* *accommoder à vos vains systèmes, ont de...* *droits auxquels ils n'ont pas renoncés. Cru...* est invariable, p-q. le part. pas. suivi immé... diatement d'un infi. est invariable quand... son rég. est l'infi. suivant. *Renoncés* est va... riable et s'accorde avec..., p-q. le part... pas. des v. neu. est toujours... = *Toute...* *les choses qu'ils ont fait, ils les ont fai...* *pour eux-mêmes. Fait* est..., p-q...— *Vous les avez oublié; ils vous oublieront...* *Oublié* est invariable, p-q...— *Vous serez* *livrés à vous-mêmes, puisque vous ave...* *voulu être à vous et non pas à eux. Livré...* est variable et s'accorde avec..., p-q... *Voulu* est variable, p-q...— *Vous voilà a...* *jamais séparés des hommes, auxquels vou...* *avez voulus plaire. Séparés* est variable e... s'accorde avec..., p-q... *Voulus* est va... riable et s'accorde avec..., p-q. le part... pas suivi d'un infi...— *Vous voilà seul...* *avec vous-mêmes, qui étaient vos idoles.* Il... faut dire *étiez*, p-q. le pro. est de la mêm...

...rs. que... — *Apprenez que la véritable vertu n'est pas, comme vous l'avez crue, celle qui a pour motif une vaine ostentation, mais celle qui a son principe dans le respect et l'amour des dieux.* Crue est invariable, p-q. le part. pas. accompagné du v. *avoir* qui a pour rég. dir. le pro. *le* mis pour une proposition est toujours...

122. *Cette apparence de vertu par laquelle les hommes s'étaient laissé séduire, et que vous avez cru vous-mêmes que les dieux récompenseraient, va être confondue.* Laissé est invariable, p-q. le part. pas. joint au v. *avoir* et suivi immédiatement d'un infi. est invariable quand... Cru est invariable, p-q. le part. pas. entre deux *que* est... Confondue est variable et s'accorde avec..., p-q... — *A ces mots, ces philosophes, comme frappés d'un coup de foudre, ne pouvaient se supporter soi-mêmes.* Frappé est invariable, p-q... Il faut dire *eux-mêmes*, et non pas *soi-mêmes*, p-q. le pro. *soi* ne peut jamais remplacer les n. de mers., à moins que... — *La complaisance qu'il avait eu autrefois à contempler sa modération, son courage, et ses inclinations généreuses, est changée en désespoir.* Eu est invariable, p-q... Changée est variable et s'accorde avec..., p-q... — *Il n'a plus les jugemens des hommes l'opinion qu'il en avait conçu.* Conçu est invariable et s'accorde avec. . ., p-q. le part. pas. accompagné du v. *avoir* s'accorde avec son rég. dir. toutes les fois que. . . — *Les rayons perçans de la vérité commencent à venger la vérité qu'il a négligé de suivre. Négligé* est invariable, p-q. quand il y a une pré. entre le part. pas. et l'infi. qui suit, le part. reste invariable si. . .

123. *Louis XI eut tout le temps de détester sa perfidie, et de reconnaître que le peu de prudence qu'il avait eu l'avait précipité dans les fers. Eu* est invariable, p-q. quand *le peu* signifie *le manque,* il est invariable, parce qu'il s'accorde avec *le peu* qui ne varie pas. *Précipité* est invariable, p-q. . . — *La tour qu'il apercevait de ses fenêtres lui rappelait les jours que Charles-le-Simple avait vécus dans cette prison. Vécus* est variable, p-q. le part. pas. des v. neu. . . — *Le peu de religion qu'il avait conservée était corrompus par des superstitions ridicules. Conservée* est variable et s'accorde avec. . ., p-q. quand *le peu* signifie . . . *Corrompue* est variable et s'accorde avec . . ., p-q. quand *le peu* signifie. . . — *Malgré sa perversité, sa fidélité à garder sa parole jurée sur la vraie croix était plus grande qu'on ne l'aurait cru. Cru* est invariable, p-q. lorsque le part. pas. joint au v. *avoir* a pour régime dir. le pro. *le* mis pour. . . — *Il était persuadé que celui qui aurait violé un ser-*

...ent fait sur cette relique serait mort dans
l'année. *Persuadé* est..., p-q... *Violé* est
..., p-q... *Fait* est..., p-q... *Mort* est
variable et s'accorde avec..., p-q...

124. *Louis IX, que sa sagesse a fait choi-*
sir pour arbitre par Henri VIII et par ses
barons, leur a rendue la justice qu'ils en
avaient attendue. **Fait** est invariable, p-q.
e part. *fait* est toujours... **Rendue** est variable et s'accorde avec...,p-q... *Attendue*
est variable et s'accorde avec..., p-q. le
part. pas. joint au v. *avoir* s'accorde avec...
— *Le peu de jours qu'il a vécus dans les*
fers lui a été plus glorieux qu'on ne l'aurait
jamais cru. **Vécus** est variable et s'accorde
avec..., p-q. le part. pas. des v. neu...
Cru est invariable, p-q. le part. pas. joint
au v. *avoir* qui a pour rég. dir. le pro. *le* mis
pour une pré... Il faut dire: *lui ont été*, et
non pas *lui a été*, p-q. le v. qui a pour suj.
un col. part... — *Ses généraux se sont lais-*
sé entraîner par leur ardeur. **Laissé** est invariable, p-q. le part. pas. joint au v. *avoir*
et suivi immédiatement d'un infi. est invariable toutes les fois qu'il a pour rég...—
Malgré la défense qu'on leur avait entendu
faire par le roi, ils continuèrent à poursuivre
les fuyards. **Entendue** est invariable, p-q. le
part. pas. joint au v. *avoir* et suivi d'un infi... — *Leur perte arriva comme on l'avait*
prévu. **Prévu** est invariable, p-q. quand le

part. pas. a pour rég. dir. le pro. *le..*

125. *Camille voyant le peu de ferme*
que les plébéiens avaient montré à son égar
résolut de se bannir plutôt lui-même de Rom
que de voir la honte d'une condamnation a
tachée à son nom. Montré est invariable, p-q
quand *peu* signifie *le manque de*... *Atta*
ché est variable et s'accorde avec..., p-q..
— *Les malheurs qu'on avait prévus que l*
imprécations de Camille attireraient su
Rome, furent encore plus terribles qu'on n
l'avait craint. Prévu est invariable, p-q. l
part. pas. entre deux *que*... *Craint* est inva
riable, p-q...—*Le peu de paroles que Lou*
XIV avait dit contre les coiffures à plusieur
étages, avait suffi pour les réduire presqu
à rez-de-chaussée. Dit est invariable, p-q.
le *peu* signifie... *Suffi* est invariable, p-q.
Il faut dire *avaient,* et non pas *avait*, p-q..
— *Quoique, pendant quinze ans, les mor*
listes eussent attaqués ce luxe; quoiqu'o
les eût entendu déclamer contre ces colosse
ridicules, cependant ils n'en avaient pas en
levé une seule pièce; au contraire ils le
avaient vus croître d'année en année, d
mois en mois. Attaqués est variable et s'ac
corde avec..., p-q... *Entendue* est inva
riable, p-q. quand le part. est suivi imméd
diatement d'un infi... *Enlevé* est invariable
p-q... *Vus* est variable et s'accorde avec..
p-q. le part. pas. suivi d'un infi...

126. *Sous le règne de Henri IV, il s'est introduite en France une nouvelle plante connue sous le nom de tabac.* Introduite est variable et s'accorde avec *se*, représentant le subs. *plante*, p-q. le part. pas. des v. imp. est... Connue est variable et s'accorde avec... p-q... — *Les froids qu'il a fait en mil-huit-cent-douze ont causé la mort à une multitude de soldats français.* Fait est invariable, p-q... Causé est invariable, p-q... — *Qui pourrait calculer les richesses immenses qu'ont values à la France et les tapisseries des Gobelins, et les étoffes d'or, d'argent et de soie fabriquées à Lyon; et les glaces coulées à St-Gobain, et les porcelaines de Sèvres?* Values est variable et s'accorde avec..., p-q. quand *valoir* signifie *procurer*... Fabriquées est variable et s'accorde avec..., p-q... Coulées est..., p-q... — *Que de belles provinces une bravade a souvent coûté à un peuple.* Coûté est invariable et s'accorde avec..., p-q. quand *coûter* signifie *faire perdre*, son part. s'accorde avec... — *Les sommes immenses qu'ont coûté l'Hôtel des Invalides et l'Observatoire prouvent combien la France était riche sous Louis XIV.* Coûté est invariable, p-q...

127. *Les merveilles que vous avez entendues raconter du siècle de Louis XIV, ne surpassent-elles pas tout ce que vous avez lu de*

plus beau dans l'histoire des anciens conqué-
rans ? Entendues est variable et s'accor[de]
avec...., p-q. le part. pas. suivi d'un infi...
Lu est variable et s'accorde avec...., p-q. [le]
— *Richelieu et Mazarin ont été deux mini*-
tres immortels, le premier, de Louis XIII,
le second, de Louis XIV; mais ils ne se son[t]
pas ressemblé en tout. Ressemblé est invari[a]-
ble, p-q. le part. pas. des v. pron^{aux} form[é]
des v. neu...— *Les tableaux que vous ave[z]*
entendus louer par les connaisseurs repré-
sentaient les différentes circonstances d[u]
siège de La Rochelle. Entendus est variabl[e]
et s'accorde avec..., p-q. le part. pas. sui[vi]
d'un infi...— *A ces mots, ses larmes ont r[e]*
commencées à couler avec plus d'abondance.
Recommencées est variable et s'accorde ave[c]
..., p-q. le part. pas. est invariable tout[es]
les fois qu'il n'est pas précédé de son ré[g.]
dir. — *Je trouvai sur des tablettes qu'il av[ait]*
laissé tomber à mes pieds ce peu de mots
qu'il y avait écrits. Laissé doit être variab[le]
et s'accorder avec..., p-q. le part. pas. sui[vi]
d'un infi. est variable quand... *Ecrits* e[st]
variable et s'accorde avec. .., p-q. quand i[l]
peu signifie...

128. *Ceux qui ont abandonnée la reli-*
gion sont le moins libres et le plus malheu-
reux de tous les hommes. Croyez-en la tris[te]
épreuve que j'en ai fait dans les jours ora-
geux de mon incrédulité. Abandonnée e[st]

...riable et s'accorde avec *la religion*, p-q... Il faut dire: *les moins libres* et *les plus mal-heureux*, et non pas *le moins*, *le plus*, p-q. *Le* devant *plus*, *moins*, suivis d'un adj., n'est invariable que quand... *Fait* doit être va-riable et s'accorder avec..., p-q... — *Beau-coup d'hommes savans que vous avez enten-dus citer comme ennemis de la religion ca-tholique, lui ont au contraire rendu le plus bel hommage dans leurs écrits.* *Entendus* doit s'écrire sans *s* et être invariable, p-q. le part. pas. suivi d'un infi. est invariable, quand... *Rendu* est invariable, p-q... — *Peut-on douter des faits qu'une nation en-tière a entendu raconter comme s'étant pas-sés sous ses yeux.* *Entendu* est invariable, p-q. le part. pas. suivi d'un infi... *Passés* est variable et s'accorde avec..., p-q...

129. *Les preuves de la venue du Messie sont entre les mains des Juifs; mais ils ne les ont pas voulues reconnaître.* *Voulues* doit être invariable, p-q. le part. pas. suivi d'un infi... — *L'impiété que quelques auteurs tragiques ont affectée de semer dans leurs ou-vrages est une des causes qui a concourue à répandre l'irréligion.* *Affectée* doit être..., p-q. quand il y a une pré. entre le part. pas. et l'infi. qui suit... *Concourue* doit être..., p-q. le part. pas. des v. neu... Il faut dire *qui ont*, et non pas *qui a*, p-q. le pro. est du même nombre que... — *J'a-*

voue qu'Idoménée a faites de grandes faut...
mais, cherchez dans la Grèce, et dans le...
autres pays le mieux policé, un roi qui n'e...
ait pas fait d'inexcusables. *Faites* doit êtr...
..., p-q... Il faut dire *les mieux*, et no...
pas *le mieux*, p-q. *le* devant *mieux* n'est in...
variable que quand... *Policé* doit être...
p-q... *Fait* doit être..., p-q. le part. pa...
est..., toutes les fois qu'il n'est pas précéd...
dans la même proposition, de son rég. dir...
or le pro. *en* n'est jamais rég. dir. — *Quan...
les annales du monde ne nous auraient pa...
offert les preuves de sa nouveauté; la nou...
veauté des découvertes, dont les auteurs nous...
sont presque tous connus, nous en aura...
fournies d'assez éclatantes. Offert* doit être...
..., p-q... *Connus* doit être..., p-q...
Fournies doit être..., p-q...

130. *Pauvre Didon, où t'a réduit de te...
maris le triste sort ! Réduit* doit être...
p-q..., et que la place du suj. n'influe e...
rien sur l'accord. — *L'étude de la fabl...
vous a fait voir jusqu'à quelle folie l'erreu...
a conduit les hommes, et dans quelles té...
nèbres ont été plongé toutes les nations d...
la terre. Fait* doit être..., p-q. le part...
fait suivi d'un infi... *Conduit* doit être...
p-q... *Plongé* doit être variable et s'acco...
der avec..., p-q..., et que la place du suj...
n'influe en rien sur l'accord. — *Beaucou...
d'hommes ont eu assez de raison pour a...

...mer la vertu, mais n'en ont pas eue assez pour la pratiquer. Eû doit être..., p-q... Eue doit être..., p-q... — Que les passions dégradent ces mêmes êtres qu'a élevé et ennobli la raison ! Elevé et ennobli doivent être..., p-q... — Riccoboni a parlé avec force des funestes effets des spectacles, d'après l'expérience qu'il en avait fait lui-même. Parlé doit être..., p-q... Fait doit être..., p-q... — Les preuves de la haute antiquité du monde qu'on a voulues tirer des laves du Vésuve et de celles du mont Etna, sont contredites par les couches volcaniques trouvées dans les ruines d'Herculanum. Voulues doit être..., p-q... Contredites doit être..., p-q... Trouvées doit être..., p-q...

ARTICLE SEPTIÈME.

SYNTAXE DE L'ADVERBE.

131. *Le Styx est un fleuve qu'on trouve en allant dedans l'Enfer.* Il faut dire *dans* et non pas *dedans,* p-q. *dedans* est un adv. qui ne peut pas avoir de rég. — *Les alcyons sont des oiseaux marins qui ont la propriété de faire leurs nids dessus les flots de la mer.* Il faut dire : *sur les flots* et non pas *dessus,* p-q... — *Auparavant que d'arriver aux Enfers, il fallait passer les fleuves qui sont alentour de l'empire de Pluton, dedans une barque conduite par Caron.* Il faut remplacer les adv. *auparavant*, *alentour*, *dedans*, par les pré. *avant....*, *p-q...* — Souvent les incrédules montrent *davantage de crainte à la mort que les autres hommes*. *Davantage* doit être remplacé par *plus*, p-q. *plus* peut avoir un rég.; mais *davantage* ne peut pas en avoir. — *Il n'y a pas de fait dont les monumens sont davantage attestés que ceux du déluge*. Il faut remplacer *davantage* par *plus*, p-q. *plus* se met toujours entre deux membres de comparaison.—*Il faut plus tôt différer les instructions, que de les ordonner à contre-temps*. *Plus tôt* doit être remplacé par *plutôt*, parce qu'on emploie *plutôt* en un seul mot pour exprimer une préférence.

152. *Cet ouvrage autant intéressant que profond démontre combien la Providence est équitable dans ses voies*. Il faut remplacer *autant* par *aussi*, p-q. *autant* ne se joint ni aux adj., ni aux adv.—*Riccoboni, auteur et acteur tout à la fois, cet homme aussi expert et aussi distingué dans son art, nous assure que les sentimens qui seraient le plus corrects sur le papier, changent de nature en passant par la bouche des acteurs*. Il faut remplacer *aussi* par *si*, p-q. *aussi* ne s'emploie que pour exprimer une comparaison. Il faut dire : *les plus corrects*, et non pas *le plus corrects*, p-q. *le* devant *plus* n'est invariable que quand.... — *Nous*

...ons du grand Corneille une traduction en
vers de l'*Imitation de Jésus-Christ*, recom-
mandable par l'esprit de religion qui l'a
dicté plus tôt que par la poésie. *Dicté* doit
être variable et s'accorder avec..., p-q... *—*
On doit remplacer *plus tôt* par *plutôt*, parce
qu'on emploie *plutôt* pour exprimer une préférence. —*Rien n'est si édifiant que l'histoire
de la conversion de La Fontaine.* Il faut remplacer *si* par *aussi*, p-q. *si* ne s'emploie pas
pour exprimer un compar. — *Tout d'un
coup, sur le dos de la plaine liquide, s'élève
à gros bouillons une montagne humide.* Il
faut dire *tout-à-coup*, p-q. *tout-à-coup* doit
être employé pour signifier...

133. *D'Égypte et de Phénicie, l'idolâtrie
se répandit dedans l'Orient.* Il faut remplacer *dedans* par *dans*, p-q... — *Quand le
bœuf Apis mourait, l'Egypte entrait de
suite dans un deuil général.* Il faut dire *tout
de suite*, et non pas *de suite*, p-q. *tout de
suite* signifie *sur-le-champ*. — *L'obéissance
qu'on pratique dans les communautés,
étonne ceux qui ne peuvent comprendre que
des personnes libres se soumissent aussi aisément aux ordres d'un supérieur.* Il faut
dire : *se soumettent*; et non pas *se soumissent*, au sub., parce qu'on ne peut pas, sans
changer le sens,... ; au prés., p-q. le v.
rég. est prés. relativement à... Il faut remplacer *aussi* par *si*, p-q. *aussi* ne s'emploie

que pour... — *Mais cette obéissance n'empêche pas qu'on est libre.* Il faut dire *soit*
au sub., p-q...; au prés., p-q... Il faut
mettre une négation avant le v. *soit*, p-q. l.
v. qui suit le v. *empêcher* doit toujours être
précédé d'une négation. — *Auparavant que
d'étudier les humanités, il faut étudier les
langues.* Il faut remplacer *auparavant* par
avant, p-q. *auparavant* ne peut pas...

134. *La lecture des auteurs ne peut être
utile, à moins que, dans le commencement,
on s'attache à la juste signification des
mots.* Il faut dire : *on ne s'attache*, p-q. l.
v. qui suit la conjonction *à moins que* doit
être précédé de la négation *ne*. — *Je ne doute
point que ce que nous ne voyons point soit
incomparablement plus beau que ce que
nous voyons.* Il faut dire : *ne soit*, p-q. l.
négation *ne* doit précéder le v. qui suit le
v. *douter* accompagné de... — *Je loue l'ardeur pour l'étude dedans un Origène, lorsque je remarque que c'était le désir qu'il avait
d'éclaircir l'Ecriture qui lui fit entreprendre
d'aussi grands travaux, et que ce n'est que
pour combattre les passions qu'il s'est instruit aussi profondément de tout ce qu'il
pouvait savoir.* Il faut remplacer *dedans*
par..., p-q... Il faut remplacer *aussi*
par..., p-q... — *Je ne doute point
qu'il y ait une méthode d'étudier propre à
tout le monde.* Il faut dire : *qu'il n'y ait*,

parce qu'on doit mettre la négation *ne* avant
le v. qui suit *douter* accompagné d'une négation. — *Il est impossible qu'on s'attache à
des choses qui paraissent des minuties, à
moins qu'on envisage certaines questions
dont on cherche l'éclaircissement.* Il faut
dire : *qu'on n'envisage*, p-q. la négation *ne*
doit accompagner le v. qui...

135. *Auparavant de traduire cet ouvrage
en latin, il relut Cicéron en entier.* Il faut
remplacer *auparavant* par..., p-q... — *Il
ne suffit pas de ne pas faire de mal à personne, il faut faire tout le bien qu'on peut.*
Il faut dire : *de ne faire*, parce qu'au lieu de
ne pas on met seulement *ne* avant... — *Quoiqu'il est difficile de marquer les routes des
planètes dans le ciel, cela n'empêche pas
qu'on puisse en prédire le lever et le coucher.*
Il faut dire *quoiqu'il soit*, au sub., parce
qu'on met au sub. le v. qui... Il faut dire :
qu'on ne puisse, p-q. le v. qui suit le v. *empêcher*... — *Il y en a qui craignent que la
logique gâte l'esprit plus tôt que de le recti-
fier.* Il faut dire : *que la logique ne gâte*, parce
qu'on met la négation *ne* avant... Il faut
remplacer *plus tôt* par *plutôt*, p-q. *plutôt*
s'emploie pour exprimer une idée de... —
*Il n'est rien de si important comme d'allu-
mer dedans son cœur un grand amour pour
la vérité.* Il faut remplacer *si* par *aussi*, p-q.
aussi s'emploie pour... Il faut remplacer

comme par *que*, p-q. le second membr[e]
d'une comparaison s'unit au premier par...
Dedans doit être remplacé par *dans*, p-q...
— *Il est à craindre qu'une curiosité inutil[e]
inspire aux jeunes gens une ardeur déme-
surée pour les belles-lettres.* Il faut dire
n'inspire, p-q. le v. qui suit le v. *craindr[e]*
doit être...

136. *C'est faire perdre le temps à u[n]
jeune homme que de lui faire lire tous les anciens auteurs grecs et latins, avant qu'il n[e]
se soit fixé à une étude particulière où cett[e]
lecture est nécessaire.* Il faut dire: *qu'il se soi[t]*
p-q. la conj. *avant que* gouverne toujour[s]
un v. affirmatif. Il faut dire : *soit nécessaire*
au sub., p-q. quand l'adv. *où* peut être remplacé par cette phrase : *tel qu'il le faut pou[r]
que*, le v. suivant...; au prés., p-q...— *I[l]
n'est rien de si utile pour l'enseignemen[t]
comme de faire des questions avec méthode,
de manière que l'élève peut résoudre la première, et que la solution de la première conduit à la solution de la seconde.* Il faut dire
d'aussi utile, parce qu'*aussi* exprime... I[l]
faut remplacer *comme* par *que*, p-q. *que* doi[t]
unir... Il faut dire *puisse* et *conduise*, p-q.
quand *d[e] manière que* signifie *de la manièr[e]
qu'il faut pour*, le v. qui en est rég. se...Ce[s]
v. doivent être au prés., p-q... (Nota : n[e]
dite[s] jamais *de manière à ce que*; cette ex[-]
pression n'est pas française.) — *Pythagor[e]*

défendait à ses écoliers qu'ils ne parlent pendant cinq ans. Il faut dire: qu'ils parlassent, sans négation, p-q. le v. défendre...; au sub., p-q...; à l'impar., p-q...

137. *On ne peut blâmer les sciences, sans qu'on ne fasse tort à la gloire des saints qui les ont loué.* Il faut dire: *sans qu'on fasse,* et retrancher la négation, p-q. la conj. *sans que* gouverne toujours... *Fasse* au sub., p-q...; au prés., p-q... *Loué* doit être variable et s'accorder avec..., p-q... — *Il n'y a donc pas aucune justice à accuser la religion d'être ennemie des lumières.* Il faut retrancher *pas,* p-q., au lieu de *ne pas,* on met seulement *ne* avant... — *Saint Clément d'Alexandrie a lu les poètes, les historiens et les philosophes païens avec plus de soin qu'aucun auteur païen ne l'avait pas fait.* Il faut dire: *ne l'avait fait,* p-q., au lieu de *ne pas,* on met seulement *ne* avant... — *Je doute que le riche n'est pas heureux quand il n'emploie ses richesses à faire du bien.* Il faut dire: *je doute que le riche soit heureux,* p-q., quand *douter* n'est accompagné d'aucune négation... Il faut mettre *soit* au sub., p-q...; au prés., p-q... — *Le luxe est plus funeste qu'on croit.* Il faut dire: *qu'on ne croit,* parce qu'on met la négation *ne* avant le v. qui suit... — *Je n'y ai pas donné lieu, ni par mes sentimens, ni par ma conduite.* Il faut dire *je n'y ai donné,* parce qu'au lieu de *ne pas*, on met *ne* seulement avant....

138. *Comment peut-on mériter le resp*
d'autrui, sans qu'on n'en ait pour lui-mêm
Il faut dire: *sans qu'on en ait*; parce que l
conj. *sans que*....Il faut remplacer *lui-mêm*
par *soi-même*, parce qu'on se sert du pr
soi pour remplacer un n. désigné dans l
même phrase par...— *Quoique mes sen*
mens sont partagés, ils ne sont pas autr
pour vous qu'ils n'étaient avant mes nouveau
engagemens. Il faut dire: *soient partagés*, a
sub., p·q...; au prés., p·q... Il faut supprc
mer la négation *ne* avant le v. *étaient*, p·q
le v. qui suit *autre* ne doit pas être accon
pagné d'une négation quand le v. précéden
est lui-même négatif.—*Il faut faire un pac*
avec son imagination, pour ne pas lui pc
mettre jamais de s'égarer. Il faut dire: *po*
ne lui permettre, parce qu'au lieu de *ne p*
on met *ne* seulement....— *Job perdit to*
ses enfans tout-à-coup. Il faut rempla
tout-à-coup par *tout-d'un-coup*, parce qu'
emploie *tout-d'un-coup* pour exprimer...

139. *On a vu un général doué d'u*
aussi heureuse mémoire, qu'il disait tout e
suite les noms de tous ses soldats. Il fau
remplacer *tout de suite* par *de suite*, p·q.
suite s'emploie pour signifier...— *Ce secou*
arriva si à propos, qu'on ne put s'empêch
de reconnaître qu'il avait été envoyé par l

providence. Il faut dire *si fort à propos,* p-q. *ne peut se joindre....* — *Les philosophes qui se sont égaré au sein du christianisme sont plus coupables et moins conséquens que les sages de l'antiquité païenne, parce que ceux-ci ont abusés davantage des lumières que ceux-là en avaient reçu. Égaré* doit être variable, et s'accorder avec..., p-q... Il faut remplacer *ceux-ci* par *ceux-là,* et *ceux-là* par *ceux-ci,* p-q. *ceux-ci* marque les objets plus..., et *ceux-là,* les objets plus... *Abusés* doit être invariable, p-q... Il faut remplacer *davantage* par *plus,* p-q. *davantage* ne peut pas avoir de... Il faut dire : *n'en avaient,* parce qu'on met la négation *ne... reçu* doit être variable et s'accorder avec..., p-q ... — *Celui qui dit des choses intéressantes est toujours goûté, quand même il ne serait pas exact assez dans ses expressions.* Il faut dire : *assez exact,* p-q. l'adv. se place...

ARTICLE HUITIÈME.

SYNTAXE DE LA PRÉPOSITION.

140. *A travers des fables du paganisme, on trouve les traces de la religion que Dieu donna à Adam.* Il faut dire *à travers les fables,* p-q... — *Au travers les rochers la vapeur les précipite.* Il faut dire : ...; p-q... — *Ils s'arrêtent auprès de ces tombeaux antiques où des rois ses aïeux sont les froides*

reliques. Il faut remplacer *auprès* par *pr...*
parce qu'*auprès* suppose un sentiment d'a...
fection. — *La tendresse de Pollux vis-à-...*
Castor son frère, l'engagea à partager av...
lui l'immortalité. Il faut remplacer *vis-à-...*
par..., p-q... — *Entre toutes les énigm...*
que le Sphynx proposa, en voici que l'histo...
nous a conservé. Il faut remplacer *entre p...*
parmi, p-q. *entre* marque... *Conservé do...*
être variable et s'accorder avec...., p-q....
— *Il demanda à OEdipe quel était entre tou...*
les animaux celui qui avait quatre pieds a...
matin, deux à midi, et trois au soir. Il faut
remplacer *entre* par..., p-q... Il faut dire
quel est, et *qui a,* p-q. l'impar. ne peut in...
diquer... — *OEdipe lui répondit que cet ani...*
mal était l'homme, qui, dans l'enfance, se...
trainait dessus ses pieds et ses mains; dedan...
l'âge viril, se soutenait sur ses deux pied...
et, dedans la vieillesse, s'appuyait sur u...
bâton, qui lui servait de troisième pied. Il
faut remplacer *dessus* par *sur,* et *dedans pa...*
..., p-q... Il faut dire : *sur ses pieds et su...*
ses mains, en répétant la pré. *sur,* p-q. le...
pré. se répètent devant... Il faut remplacer
les impar. *était, se trainait, se soutenait, s'ap...*
puyait, servait, par..., p-q...

141. *Le chien est plein de zèle et d'ar...*
deur vis-à-vis de l'homme. Il faut rempla...
cer *vis-à-vis* par..., p-q. *vis-à-vis* ne s'em...
ploie jamais que pour... — *Elle court à tra...*

vers des bois avec un dard en main. Il faut dire : à travers les bois, p q. à travers veut ... — Nous passâmes au travers les écueils. Il faut dire : ..., p-q... — Les Dieux prennent séance dedans ce lieu, en face toute la nature. Il faut remplacer dedans par dans, p-q... Il faut dire : en face de, p-q. cette pré. veut un rég. indir. marqué de la pré. de. — Le Père des dieux, le Roi des hommes, assemble les Immortels dedans l'Olympe à l'entour du trône étoilé. Il faut remplacer dedans par..., p-q... Il faut remplacer à l'entour par..., p-q... — Vis-à-vis le fameux labyrinthe, proche les bords de la mer, était un vaste cirque. Il faut dire : Vis-à-vis du et proche les bords, p-q. Ces deux prépositions veulent ... — Parmi le plaisir de la fête, on entendit tout-d'un-coup un bruit confus. Il faut dire : au milieu du plaisir, p-q. parmi doit avoir pour rég... Il faut remplacer tout-d'un coup par..., p-q... — En quelque pays et quelque condition qu'on est, on est très-libre, pourvu qu'on craint les dieux et qu'on ne craint qu'eux. Il faut dire : et en quelque condition, parce qu'on doit répéter la pré. en devant. . Quelque doit être écrit en un seul mot, p-q... Il faut dire : qu'on soit, au sub.; p-q...; au prés., p-q.... Il faut dire : pourvu qu'on craigne, etc., et qu'on ne craigne, etc., au sub., p-q...; au prés., p-q...

ARTICLE NEUVIÈME.

SYNTAXE DE LA CONJONCTION.

142. *Les dieux ne veulent point qu'o*
les honore par la cruauté, et qu'on leur off
des sacrifices contraires aux lois de la na
ture. Il faut remplacer *et* par *ni*, parce qu'o
emploie cette conj. négative pour unir...
— *Il ne sait plus et où il est, et ce qu'il fai*
et ce qu'il doit faire. Il faut remplacer ce
trois *et* par *ni*, p-q... — *Idoménée reve*
nant à soi, les remercie de l'avoir arrach
d'une terre qu'il a arrosé du sang de so
fils, ni qu'il ne saurait plus habiter. Il fau
dire : *revenant à lui-même*, p-q. le pro. *s*
ne peut remplacer un nom de... *Revenan*
est part. pré., p-q... *Arraché* est variabl
et s'accorde avec..., p-q... *Ni* doit êt
remplacé par *et*, p-q,.. — *Il n'y eut que m*
qui espéra la victoire, et qui osa l'attaque
Il faut dire : *qui espérai, et qui osai*, p-q
le pro doit etre de la même pers. que...
Il faut remplacer *et* par *ni*, p-q... — *L*
douce vapeur du sommeil ne coule pa
plus doucement dans les yeux appesantis
dans tous les membres fatigués d'un homm
abattu, que les paroles flatteuses de l
déesse ne s'insinuaient pour enchaîner l
cœur de Mentor. Il faut remplacer *et* par *ni*
p-q. *ni* s'emploie pour unir les parties sem
blables d'une proposition négative. *App*

antis est variable et s'accorde avec ...,
p-q... Il faut retrancher la négation *ne*,
p-q. le v. qui suit *plus* ne doit pas être accompagné d'une négation quand...

143. *Plus on emploie de précautions
minutieuses pour conserver sa santé, et plus
on l'affaiblit.* Il faut retrancher *et* qui précède le second *plus*, parce qu'on ne doit
pas unir par la conj. *et* deux membres d'une
même période commençant l'un et l'autre
par *plus.* — *Si les enfans se fâchent quelquefois contre l'épine qui les a piqués, c'est
par ce qu'ils lui supposent de la méchanceté.*
Il faut écrire *parce que* en deux mots seulement, parce qu'on l'écrit de cette manière
quand il signifie *attendu que.* — *Il faut entretenir continuellement commerce avec les
personnes qui écrivent et qui parlent avec
justice, par ce que l'art de parler et de l'é-
criture est d'une très-grande nécessité.* Il
faut écrire *parce que* en deux mots seulement, parce qu'on l'écrit de cette manière
quand il signifie :. Il faut dire *l'art de
parler et d'écrire*, parce qu'on ne doit pas
unir par la conj. *et* des parties qui ne sont
pas semblables, ou des mots qui ne sont
pas de la même espèce.—*Parce qu'il voyait,
il jugea que ce qu'il ne voyait pas était encore incomparablement plus beau.* Il faut
écrire *par ce que* en trois mots, parce qu'il
l'écrit de cette manière quand il signifie *par
les choses que.* — *Quoiqu'un orgueilleux*

fasse, *il ne paraîtra jamais autre qu'il n'est réellement.* Il faut écrire *quoi que* en deux mots, parce qu'il s'écrit ainsi quand il signifie... Il faut dire : *autre qu'il est*, p-q. le v. qui suit *autre*...

144. *Plusieurs des rois furent d'avis qu'il fallait, dans le doute, sacrifier Acante à la sûreté publique : quand à Télémaque, cette politique lui parut inhumaine.* Il faut dire : *quant à*, p-q. *quant* s'écrit par un *t* quand il signifie *à l'égard de.* — *Télémaque obtint des rois, qu'on lui accorderait la vie, à cause qu'on la lui avait promise.* Il faut remplacer *à cause que* par... : *à cause que* est inusité. — *Il ne faut pas que les enfans s'aperçoivent qu'on se défie d'eux ni qu'on les observe.* Il faut remplacer *ni* par *et*, parce qu'on unit par la conj. *et* les propositions incidentes qui dépendent d'une principale affirmative ; or, *les enfans s'aperçoivent* est une proposition principale affirmative dont dépendent les deux incidentes qui suivent. — *La vraie dévotion ne consiste pas dans un air négligé et dans un habit brun.* Il faut remplacer *et* par *ni*, p-q... — *La religion est trop élevée pour être l'ouvrage de l'homme, quoiqu'en dise l'impiété.* Il faut dire *quoi qu'* en deux mots, p-q. c'est ainsi qu'il doit s'écrire quand il signifie. — *Qu'on est à plaindre quant on n'aime pas la vérité.* Il faut dire *quand* et non pas *quant*, p-q. ce mot s'écrit par un *d* s'il signifie... — *Quand à moi, il me sem-*

...le que je l'aimerai toujours. Il faut dire :
quant à moi, p-q... — *Quant même elle me
dirait les choses les plus dures*. Il faut écrire :
Quand même, p-q...

143. *Durant qu'Alexandre régna, Aristote reçut des grands honneurs*. Il faut remplacer *durant que* par..., p-q. l'usage ne
permet pas... Il faut dire DE *grands* et non
pas DES *grands*, p-q... — *Malgré que les
bonnes qualités d'Alexandre paraissaient na-
turelles, elles n'étaient pas moins dues à l'é-
ducation*. Il faut remplacer *malgré que* par
..., p-q... Au lieu de *paraissaient*, il faut
dire..., au sub., p-q...; à... (indiquez le
), p-q... — *Le sublime est aussi difficile à
saisir comme à définir*. Il faut remplacer
comme par..., p-q. les deux termes d'une
comparaison doivent être unis par... *Les élo-
ges outrés font autant de tort à celui qui les
donne, comme celui qui les reçoit*. Il faut remplacer *comme* par..., p-q... Il faut dire A *celui qui les reçoit*, p-q. la pré. *à* doit être répétée
devant chacun de ses rég. — *Devant que d'é-
tre roi, Louis XII avait été duc d'Orléans*. Il
faut remplacer *devant que* par..., p-q... —
*Parce qu'il répondit aux flatteurs qui l'en-
gageaient de se venger, on peut juger de sa
clémence*. Il faut écrire *par ce que* en trois
mots, p-q... Il faut dire : *qui l'engageaient
à*, p-q... — *Un moyen honnête d'augmenter
ses revenus, c'est le travail et d'épargner*. Il

faut dire : *c'est*...., p-q. les parties d'une proposition unies par la conj. *et* doivent être
semblables.

ARTICLE DIXIÈME.

SYNTAXE DE L'INTERJECTION.

146. *Holà! oh! descendez.* Il faut remplacer *oh!* par *ho!* p-q. ce cri, quand il sert
à appeler, s'écrit.... — *Ho! qu'est ceci? ma
femme est-elle veuve?* L'interj. *ho!* doit s'é-
crire :..., p q... — *N'approche pas, oh
mort! Oh mort! retire-toi!* Il faut remplacer
oh, par..., p-q... — *Ha! s'écrie la Tortue,
si j'étais, comme un Corbeau, d'ailes pour-
vue.* Il faut remplacer *ha!* par..., p-q... —
Ah! ah! vous voilà pris. Ah! ah! s'écrivent
ainsi, parce qu'ils marquent la surprise. —
O! que je suis heureux! O! s'écrit ainsi parce qu'il marque la joie. — *Etait-il honnête
homme? ho! non. Ho!* s'écrit ainsi, parce qu'il
est ici un cri de.. — *Ho! que d'écrits obs-
curs furent, en ce grand jour, de la poudre
tirés! Ho!* s'écrit ainsi, p-q... — *Ah! que je
suis trompé! Ah!* s'écrit ainsi, parce qu'il
marque la surprise.— *Oh rage! oh désespoir!
Oh perruque ma mie! n'as-tu donc tant vécu
que pour cette infamie?* Il faut remplacer
ces *oh!* par..., p-q... — *O vous, Iris, qui
savez tout charmer!* O s'écrit ainsi parce qu'il
sert ici à apostropher.

ARTICLE ONZIÈME.

SYNTAXE DE QUELQUES MOTS ISOLÉS.

147. *C'est à l'orateur à chercher dans son esprit des ressources pour nous intéresser.* Il faut dire *c'est à l'orateur de,* p-q. le sens est ici *c'est le devoir de l'orateur de* ...—*C'était à vous à suivre, au vieillard à monter.* Comme le sens est: *c'était votre devoir de suivre, c'était le droit du vieillard de monter,* il faut dire: ...—*Il lui tendit la main et l'aida à se relever.* Il faut dire: ... car *aider à quelqu'un,* c'est *agir avec lui pour* ...—*En badinant, elle avait l'air modeste et réservée.* Il faut dire: ..., p-q l'adj. qui suit *air* s'accorde avec ...—*Les sirènes avaient l'air douces; mais cette douceur apparente cachait un poison mortel.* Il faut dire: ..., p-q ...—*Vous avons plus d'obligation à des ennemis mordans qu'à des amis qui ont toujours l'air doux et agréables.* Il faut dire: ..., p-q ...—*Les chats ont l'air pleins d'amitié pour leur maître, mais ils sont ingrats et perfides.* Il faut dire: ..., p-q ...—*La Queue du serpent s'adressant à lupin lui dit: C'est à vous à commander qu'on ne laisse précéder à mon tour ma sœur la Tête.* Il faut dire: *c'est à vous de* ..., car le sens est: ...—*Le Bûcheron pria la Mort de l'aider à recharger son fagot.* Il faut dire: ..., p-q ...—*Plus tôt souffrir que mourir.*

Il faut écrire *plutôt,* p-q. ce mot s'écrit ainsi quand il désigne...

148. *La gloire de faire des heureux ano-* *blit davantage que celle de faire des con-* *quêtes.* Il faut remplacer *anoblit* par..., p-q. ce v. signifie ici... Il faut remplacer *davan-* *tage* par *plus*, p-q., entre deux membres de comparaison, on met *plus* et non pas *davantage.* — *La reine d'Espagne vient* *d'accorder un armistice aux Espagnols* *coupables de délits politiques.* Il faut rem-placer *armistice* par..., parce qu'il ne s'a-git pas d'une suspension d'armes, mais... *—A peine l'amnistie fut-elle expirée, que* *le combat recommença.* Il faut remplacer *amnistie* par..., p-q... — *Il n'y eut que* *deux ou trois des plus coupables qui furent* *exceptés de l'armistice.* Il faut remplacer ..., p-q... — *Le Renard assura le Coq* *qu'on avait conclu non seulement une am-* *nistie, mais un traité de paix entre les deux* *nations.* Il faut dire : *assura au coq*, p-q. ce v. signifie ici... *Amnistie* doit être rem-placé par *armistice*, p-q... — *La Fontaine* *sait tout anoblir ; les moindres personnages* *prennent de l'éclat sous son pinceau.* Il faut remplacer *anoblir* par..., p-q... — *Il y a un an que j'ai atteint à mon sixième* *lustre.* Il faut retrancher la pré. *à,* p-q. le v. *atteindre* signifie ici... — *J'ai tâché de* *mettre dans cette partie toute la diversité* dont j'étais susceptible. Il faut dire : ..., p-q. le sens est : *que j'avais le pouvoir d'y mettre.*

149. *La Peste susceptible d'enrichir en un jour l'Achéron.* Il faut remplacer *susceptible* par ..., p-q. cet adj. signifie ici ... — *Le sublime est aussi difficile à saisir comme à définir.* Il faut remplacer *comme* par ..., p-q ... — *Quand ce fut à Ulysse de parler, il s'exprima en ces termes.* Il faut dire : ..., p-q. le sens est : ... — *C'est à la religion seule à nous placer dans le chemin du bonheur.* Il faut dire *de nous placer*, p-q. le sens est : ... — *Durant le siége de Jérusalem par Titus, la famine devint si horrible, qu'on fouillât jusque dans les égouts et qu'on dévorât les ordures les plus infectes.* Il faut remplacer *durant* par ..., parce qu'on ne veut pas dire *pendant toute la durée du siége.* Il faut écrire *fouillât* et *dévorât,* p-q ... — *Il se réjouissait en pensant qu'il déjeunerait le lendemain avec un gâteau d'orge et avec du lait froid qu'on lui avait promis.* Il faut dire : ..., p-q ... — *Au moment où il disait : Ici ma lumière s'éteint, celui qui l'éclairait éteignit la chandelle, et l'orateur demeura muet.* Il faut dire : *celui qui lui éclairait,* p-q. ce v. signifie ici ... — *Les riches demeurent en ville pendant toute l'hiver, et ils passent l'été en campagne.* Il faut remplacer *pendant* par *durant,* parce qu'ici il signifie.... Il faut dire *tou*, et non pas *toute*, p-q.... Il faut dire *à campagne*, et non pas *en campagne*, p-q. le sens n'est pas qu'ils passent l'été à voyager, mais.... — *On a orné cet ouvrage de toutes les grâces dont il est capable.* Il faut remplacer *capable* par...., p-q...

150. *Ce qui empêche qu'on fasse des progrès dans l'étude, est le défaut de méthode.* Il faut dire *qu'on ne fasse*, p-q.. Il faut dire : *c'est le défaut*, p-q., lorsque le pro. *ce*, suivi d'une proposition incidente déterminative, est suj. de la proposition principale commençant par le v. *être*... — *Je vous promets que je suis innocent.* Il faut dire :...., p-q. *espérer* ne peut avoir pour rég. que... — *On a toujours vus les petits envier les grands.* *Vus* est variable et s'accorde avec...., p-q... Il faut remplacer *envier* par *porter envie*, p-q... — *Résistons à nos passions, et nous nous éviterons bien des regrets amers.* Il faut remplacer *éviterons* par..., p-q... — *Le roi fut à sa rencontre.* Il faut dire *alla à sa rencontre*, p-q. ... — *Ayons le courage de fixer la Mort en face, et elle cessera de nous effrayer.* Il faut remplacer *fixer* par...., p-q... — *Les lois de Dracon punissaient les fautes les plus légères avec la même sévérité qu'elles auraient fait les plus grands crimes.* Il faut dire : *qu'elles auraient puni*, p-q. le v. *faire* peut être employé à la place d'un v. précédent, quand il a un rég. dir. — *Socrate est fait empoisonner dans sa prison.* Il faut dire : *On fit empoisonner Socrate...,* p-q. *faire* au p. ne peut pas être suivi de... — *Je ne porte pas envie à ton bonheur.* Il faut dire : ..., p-q... — *J'ai de la peine à conduire cette chèvre ; elle ne fait que mettre bas deux petits, l'espérance de mon troupeau.* Il faut dire : *elle ne fait que de,* p-q. que le sens est...

151. *Un homme avait imaginé que ses jambes étaient de verre, et il vécut longtemps dans cette croyance.* Il faut dire : *s'était imaginé,* p-q. le sens est... — *En mille-trois-cents-quarante-huit, l'Europe, l'Asie, et l'Afrique fut infesté par une contagion sans exemple jusqu'alors, qui, dans quelques endroits, laissa à peine la vingtième partie des habitans.* Il faut écrire *mil,* p-q... *Cent* ne doit pas prendre la marque du pl., p-q... Il faut dire *furent,* au pl., p-q... Il faut remplacer *infesté* par..., p-q... Ce part. doit être variable et s'accorder avec.., p-q... — *Le philosophisme infeste tout par ses erreurs.* Il faut remplacer *infeste* par..., p-q... — *L'air vénérable du grand prêtre Jaddus en imposa tellement à Alexandre-le-Grand, qu'il se prosternât devant lui, et le combla de présens.* Il faut remplacer *en imposa* par...., p-q... On doit écrire *prosterna* et *combla* au prét.

déf., p-q. rien ne demande ces v. au su[b...]
— *Quand on est dans un danger émine[nt]
et qu'on n'a plus de ressource du côté d[es]
hommes, on lève les mains vers l'asile s[u-]
prême.* Comme il s'agit ici d'un danger o[ù]
l'on va périr à l'instant même, il faut rem[-]
placer... — *L'éclat qu'elle emprunte à [la]
vertu est bien plus grand que celui de s[a]
beauté.* Il faut dire : *qu'elle emprunte de*[...]
p-q...

152. *Toutes les actions des héros n[e]
sont pas des exemples à imiter.* Il faut rem[-]
placer *imiter* par.. , p-q... — *Le jury, e[n]
reconnaissant leur culpabilité, a déclar[é]
qu'ils n'étaient pourtant pas dignes de [la]
mort, parce qu'il y avait des circonstance[s]
atténuantes.* Il faut remplacer *qu'ils n'é[-]
taient pas dignes* par..., p-q... — *U[n]
maître doit toujours mêler la douceur avec l[a]
sévérité.* Il faut remplacer *avec* par..., p-[q.]
mêler doit être suivi de la préposition..[.]
quand il signifie... — *Avec mil propos in[-]
jurieux, il joignit les voies de fait.* Au lie[u]
de *mil* il faut écrire..., p-q... *Avec* doi[t]
être remplacé par..., p-q. quand *joindr[e]*
signifie... — *On eut beau observer à Ré[-]
gulus les tourmens auxquels il allait êtr[e]
livré en retournant à Carthage.* Il faut rem[-]
placer *observer* par..., p-q. le sens est [:]
on eut beau fixer l'attention. — *En me con[-]
formant à la volonté divine, je fais toujour[s]
ce qu'il me plait.* Comme le sens est : *je fai[s]

que je veux, il faut dire : ... — *On se
plaint que le temps soit court, on devrait
bien plus tôt se plaindre qu'on l'emploie si
mal.* Il faut dire *on se plaint de ce que, on
devrait se plaindre de ce que*, p-q. la chose
dont on se plaint et celle dont on devrait
se plaindre existent réellement. — *Un enfant
qui restait, prêt à périr comme elle.* Au lieu
de *prêt à*, il faut..., parce qu'on veut dire
qui sur le point de. — *On défendit aux
Suisses de chanter le ranz des vaches, parce que, en le chantant, ils se rappelaient
de leurs pays et désertaient.* Il faut dire :
..., p-q. le v. *se rappeler* ne doit pas être
suivi de...

153. *Il y a beaucoup de fables, dans la
mythologie, qui ont rapport avec les dogmes
catholiques et les faits de l'histoire sainte.* Il
faut dire : *ont du rapport*, p-q. cette expression est employée ici pour signifier... —
*Réunissons nos cœurs à nos voix pour chan-
ter les louanges de Dieu.* Il faut dire : *nos
cœurs ET nos voix*, p-q. le v. *réunir* ne doit
avoir que... — *Il ne te sert de rien d'être
marine; car quand tu serais sac, je n'appro-
verais pas.* Il faut dire :..., p-q. la chose
dont il s'agit n'est pas inutile par sa nature.
— *L'ancien et le nouveau Testament sont deux
histoires de J.-C.; la première a été écrite
avant les événemens, et la deuxième après.*
Deuxième doit être remplacé par *seconde*,

26

p-q... —*Euryale se joint à Nisus, et tous les deux ensemble vont chercher le chef de l'armée.* Il faut dire *tous deux*, parce qu'on veut dire ici *l'un avec l'autre.* — *C'est moi*, leur dit-il. *A ces mots, ils tombent à terre.* Il faut dire : *par-terre*, p-q... — *Tous ses sujets, tels qu'ils fussent, pouvaient s'adresser à lui*, au lieu de *tels qu'ils fussent*, il faut dire... p-q... —*J'en prends à témoins ces bois, ces prairies.* A *témoin* étant un adv. est invariable ; donc on doit écrire... — *Tous les méchans sont buveurs d'eau, témoins ceux qui périrent au déluge.* Au lieu de *témoins*, il faut écrire :..., p-q. quand *témoin* signifie... — *Telle spécieuse que soit cette preuve, elle est fausse ; car le déluge n'était point du goût des méchans.* Au lieu de *telle*, dites ..., p-q...

154. *Nos ancêtres, avant le milieu du sixième siècle, n'avaient pas de vitres ; ils les suppléaient par de petits carreaux de canevas ou de papier huilé.* Au lieu de : *ils les suppléaient*, dites :..., p-q... —*Quintus Fabius ployant sa robe : Je porte ici, dit-il, la paix et la guerre.* Il faut remplacer *ployant* par..., p-q... — *Le meilleur des rois succomba au fer d'un lâche assassin.* On ne doit pas dire AU *fer*, mais..., p-q... — *Tel moyen que l'on mette en œuvre pour se procurer le nécessaire ou le superflu, il faut toujours en revenir aux fruits de la terre et*

...x animaux. *Tel* doit être remplacé par...,
p-q...—*Les Egyptiens méprisaient la musique, parce qu'ils croyaient qu'elle ne serait à rien.* Il faut dire *qu'elle ne* SERT, parce qu'on ne doit pas employer l'impar. pour
exprimer un t. prés. *A rien* doit être remplacé par..., p-q. le sens est...—*L'autre se
couche à terre, fait le mort, tient son vent.*
Il faut dire *par-terre*, parce qu'il s'agit d'un
être qui touche habituellement à la terre.—
*Son nez meurtri le force à changer de lan-
gage: Ho! ho! dit-il, je saigne du nez.* Au lieu
de *ho! ho!* écrivez :..., p-q...Il faut dire
je saigne au nez, p-q. le sens est : *je perds
du sang par une partie extérieure du nez.*—
Les personnes inconstantes sont bonnes à rien.
Il faut dire :..., p-q. *rien* signifiant *aucune
chose* demande toujours une proposition négative.—*Lasse de parler, succombant à l'effort, la Mollesse soupire, étend les bras,
ferma l'œil et s'endormit. A* doit être remplacé par..., p-q...Il faut dire *ferme l'œil
et s'endort*, p-q...

FIN DES EXERCICES SUR LA SYNTAXE.

EXERCICES.

QUATRIÈME PARTIE.

L'ORTHOGRAPHE.

CHAPITRE PREMIER.

MANIÈRE D'ÉCRIRE LES MOTS.

ARTICLE PREMIER.

MANIÈRE D'ÉCRIRE LES SONS VOYELLES.

1. (Sur le n° 4.) Quoique l'on prononce comme s'il y avait *famme, solannel, anorgueillir*, cependant on doit écrire: *femme, solennel, enorgueillir*, p-q. dans ces mots le son *a* s'écrit par *e*. — On prononce: *ardamment, prudamment*, et l'on écrit: *ardemment, prudemment*, p-q. le son *a* s'écrit par *e* dans tous les adv. formés des adj. en *ent*. — On doit prononcer : *moa, emploa,* oane, boare, et l'on doit écrire : *moi*, *emploi*, *moine*, *boire*, p-q. le son *a* s'écrit par *i*, quand il est précédé du son *ou* écrit par *o*, avec lequel il forme diphtongue. — Il faut prononcer : *poalé*, *moalle*, *coaffe*, mais il faut écrire : *poële*, *moelle*, *coeffe*, p-q., quoique le son *a* forme diphtongue avec le son *ou* qui précède, il s'écrit par *e* dans ces mots. — Prononcez: *moáien*, *joaieux*, *roaier*; mais écrivez : *moyen*, *joyeux*, *royer*, p-q., si l'*i*, ayant le son de *a*, est immédiatement suivi du son *i*, alors l'*i* se change en *y* représentant les deux *i*. — On prononce : *Foa*, *Rocroa*, *Charleroa*, et l'on écrit : *Foy*, *Rocroy*, *Charleroy*, parce qu'à la fin de ces mots le son *a* s'écrit par *y*.

2. (Sur le n° 4.) Quoiqu'il faille prononcer *ommelette*, *solannité*, *hannir*, *nanni*, cependant on doit écrire :..., p-q... — On prononce *conséquamment*, *confidamment*, *fréquamment*, et l'on écrit :. ., p-q... On doit prononcer : *emploa*, *voa*, *poare*, *croare*, *panneau*, *toale*, et l'on doit écrire :..., p-q... — On doit prononcer : *poalée*, *poavr*, *moalleux*, *coaffeur*, *couanne*, et l'on doit écrire :..., p-q...—Il faut prononcer: *essaien*, *voaiage*, *emploaier*, *cotoaier*; mais il faut écrire : .., p-q. .—On prononce: *Valleroa*, *Ecomoa*, *Troa*, et l'on écrit:..., p-q... — On prononce comme s'il y avait

anorgueillir, *famme*, *nanni*, *solanniser* *hannissement*, *indamnite*; mais on doi écrire : ..., p.-q... — Prononcez : *pru damment, conséquamment, diligeamment* et écrivez :..., p-q... — Prononcez : *moa toa, loa croax*, je *voas, toalette, soagneux devoar, pouvoar*; mais écrivez : ..., p-q . — On prononce : *poale, poalon, moalle moallon, moalleux, coaffe, coaffer, couan neux*, et l'on écrit :..., p-q... — On doi prononcer ; les *Troaiens, loaier, joaieux* nous *croaions*; mais il faut écrire : ... p-q...

5. (Sur le n° 5.)Quoiqu'on prononce *feseur*, nous *fesons*, je *fesais*, *contrefesant* cependant il faut écrire : *faiseur*, nous *fai sons*, je *faisais*, *contrefaisant*, p-q. le son muet s'écrit par *ai* dans tous les t. du v. *fair* et de ses composés où il est suivi d'une syl labe commençant par *s*.—On prononce *euil euilleton*, et l'on écrit *œil, œilleton*, p-q dans ces mots le son *e* muet s'écrit par *œi* —On prononce : *euf, beuf*; mais on écrit *œuf, bœuf*, p-q. dans ces mots le son *e* muet s'écrit par *œu*.—On doit prononcer : *fesant* nous *fesions*, je *refaisais*, il *refesait*, vou *défesiez*, ils *contrefesaient*; mais on doi écrire : ..., p-q... — Prononcez : *euillet euillade, euillère, euille*; mais écrivez :... p-q...— On prononce : *euf, beuf*, et l'on

rit :..., p-q...—On prononcera *feseuse*, *surfesais*, nous *contrefesons* ; mais on écrira :..., p-q...

4. (Sur le n° 6.) On doit prononcer comme il y avait : *éguille*, *éguière*, *éguiser* ; mais on doit écrire :..., p-q... — On doit prononcer : *j'é*, *j'allé*, je *marché*, *j'auré*, je *renré*, et l'on doit écrire :..., p-q... —Il faut prononcer *péis*, *péisan*, *abbéie*, *effréier*, et il faut écrire :..., p-q... —Il faut prononcer : *althéa*, *égilops*, *égiphile*, *Enéis*, et cétéra ; mais il faut écrire :..., p-q... — Que l'on prononce : *écuménique*, *écophore*, *édèbe*, *ésophage* ; mais que l'on écrive :..., p-q... — On prononcera : *héduque*, *éténoir*, *péne*, et l'on écrira :..., p-q... — On prononcera : *Célan*, *célanite*, et l'on écrira :..., p-q... — Prononcez *éguillon*, *éguillonner*, *ésselle*, *que*, et écrivez :..., p-q... — Prononcez : je *seré*, je *liré*, je *assé*, je *trouvé* ; mais écrivez :..., p-q... On prononce : *péisage*, *aiguéier*, *défréier* ; mais on écrit :..., p-q... — On prononce : *symphéa*, *Palémon*, et l'on écrit :..., p-q...

5. (Sur le n° 6.) On doit prononcer comme il y avait : *édémère*, *écuménique*, *Édipe*, *Sécilie*, *fétus*, *cécum*, *Kénigsberg* ; mais on doit écrire :..., p-q... — On prononce : *pérénaire*, *sézain*, *sézaine* ; mais on écrit :..., p-q... — On prononce : *Séssel*, *séier*,

séieur, et l'on écrit : . . ., p-q. . . — On doit prononcer : *afféblir*, *éguade*, *éguillon*, *fénéantise*, et l'on doit écrire : . . ., p-q. . . — On doit prononcer : *j'é*, *je parlé*, *je rendré*, mais on doit écrire : . . ., p-q. . . — Il faut prononcer : *aiguéier*, *bordéier*, *débléier*, *dépéiser*, *péisanne*; mais il faut écrire : . . ., p-q. . . — Il faut prononcer comme s'il y avait : *égilops*, *paléothérium*, *paléozoologie*, *égiphile*, et il faut écrire : . . ., p-q. . . — Prononcez : *écuménicité*, *énanthe*, *énéléum*, *cécale*, *cénoptère*, *phénicure*, *triécie*, *schénanthe*; mais écrivez : . . ., p-q. . . — Prononcez : *péné*, *héduque*, *rénaire*, et écrivez . . ., p-q. . .

6. (Sur le n° 7.) Quoiqu'on prononce comme s'il y avait : *ède*, *ègre*, *abèsser*, *affère*, *bèser*, *brèse*, *bienfèt*, *clèr*, *dédègner*; cependant il faut écrire : . . ., p-q. . . — Il faut prononcer : *attrèiant*, *balèier*, *délèier*, mais il faut écrire : . . ., p-q. . . — On prononce : *èra*, *èri*, *Bombè*, *Courtrè*, *Douè*, *Gournè*; mais on écrit : . . ., p-q. . . — On prononce : *balène*, *empègne*, *ensègne*, *pène*, *sègle*, *rène*; mais on écrit : . . ., p-q. . . — On doit prononcer : *grassèiement*, *grassèieur*, *Avèron*, *Bellè*, *Jersè*, *bè*, *dè*; et on doit écrire : . . ., p-q. . . — Il faut prononcer : *apparétre*, *Beauvès*, *biès*, *fantèsie*, *délè*, *engrès*, *glève*, *huitène*, *grèsse*, *lèdeur*, *lèt*, *librère*, *mèson*, *ordinère*; mais il faut écrire :

..., p-q... —Prononcez : *Èien, èiène, ba-ier, crèion, effrèiant, essèier, rèier, pèier, entrèieur*, et écrivez :..., p-q...

7. (Sur le n° 7.) On doit prononcer : *Éper-è, Corlè, Aulnè, Gallowè, Grè, Paraguè, Lèback, lèetier, vèvode*, mais on doit écrire : ..., p-q... — On doit prononcer : *balènier, ensègner, rensègnement, nège, Sègnelay, sène*, et on doit écrire :..., p-q... — On prononcera : *grassèiement, boké, Cussè, Lambè, Fernè, Tavernè*, mais on écrira : ..., p-q... —On prononce : *lièson, lètage, règreur, mètre, douzène, cymèse, terminè-son*, mais on écrit :..., p-q... — On doit prononcer : *èiant, balèieur, effrèier, es-sèier, monnèier, pèiable, délèier, crèion*, et l'on doit écrire : ..., p-q... — On pro-nonce : *Bavè, Bombè, Cerné, La Hèe, Lassè, Marguè, Stenè, lèetier*, mais on doit écrire :..., p-q... — Prononcez: *bègnet, ensègnement, nège, pègne, tègne*, et écrivez: ..., p-q... — Il faut prononcer : *grassèier, s'mancè, bè, Èmet, Focognè, Ènezat, Lède, slussè*, mais il faut écrire :..., p-q...

8. (Sur les nᵒˢ 8 et 9.) Quoiqu'on prononce comme s'il y avait: *acolite, analise, anonime, aione, Bisance, cilindre, Egipte, hidre*, cependant on doit écrire : ..., p-q... — Prononcez : *agneó, oiseó, couteó, troupeó*, et écrivez :..., p-q...—On doit prononcer:

ôberge, ôcun, ôdace, ôrore, côse, dôphin,
mais écrivez :…, p-q… — On doit prononcer : *duomvir, duomvirat, triomvir, cen-*
tomvir, et on doit écrire :…, p-q… — On
doit prononcer : *rhom, pensom, maximom,*
compendiom, Capharnaom, et on doit écrire :
…, p-q… —On prononce : *Breslô, Brisgô,*
et on écrit :…, p-q… — Il faut prononcer :
licée, Lion, Nanci, mistère, Poissi, sime-
trie, phisique, ieux, zéphir; mais il faut
écrire :…, p-q… — Il faut prononcer
comme s'il y avait : *ôssi, ôstère, Otriche,*
Beôvais, bôdet, chôd, et il faut écrire :…
p-q… — Prononcez : *peô, nouveô, veô,* et
écrivez :…, p-q…

9. (Sur les nᵒˢ 8 et 9.) On prononce *com-*
pendiom, opiom, maximom, rhom; mais on
écrit :…, p-q… — On prononce : *Mittô,*
Passô, Sobieslô, Brisgô; mais on écrit :…,
p-q… — On prononce : *Cirus, hidromel,*
himen, himne, phisique, sillabe, Siracuse,
Sirie, tirannie, Jonne, Tir; mais on écrit :
…, p-q… — Que l'on prononce : *sureté,*
cerceô, terreô, beô; mais que l'on écrive :
…, p-q… — On doit prononcer : *ôditeur,*
ôssitôt, ôssi, chôffer, débôche, défôt, épôle,
fôteuil, Guillôme, guimôve, jônc, nôfrage,
et l'on doit écrire :…, p-q… — On doit
prononcer : *té-déom, albom, maximom,*
opiom, et l'on doit écrire :…, p-q… —
On prononcera : *dinastie, cinique, azime,*

imbale, *hidre*, *higromètre*, *sinonime*, *sis-*
ème, *tipographie*; mais on écrira :..., p-q...
— Prononcez : *ôtel*, *ôtant*, *ôtrefois*, *chôx*,
ôcher, *fôvette*, *gôfrier*, *gôche*, *lôrier*, *pré-*
ôtion, *sôver*, *vôtour*; mais écrivez :...,
p-q...

10. (Sur les n°s 11 et 12.) Quoiqu'on pro-
once comme s'il y avait : des *beufs*, *maneu-*
re, *meurs*, *euvre*, *neud*, *seur*, *veu*, *euvé*,
ependant on doit écrire :..., p-q...—On
rononce : *Neuton*, *Neu-York*, *Neucastle*,
Neubury, *Neu-Jersey*, et l'on écrit :...,
p-q... — On doit prononcer : *moua*, *toua*,
houax, *nouax*, je *vouas*, *louin*, *besouin*,
ouale; mais on doit écrire :..., p-q... —
On prononce et on écrit : *bivouac*, *douane*,
ouaille, *ouaille*, *babouin*, *bédouin*, p-q.
ans ces mots le son *ou* s'écrit par *ou*, quoiqu'il forme diphtongue avec le son *a* ou *in*.
—On prononce: *Ouallon*, *Ouavignies*, *Cou-*
er, *Gallouay*, *Long-ouy*, *Ouaterloo*; mais
on écrit :..., p-q... — Prononcez : *bou-*
ouk, *Liverpoul*, *bout*; mais écrivez :...,
p-q... — On prononce : *maneuvrer*, *déseu-*
rement, des *eufs*, des *beufs*, *keur*, *Mer-*
eur, et l'on écrit :..., p-q... — Il
aut prononcer : *neutonien*, *Neu-Market*,
Neuport, et il faut écrire :..., p-q... —
On prononce : la *loua*, le *bouas*, le *chouax*,
e *vouas*, *j'envouae*, *souin*, *louin*, *fouin*,
oualée, *moualleux*; mais on écrit :..., p-q.

. . .—On prononce et on écrit : *bivouaque*, *douanier*, *fouage*, *fouailler*, *jouailler*, *ou-ter*, *pouacre*, *Bédouin*, *bouin*, p-q . . .— Prononcez : *Ouahabis*, *ouïgh*, *ouisk*, *Qua-court*, et écrivez : . . ., p-q . . .— Prononcez : *bout*, *sloup*, *kangurou*, *Liverpoul*, mais écri-vez : . . ., p-q . . .

*11. (Sur le n° 13.) Quoiqu'on prononce comme s'il y avait : *prudant*, *conséquant*, *saintemant*, *sentimant*, *diligeammant*, *ser-pant*; cependant on doit écrire : . . ., p-q . . .—On prononce et on écrit : *écran*, *en-fant*, *pourtant*, *faisan*, *méchant*, parce qu'à la fin de ces mots le son *an* s'écrit par *an*.—On doit prononcer : *prudance*, *con-séquance*, *sentance*, *pénitance*, *conférance*, *confidance*; mais on doit écrire : . . .; p-q . . . — L'orthographe de *aisence*, *abon-dence*, *allience*, *chence*, *Frence*, *méde-sence*, *nuence*, *instence*, est vicieuse, p-q . . . — On prononce : *alantour*, *amande*, *attandre*, *avanture*, *commancer*, *antoure*, *insansé*, et l'on écrit : . . .; p-q . . . — On prononce comme s'il y avait : *Adan*, *anbas-sadeur*, *anbition*, *chanp*, *canpagne*, *lan-pe*, mais on écrit : . . ., p-q . . . — Pro-noncez : *assanblée*, *anbouchure*, *anprunter*, *tanple*, *tanpéte*, *tanps*, et écrivez : . . ., p-q . . . — On écrit : *ambition*, *empêche-ment*, *rompre*, *humble*, *important*, et non pas *anbition*, *enpéchément*, *ronpre*, *hunble*,

...portant, p-q... — On doit prononcer :
nomant, souvant, couvant, présant, traite-
mant, égalemant, embrasemant ; mais on
doit écrire : ..., p-q...

12. (Sur le nº 13.) On prononce et on
écrit : *adjudant, ambulant, attenant, banc,*
cependant, chaland, diamant, encan, plan,
gourmand, inconstant, instant, partisan,
p-q... — On prononce : *pénitance, dé-*
nance, potance, résidance ; mais on écrit :
..., p-q... —On n'écrira pas : *abondence,*
assistence, connaissence, complaisence, dé-
fience, délivrence, tolérence, outrence, vigi-
lence ; mais on écrira : ..., p-q... — Prononcez : *attantion, consantir, androit, an-*
gloutir, anrichir, antrer, insansible, intan-
tion, rante, vandre, ranvoyer, suspandre,
vandre ; mais écrivez : ..., p-q... — On
doit prononcer comme s'il y avait : *anbas-*
sade, anbiguité, anphibologie, canphre,
chanbre, Fécanp, lanbeau, Sanson ; mais
on doit écrire : ..., p-q... — On prononcera : *anbarras, anbouchure, anbuscade,*
anbrasser, anpereur, contanpler, ranporter,
Luxanbourg, vraisanblable ; mais on écrira : ..., p-q... — On n'écrira pas : *can-*
ser, enpire, inposer, onbre, hunblement ;
mais on écrira : ..., p-q... — Au lieu d'é-
crire : *Dumbar, embompoint, bombon, bom-*
bonnière, on écrira : ..., p-q...

13. (Sur le n° 13.) On doit prononcer : *souvant, parant, momant, concurrant, talant, vant* ; mais on doit écrire : ..., p-q... — Au lieu d'écrire : *pétulent, méchent, paysen, prépondérent, tyren, Séden, vigilent,* on écrira : ..., p-q... — Il faut prononcer : *présance, sentance, consciance, audiance* ; mais il faut écrire : ..., p-q... — On n'écrira pas : *avence, délivrence, jouissence, Numence, plaisence, prestence, séence, souffrence* ; mais on écrira : ..., p-q... — On doit prononcer : *apprandre, augmanter, charpantier, consantir, ancore, angrais, antrailles, extansion, intervantion, pansion* ; mais on doit écrire : ..., p-q... —Prononcez : *banbou, chanpignon, canpagne, lanbris, Panpelune, canp* ; mais écrivez : ..., p-q... — Prononcez : *anplâtre, ranplir, tanpe, septanbre, tanps,* et écrivez : ..., p-q...

14. (Sur le n° 14.) Quoiqu'on prononce comme s'il y avait : *sintaxe, sincope, larinx, sindic, sphinx, linx, sinthèse, laringé, sindérèse* ; cependant il faut écrire : ..., p-q... —On prononce : *examin, spincer, Mintor, Binjamin, aginda, Bingale, Binder* ; mais on écrit : ..., p-q... —On prononce : *anciin, biin, entretiin, citoyin, moyin, européin, galiléin,* et l'on écrit : ..., p-q... — Prononcez : *Linberg, Gothinbourg, pinphi-*

...us, *sinpiternel*, *Wurtinberg*, *Nurinberg*; mais écrivez : ..., p-q... —On doit prononcer : *dain*, *essain*, *étain*, *fuin*, *inpôt*, *imbécile*, *sinple*; mais on doit écrire : ..., p-q... — On doit prononcer comme s'il y avait : *linphe*, *Olinpe*, *sinphonie*, *sinbole*, *sinpathie*, *thin*, *sinptôme*, mais on do't écrire : ..., p-q... Que l'on prononce : *sincoper*, *sinchrone*, *sinchronique*, *sinchronisme*, *sindesmographie*, *sindicat*, *sindesmologie*; mais que l'on écrive : ..., p-q... — On prononcera : *Agin*, *binjoin*, *Maringo*, *insiforme*, *méminto*, *sinsorium*; mais ou écrira : ..., p-q...

15. (Sur le n° 14). On doit prononcer comme s'il y avait : *chiin*, *soutiin*, *je viins*, *je viins*, *doyin*, *européin*, *vandéin* ; mais on doit écrire : ..., p-q... —Il faut prononcer : *Linverg*, *sinpervirins*, *sinpiternel*, *Nurinberg*; mais il faut écrire : ..., p-q... —Prononcez : *main*, *fain*, *inposer*, *sinplicité*, *pinprenelle*, *inbre*, *binbelotier*, *linpide*; mais écrivez : ..., p-q... — Il faut prononcer : *linphatique*, *olinpiade*, *sinbolique*, *sinpathie*, *tinpaniser*, *tin*, *sinpode*, *sinphyse*, et il faut écrire : ..., p-q... — On doit prononcer comme s'il y avait : *sinchondrose*, *laringotomie*, *sinchronisme*, *sindic*, *sincrèse*, *linx*, *sphinx*, *sinthèse*; mais on doit écrire : ..., p-q... — On prononcera : *examin*, *binzoate*, *Binder*,

effindi, pintandrie, blinde, mais on écrira
..., p-q...—On prononcera : *soutiin, riin*
chrétiin, citoyin, européin, nazaréin, et l'on
écrira :..., p-q... — Prononcez : *sinpiter*
nel, Linberg, pinphigus, et écrivez :..., p-q
... — Prononcez : *dain, étain, inposition*
sinplifier, inplorer, inportant, inprimer, mai
écrivez :..., p-q...—On doit prononcer
olinpe, sinbole, sinptôme, et on doit écrire
..., p-q...

16. (Sur les n_os 15 et 16.) Il faut prononcer : *conte, contesse, conpter, Billon, pré-*
non, renon, viconte, Donremy, Donfront
mais il faut écrire :..., p-q...—Prononcez
sonbre, corronpre, tonbeau; mais écrivez
..., p-q... — On doit prononcer comme
s'il y avait : *Donbar, Fonchal, fongine, fon-*
gus, ponch, le Sond, onciforme; mais on doit
écrire :..., p-q... — On doit prononcer
onbilic, Donbarton, résonption, ronb, et l'on
doit écrire :..., p-q... — On prononcera
parfun, hunble, hunblement; mais on écrira
..., p-q... — Prononcez : *Condon, Don-*
front, Donremy, Franche-Conté, surnon,
et écrivez :..., p-q... — Prononcez: *son-*
bre, ronpre, tronpette, nonbre, mais écrivez
..., p-q...—On doit prononcer : *noncupa-*
tif, nondinales, Tongstate, onzaine, onguis;
mais on doit écrire :..., p-q... — On prononcera : *Donfries, ronb, lonbago,* et l'on
écrira :..., p-q...

RÉCAPITULATION.

17. Il faut prononcer : *anorgueillir*, *hannir*, *nanni*, *solanniser*, *fammelette*; mais il faut écrire :..., p-q... — On doit prononcer : *prudamment*, *confidamment*, *patiamment*, *conséquamment*, *fréquamment*, et l'on doit écrire :..., p-q... — On prononce : *voar*, *loa*, *moane*, *boas*, *recevoar*, *soa*, *concevoar* ; mais on écrit :..., p-q... — On prononcera : *moalle*, *coaffer*, *poalon*, *poalier*, *couanne*, *couanneux* : et l'on écrira :..., p-q... — On prononce et on écrit : *douane*, *douanier*, *ouate*, *ouater*, *pouacre*, *rouanne*, p-q... — Prononcez : *ploaier*, *emploaier*, *citoaien*, *noaier*, *fossoaier*, *nettoaier*, *moaien* ; mais écrivez :..., p-q... Quoique l'on prononce : le *Crotoa*, *Launoa*, *Bucquoa*, *sernoa*, *Tavoa*, *Yvoa*, cependant il faut écrire : ..., p-q... — On prononce : tu *refesais*, je *surfesais*, vous *fesiez*, nous *contrefesons*, vous *refesiez* ; mais on écrit :..., p-q... — Il faut prononcer : *euillade*, *euil*, *euillet*, *euillère*, *euilleton*, *euillé* ; mais il faut écrire :..., p-q... — On doit prononcer : *seur*, *cheur*, *neud*, *déseuvrement*, *maneuvre*, et l'on doit écrire :..., p-q...

18. Prononcez : *éguiser*, *éguille*, *égayer*, *éguillonner*, *égu* ; mais écrivez :..., p-q... — On prononcera : j'é, je *chanté*, je *finiré*, je *mangé*, je *recevré* ; mais on écrira :...,

p-q...—Quoique l'on prononce : *défréier,*
aiguéier, reguéioir, effréier, bordéier, péis
béguéier, cependant il faut écrire : ...,p-q.
...—On doit prononcer : *égilops, paléozoö-*
logie, Enéis, et cétéra, égiphile; mais on
doit écrire : ...,p-q. ;.—Que l'on prononce
écuménique, Édipe, édème, énas, Kénigs-
berg, cécale, fétus; mais que l'on écrive : ...
p-q...—Il faut prononcer : *héduque, été-*
gnoir, péner, rénaire, sézaine; mais il faut
écrire : ..., p-q...—On prononcera : *Célan,*
célanite, Séssel, séier, séieur; mais on écrira
..., p-q... — On prononce : *abèsser, arè-*
gnée, délè, funtèsie, futène, hène, lèt, mè-
ségner, trèner, vinègre; et l'on écrit : ...
p-q... — Prononcez : *délèier, frèieur,*
rèion, rèionner, rèiure, balèier; mais écrivez
..., p-q...—On doit prononcer : *Bavè, Brè-*
sur-Seine, Fumè, Courtrè, Cernè, Clèmore,
Nozè, Stenè, vèvode, et l'on doit écrire : ...
p-q...

19. Que l'on prononce : *balène, empègne,*
rène, rène-claude, sègle, rensègnement, sè-
gneur, sène, sèze, tègne, vène; mais qu'on
écrive : ..., p-q...—On doit prononcer :
grassèier, dè, Cussè, Èmet, Faucognè, Jussè,
Jersè, Lède, Mangabè, et l'on doit écrire : ...
p-q...— Quoique l'on prononce : *analise,*
Apocalipse, Attigni, cigne, hidromel, hidro-
pisie, martir, mister, piramide, tiran, ieux;
cependant il faut écrire : ..., p-q...—Pro-

noncez : *anneó, carreó, corbeó, hameó, peó,*
ceó; mais écrivez : . . ., p-q . . . — On prononce et on écrit : *argot, bobo, bravo, coco,*
zogo, incognito, ordo, numéro, primo, Qua-
rimodo, zéro, p-q . . . — Il faut prononcer :
óbe, óberge, Oguste, Otriche, beóme, chó-
dron, gófre, levrót, móvais, ravódage, sóle,
tópe; mais il faut écrire : . . ., p-q . . . — On
doit prononcer : *centomvir, duomvir, cœcom,*
factom, oléosaccharom, rhom, té-déom; mais
on doit écrire : . . ., p-q . . .

20. On prononce : *Ambló, Bresló, Brisgó,*
Kóchau, Mittó, Passó, et l'on écrit : . . ., p-q.
. . — Qu'on prononce comme s'il y avait :
les *beufs, déseuvré, maneuvre, meurs, Mon-*
seur, neud, euvé, euvre, seur, Vandeuvre, et
qu'on écrive : . . ., p-q . . . — Il faut prononcer : *Beudley, Keurol, Neuton, Neu-York,*
Neu-Jersey, Neuport; mais il faut écrire :
. ., p-q . . . — On doit prononcer : *fouin,*
pouint, je reçouas, moua, toua, pouax, moual-
le, pouale; mais on doit écrire : . . ., p-q . . . —
On prononce et on écrit : *alouate, douane,*
ouailler, louange, ouater, rouanne, babouin,
bédouin, bouin, p-q . . . — On prononcera :
Ouailly, Long-ouy, ouahabis, ouiski, Oua-
terloo, czarouitz; mais on écrira : . . ., p-q . . .
— On prononce : *Buckou, Couper, Mirou,*
Moscou, Zembrou; mais on écrit : . . ., p-q.
. . . — Prononcez : *bout, boubouk, Liver-*

poul, kangurou, sloup, groum; et écrivez
..., p-q...

21. Il faut prononcer: *dant, vant, lant,
serpant, tourmant, saintemant;* mais il faut
écrire:..., p-q...— N'écrivez pas: *géent,
odorent, intendent, instent, vigilent, mon-
tent;* mais écrivez: ..., p-q...— On prononce: *compétance, absance, prudance,
Providance, pénitance, présance;* mais on
écrit:..., p-q...— L'orthographe de *complaisence, distence, inconstence, lence, quit-
tence, vigilence,* est vicieuse, p-q...—Que
l'on prononce: *amande, consantir, anfer,
angelure, pansion, santinelle;* mais que l'on
écrive:..., p-q...— On prononce comme
s'il y avait: *Adan, banbin, canp, cranpe,
franboise, lanpe, Sanson;* mais on écrit:...,
p-q...— On prononcera comme s'il y avait:
*anbarcation, anpeigne, contanpler, prin-
tanps, tanpe, tanps;* mais on écrira: ...,
p-q...

22. On ne doit pas écrire: *anbition, en-
péchement, inportant, ronpre, hunble;* mais
on doit écrire:..., p-q...— N'écrivez pas:
*Dumbar, bombon, bombonnière, embom-
point, Mariembourg;* mais écrivez:..., p-q
...— Prononcez: *sintaxe, sphinx, linx,
pharinx, sindic, sindesmographie;* mais
écrivez: ..., p-q...— Il faut prononcer:

Binjamin, examin, appindice, indécasyllabe, néminto ; mais il faut écrire :..., p-q...—On prononce : riin, citoyin, soutiin, européin, galiléin, nazaréin ; mais on écrit :..., p-q. ...—On prononcera : Gothinbourg, sinpiernel, sinpervirens, Linberg, pinphigus ; mais on écrira :..., p-q...—On prononce : tain, étain, fain, Reins, inprimeur, inpresion, inpuissant ; mais on écrit :..., p-q... —Que l'on prononce : linphe, sinbole, tinpaniser, ninphe, thin ; et que l'on écrive :..., p-q...— On doit prononcer : conpter, Conlon, non, renon, Rion, viconte mais on doit écrire :..., p-q...—Quoique l'on prononce : Donbar, noncupatif, ponch, Tongstate, le Sond, onciforme ; cependant il faut écrire : ..., p-q...—Prononcez : Donbarton, Donries, résonption, lonbago, ronb ; et écrivez : ..., p-q...— Il faut prononcer : parfun, unble, hunblement ; mais il faut écrire :..., p-q...

ARTICLE SECOND.

MANIÈRE D'ÉCRIRE LES SONS CONSONNES.

23. (Sur les nᵒˢ 19, 20 et 21.) Quoiqu'on prononce comme s'il y avait : medzanine, medzo-tinto, medzo-terminé, cependant on doit écrire :..., p-q...— Il faut prononcer : alfabet, apòstrofe, camfre, blasfème, amfithéâtre, filosofe, filosofie, diftongue, daufin, pitafe, profète, sfère, hémisfère, frase ; mais il faut écrire :..., p-q...— On doit

prononcer: *segond*, *segonde*, *segondement*, mais on doit écrire: ..., p-q...—Prononcez: *dragme*, mais écrivez: *drachme*, p-q...—On prononcera: *fisique*, *lymfe*, *fénix*, *éléfant*, *frénésie*, *sofisme*, *Westfalie*, *télégrafe*, *tyfus*, *lithografie*, *farmacie*, *sténografie*, *fisicien*, *fthisie*; mais on écrira: ..., p-q...—Prononcez: *segondaire*, *segondement*, *segonder*, et écrivez: ..., p-q,...—Prononcez: *atmosfere*, *cacografie*, *orthografe*, mais écrivez:..., p-q.

24. (Sur les n°s 20 et 23.) On doit prononcer comme s'il y avait: *amfibie*, *amfibologie*, *apostrofer*, *cacofonie*, *catastrofe*, *daufin*, *métafore*, *pamflet*, *Fébus*, *Filippe*, *sofisme*, *symfonie*; mais on doit écrire:..., p-q...— On prononcera: *assugettir*, *congecture*, *dégeuner*, *engeu*, *intergection*, *Géricho*, *Gésus*, *geudi*, *geter*, *geune*, et l'on écrira: ..., p-q...—Il faut prononcer: *emfuse*, *eufonie*, *géografie*, *hémisfere*, *paragrafe*, *parafrase*, *Faraon*, *filosofe*, *Frygie*, *triomfer*; mais il faut écrire: ..., p-q...—On doit prononcer: *intergeter*, *Gemmapes*, *Gersey*, *mageur*, *obget*, *suget*, *traget*, *magesté*, *geûner*, *geu*, *geudi*; mais on doit écrire: ..., p-q...—On doit prononcer: *métafore*, *farisien*, *fénomène*, *falange*, *séréfin*, *Diadelfie*, *télégrafe*; mais on doit écrire: ..., p-q...—Prononcez: *Gérusalem*, *ogection*, *geter*, et écrivez: ..., p-q...

25. (Sur le n° 24.) Quoiqu'on prononce comme s'il y avait : *ark, alambik, kaduk, koko, kabaret, rok* ; cependant on doit écrire : ..., p-q... — On prononce : *Dunquerque, quilo, quilogramme, quilomètre, Péquin, Yorque, quirielle,* et on écrit : ..., p-q... — On doit prononcer : *Abimélek, Antiokus, Antékrist, Akéloüs, Baruk, kaos, koriste, Melkisédek, orkestre* ; mais on doit écrire : ..., p-q... — Prononcez : *cok, Bellock, cink,* mais écrivez : ..., p-q... — Il faut prononcer comme s'il y avait : *Afrike, Amérike, asiatike, fabrike, gotike, italike, kinket, kinze, kiste, Kimper, risk, katre, kittance* ; mais il faut écrire : ..., p-q... — On prononcera : *kestion, ackitter, kille, kéte,* et l'on écrira : ..., p-q... — Il faut prononcer comme s'il y avait : *kangrène, kangrené,* et il faut écrire : ..., p-q... — On prononcera : *bourk, touk* ; mais on écrira : ..., p-q...

26. (Sur le n° 24.) Il faut prononcer : *kube, kuir, kouteau, koutil, komment, kompagne, sak, kakografie, kakologie* ; mais il faut écrire : ..., p-q... — On prononcera : *Dantzicque, quilolitre, quilostère, quirsch-wasser, Quan, quyrié, Lecque, looque, Neckuer,* et l'on écrira : ..., p-q... — On doit prononcer : *Amélek, arkange, krétien, chréteau, Jériko, Hénok, Lamek, Makabées, polytecknique, Zurick, Kersonèse,* et on doit écrire : ..., p-q... — Il faut prononcer : *cok,*

cink, et il faut écrire : ..., p-q... — Pronon
cez : *kestionner, kerelle, kelkefois, kincaillie
kiconque;* mais écrivez : ..., p-q... — O
doit prononcer ; *alphabétike, canonike, c
vike, électrike, équivoke, cloake, logike, park
kai, koi, kolibet, kalifier, Kasimodo, kinke
théorike ;* mais on doit écrire : ..., p-q... —
Il faut prononcer : se *kangrener, kangreneu
et il faut écrire : ..., p-q...

27. (Sur le n° 24.) On doit prononce
comme s'il y avait : *Mark, ark, pik, koko
Kadillak,, kakologie ;* mais on doit écrire
..., p-q... — Il faut prononcer : *quilo, c
dilesquer, Dunquerque, Cremlin, Crapac
looque, Péquin, wisqui, quilogramme ;* ma
il faut écrire : ..., p-q... — Il faut prono
cer : *arkiépiscopal, anakorète, Akaïe, B
ckus, Kaldée, korus, kaos, Eukaristie, M
nik, Melkior, Terpsikore,* et il faut écrire
..., p-q... — On doit prononcer : *acad
mike, asiatike, barke, despotike, kand., kar
katrin, keue, kotient, preske, kantité, k
tal, rustiké ;* mais on doit écrire : ..., p-q
—Prononcez : *kangrène, kangrené, kang
neux,* se *kangrener,* et écrivez : ..., p-q...
— Que l'on prononce comme s'il y avait
*kalkul, konkours, konklusion, konkret, k
nonikat, chok, suk, Luk, Marok ;* mais qu
l'on écrive : ..., p-q... — On prononcer
*quilo, mariquina, Nanquin, Péquin, Quan
quilomètre,* et l'on écrira : ..., p-q... — Il

faut prononcer : *Akéloüs, akores, anakro-
nisme, Kaldéen, koriste, Hénok, Lamek,
Jésus-Krist, Misak, Nabukodonosor, orkestre, Zurik;* mais il faut écrire :..., p-q...
— Prononcez : *bankette, barke, domestike,
évangélike, fabrike, kalifier, kartier, kolibet, soliloke;* mais écrivez :..., p-q...

28. (Sur le n° 26.) On doit prononcer
comme s'il y avait : *quili-e, chenili-e, bouteli-e, pali-e, batali-e, cali-e, médali-e;* mais
on doit écrire :..., p-q... — Il faut prononcer : *bali-e, bétali-e, émali-e, soupirali-e,
travali-e, soleli-e, appareli-e, cerfeuli-e, chevreuli-e, deuli-e, orgueli-e, accueli-e;* mais
il faut écrire :...,p-q... — On prononcera :
*murali-e, andouli-e, quenouli-e, détali-er,
empali-er, cali-ou, brouli-on, brouli-er,
feuli-e, recueli-ir, bouli-ir, bouli-on;*
mais on écrira :..., p-q... — Prononcez :
*périli-e, avrili-e, bercali-e, épouvantali-e, co-
rali-e, gouvernali-e, éveli-e, pareli-e, somme-
li-e, vieli-e, deuli-e, fauteli-e;* mais écrivez:
..., p-q... — Il faut prononcer : *ali-eurs,
meli-eur, conseli-er, vieli-ir, veli-e, merve-
li-e, empouli-e, groseli-e, jali-ir, bastili-e, vri-
li-e, brili-er;* mais il faut écrire :..., p-q...—
Que l'on prononce: *ali-e, camali-e, vermeli-e,
éveli-e, fauteuli-e, receuli-e, périli-e;* mais
que l'on écrive:...,p-q... — On prononcera:
*vili-age; brili-ant, chevili-e, brouli-ard, sili-on,
vali-ant;* mais on écrira:..., p-q...

28

29. (Sur le n° 31.) Il faut prononcer cencé, pencer, perçonne, pencion, verciō, vercer, et il faut écrire :..., p-q... — On prononce : absès, acsélérer, acsessit, séder sèdre, seinture, sélèbre, selui, et on écrit ..., p-q... — On doit prononcer comme s'il y avait : obéissanse, confianse, nuanse, prudense, sentense, connaissanse, sciense, puissanse, souffranse; mais on doit écrire ..., p-q...—On prononce et on écrit : offense, danse, dispense, défense, dépense, p-q... — On prononcera : acquiessement, adolessence, assendant, desseller, dessendre, dissiple, dissipline, sseau, ssène, ssience, ssélérat, ssiatique; mais on écrira :..., p-q... — Il faut prononcer comme s'il y avait : Alenson, amorsoir, Brianson, étanson, garson, le-son, fa-son, cura-sao, Lu-son, re-su gla-son; mais il faut écrire :..., p-q... — Prononcez argucieux, balbucieux, démocracie, essenciel, minucie, pacient, et écrivez :..., p-q...—Prononcez : accion, porcion, obligacion, fraccion, acquisicion, mocion, et écrivez :..., p-q... — On prononce et on écrit dispersion, diversion, expulsion, rétorsion, submersion, version, p-q...

30. (Sur le n° 31.) Quoiqu'on prononce comme s'il y avait : Mèts, Rodès, Ambès, Sénès, Badajos, cependant on doit écrire ..., p-q... —On doit prononcer : dice, sice, Aice, Aucerre, aucerrois, Auçonne; mais

n doit écrire :...., p-q... — Il faut prononcer : *cein, ceigneur, celon, cémer, ci-
ner, cimple, çatin, çatire, çaut, çortir,
çouvent, çuperbe*, et il faut écrire :..., p-q...
— On doit prononcer : *acsent, acsident, a-
ier, a-side, auda-se, ansien, amorse, ber-
ceau, capa-sité, sentre, siel, sili-se, sing* ;
mais on doit écrire :..., p-q... — On prononce : *confianse, puissanse, prudense, sentense, absense* ; mais on écrit :..., p-q...
— L'orthographe des mots *dance, offence,
dispence, défence, dépence, récompence,
contredance, trance*, est vicieuse, p-q...—
On prononce *acquiesser, adolessent, Assen-
tion, assendant, abssène, sseptre, indissi-
pline, fassination, ssélératesse, ssientifique*;
mais on écrit :..., p-q... — On doit prononcer : *cale-son, fa-sade, hame-son, lima-
son, ranson, garson, persant, inssu, forçat* ; mais on doit écrire :..., p-q...— Prononcez : *argucie, aristocracie, Helvécie,
inepcie, minucie, parcialité, pacience, pro-
piciatoire* ; mais écrivez :..., p-q...

34. (Sur le n° 31.) Il faut prononcer
comme s'il y avait : *porcion, proporcion,
accion, accionner, obligacion, prétencion,
invencion, précipitacion* ; mais il faut écrire :
..., p-q...—On prononce : *contorcion, diversion, expulcion, perversion, rétorcion, submersion, suspencion, vercion* ; mais on
écrit : ..., p-q...—Prononcez comme s'il
y avait : *Mèts, Rodès, Sénès, Badajos*, et

écrivez : ..., p-q... — On prononcera :
Aice-la-Chapelle, Aucerre, Auçois, Au-
çonne, Brucelles, Cadice, mais on écrira :
..., p-q... —Il faut prononcer : *sierge,*
sirconsire, siseau, conseption, déra-siner,
déli-se, dou-seur, espa-se, féro-se, exsès,
forse, onse, mersi, pinser; mais il faut écrire :
..., p-q... — On prononce : *jouissanse,*
défianse, délivranse, croyansé, patiense,
chanse, et on écrit : ..., p-q... — On prononce : *aristocracie, argucieux, inicier, fa-*
cécieux, minucieux, pacience, quocient,
parcialité, pestilenciel; mais on écrit : ...,
p-q... — Il faut prononcer : *proporcion,*
proporcionner, proporcionnel, mencion,
mencionner, dévocion, nocion, fonccion,
fonccionnaire, et il faut écrire : ..., p-q...
— On prononce et on écrit avec *ss*: *ad-*
mission, confession, démission, concession,
omission, permission, session, possession,
succession, soumission, p-q...

32. (Sur les nᵒˢ 33, 34 et 35.) Quoiqu'on
prononce comme s'il y avait : *Volga, Vest-*
phalie, Norvège, Vurtemberg, Dvina, vom-
bat; cependant on doit écrire : ..., p-q...
— Il faut prononcer : *Gzavier, Gzénophon,*
Gzercès, egzamen, egzil, egzemple; mais il
faut écrire : ..., p-q... — On prononce
comme s'il y avait : *gzar, gzarienne, gzarine,*
et l'on écrit : ..., p-q... —On doit prononcer : *Astyanaks, indeks, Féliks, Polluks, akse,*
sekse, fikse, lukse; mais on doit écrire : ...

p-q... — Prononcez : *Vilna, vodanium, Délavare, Elvangen, Brunsvick*, et écrivez : ..., p-q... — On doit prononcer : *gzan-thium, gzérophage, Gzantippe, egzaminer, egzempter, inégzorable*; mais on doit écrire: ..., p-q... — Prononcez : *gzarowitz, Gzernicof, gzigital*; mais écrivez : ..., p-q... — Il faut prononcer : *Aks, phéniks, Oksford, sileks, fikser, luksure*; mais il faut écrire : ..., p-q...

33. (Sur le nº 36.) On doit prononcer comme s'il y avait ; *épouze, vizage, trézor, uzure, viziter, envizager, trézorier*; mais on doit écrire : ..., p-q... — Prononcez : *douse, dousaine, seise, gason, gase, lésard, Losère, treise, Vousiers, visir, Nasareth, dousième, rise*; mais écrivez : ..., p-q... — Il faut prononcer et écrire : *zèle, zodiaque, zone, zénith, Zurich, zymologie*, p-q... — On doit prononcer : *mezure, razer, puizer, oiziveté, prézumer, ozer, raizon, rozier, dangereuze*; mais on doit écrire : ..., p-q... — On prononce et on écrit : *zain, Zélande, zélé, zéro, zone, zoographie, Zoé, zymotechnie, zoophage*, p-q... — On prononce : *alesan, alèse, Algésirach, alguasil, Ausance, basar, Bésiers, Busancy, gaselle, Lasaret, Landousy, Lesou, gasette, mélèse; Asof, gasonner, gasouillement*; mais on écrit : ..., p-q...

RÉCAPITULATION.

34. Il faut prononcer : *medzanine, medzo-terminé, medzo-tinto* ; mais il faut écrire ..., p-q...—Quoique l'on prononce : *alfabet, apostrofe, atmosfère, cacographie, éléfant, épigrafe, géografie, nymfe, orthografe, profète, sfère, télégrafe, triomfe,* cependant il faut écrire :..., p-q...—On doit prononcer *segond, segonde, segondement, segondaire, segonder* ; mais il faut écrire :..., p-q...—Prononcez : *assugettir, intergection, dégeûner, Géan, Gésus, géudi, geûner, geunesse, mageur, regeton* ; mais écrivez:... p-q...—On prononce : *bek, sak, pik, sok, suk, alambik, crik-crak* ; mais on écrit :... p-q...—Que l'on prononce : *quarsch, quilostère, quiliaire, Quœnisberg, quirielle, lôoque, Péquin, Yorque ;* mais que l'on écrive ..., p-q...—Il faut prononcer : *anakorète, backanal, Backus, kristianisme, kœur, Makabées ;* mais il faut écrire :..., p-q...—Prononcez: *cok, Bellok, cink* ; mais écrivez ..., p-q...

35. On doit prononcer : *ackiescement, kestion, kéter, kérir, kiconque, kinte, kinzaine ;* mais il faut écrire :..., p-q...—Il faut prononcer : *barke, cantike, catolike, brike, colérike, domestike, physike, pike, katorze ;* mais il faut écrire :..., p-q...—On prononce : *kangrène, se kangrener, kangre-*

...eux, *bourk, touk*; mais on écrit :..., p-q...
—On prononcera : *bili-e, bili-et, houli-e, ai-*
guili-e ; mais on écrira :..., p-q...—Quel'on
prononce : *ali-e, détali-e, chevreuli-e, fenou-*
li-e, bétali-e, pareli-e, vermeli-e ; et que l'on
écrive :..., p-q... — Prononcez : *inculter*,
evercer, revercion, cection, cecours, cemence,
ceigneur ; mais écrivez :..., p-q... — On
prononce : *absisse, acsepter, seintrer, serve-*
us, siel, sygne, farse, forse, noirsir, et l'on
écrit :..., p-q...—Il faut prononcer : *lanse,*
étulanse, balanse, pénitense, absense, scien-
ce, efflorescense, résipiscense ; mais il faut
écrire :..., p-q...

56. On prononce et on écrit : *offense,*
quinse, dispense, défense, dépense, récom-
pense, transe, p-q...—On doit prononcer :
ssendant, inssu, sseau, indissernable, disser-
sement, redessendre, ssier ; mais on doit
écrire :..., p-q...—Il faut prononcer : *amor-*
çir, sa, cale-son, étanson, garson, persoir,
ampla-sant, rinsure, soupsonner, su-soir ;
mais il faut écrire :..., p-q...—Prononcez :
argucie, aristocracie, consubstanciel, insacia-
ble, nupcial, pacience, proporcionnel, et
écrivez :..., p-q...— Quoique l'on prononce : *commocion, caucion, collacion, dé-*
généracion, destinacion, ficcion, fraccion,
cependant il faut écrire :..., p-q...— On
prononce et on écrit : *Ascension, convulsion,*
émission, pension, rétorsion, reversion, sus-

pension, p-q... — On prononce comme s'il
y avait : *Mèts, Rodès, Sénès, Suès, Badajos,
Boos* ; mais on écrit :..., p-q...

37. Prononcez : *dicé, sice, Aice, Aucerre,
Auçois, Auçonne, Brucelles*, mais écrivez
..., p-q... —Il faut prononcer : *Brunsvick,
Délavarre, Vilna, Volga, vombat, Vurtemberg, Vestphalie, Norvège* ; mais il faut écrire
..., p-q... —On doit prononcer : *Gzénophon,
gzérasie, Gzavier, egzister, egzercice, egzor-
ciser* ; mais on doit écrire :..., p-q... —On
prononce : *gzar, gzarienne, gzarine, gzard-
witz, Gzernicof, gzigital*, et l'on écrit :..., p-q
... — On prononcera : *Aleksandre, lukse-
takser, fikse, luksure* ; mais on écrira :..., p-q
... — Que l'on prononce : *épouze, couzin,
voizine, braize, brazer, pozer, pozition*, et
que l'on écrive :..., p-q... — On prononce
et l'on écrit : *Zélande, zélateur, zéphyr, zig-
zag*, p-q... — Prononcez : *alguasil, asien,
asyme, bisarre, Busancy, douse, gasonner,
horison, Mésières* ; mais écrivez :..., p-q...
— On prononce comme s'il y avait : *chako,
chérif, chire* ; mais on écrit :..., p-q...

ARTICLE TROISIÈME.

**LETTRES NON-ARTICULÉES QUI S'INTRODUISENT DANS
LES MOTS.**

VOYELLES NON-ARTICULÉES.

38. (Sur les n°s 39 et 40.) On prononce

comme s'il y avait : *oût, oriste, curaço, quet, ton,* la *Sône, soul, insi, Blinville, Bouchin, certin, crindre, crinte, levin, prochin, moulin* ; mais on écrit : . . ., p-q . . . — Dans *ageure, chargeure, mangeure, égrugeure, geôlier, il mangea, il changea, vengeance,* on introduit un *e* non-articulé ; p-q . . : — quoiqu'on prononce comme s'il y avait : *j'us,* tu *us,* il *ût,* nous *umes,* vous *ûtes,* ils *urent,* ça *u,* cependant il faut écrire : . . ., p-q . . . On doit prononcer : *attindre, Can, cinture, dessin, enfrindre, tinture, Jan, sing, plin, encinte* ; mais on doit écrire : . . ., p-q . . . — prononcez : *agnau, coutau, ridau, batau, tau, moinau, cisau* ; mais écrivez : . . ., p-q. . . . — Il faut prononcer : *baucoup, Baulieu, Bauce, Baune, Baumont, épautre, Bauvais,* et il faut écrire : . . ., p-q . . . — On prononcera : une femme *sensé,* une maison *élevé,* une *armé,* une *hotté,* une *pincé,* et l'on écrira : . . ., p-q . . . — Prononcez : *plai, tai, hai, foi, soi, proi, voi,* mais écrivez : . . ., p-q . . .

59. (Sur les n°s 41 , 42 et 43.) On doit prononcer comme s'il y avait : *pognée, pognet, pognarder* ; mais on doit écrire : . . ., p-q . . . — On prononce comme s'il y avait : *van, fan, lan, Cranne* ; mais on écrit : . . ., p-q . . . — On prononce : *lok, Berg-op-zom, Waterlo* ; mais on écrit : . . ., p-q . . . — Il faut prononcer comme s'il y avait : *qalité, quelqe, qinze, qoi* ; mais il faut écrire : . . .,

p-q... —On prononce et on écrit : *coq, cin*
Bellocq, p-q... —On prononce : *pognée, p*
gnard, ognon; mais on écrit :..., p-q...
Il faut prononcer : *panne, fanner, Lannai*
Cranne; mais il faut écrire :..., p-q...
Prononcez : *Waterlo, lok*; et écrivez :...
p-q... —Que l'on prononce : *qantité, qoig*
qotient; mais que l'on écrive :..., p-q...

40. On prononce comme s'il y avai*t*
oût, curaço, Fouet, la *Sône, insi, certin, cri*
te, grin, poulin, vincre; mais on écrit :...
p-q... — Il faut prononcer comme s'il
avait : *jôlier, jôlière, jôlage, gajure, mar*
jure, il manja; mais il faut écrire :..., p-q
... — Prononcez comme s'il y avait : *j'u*
tu us, il ut, nous ûmes, vous ûtes, ils uren
j'ai u, nous avions u; mais écrivez :...
p-q... —Prononcez : *Can, cinture, étindr*
emprinte, plin, Jan, sing, tinture; et écrive
..., p-q... — On doit prononcer : *agnau*
coutau, ridau, bau, Bauvais, Baune, épau
tre; mais on doit écrire :..., p-q...
On doit prononcer comme s'il y avait : un
femme *sensé*, une maison *élevé*, une *ann*
une *araigné*, une *épé*, la *Vendé*, un *lyce*
Éné; mais on doit écrire :..., p-q...
Prononcez : *plai, tai, bai, hai, joi, soi, pr*
oi; mais écrivez :..., p-q... — On pr*o*
noncera : *pognée, pognard, ognon*; et o
écrira :..., p-q... —On prononcera : *p*
fan, Lan, Cran, Cranne; mais on écri*t*

..., p-q... — On doit prononcer comme il y avait : *qalité*, *qelqe*, *qoiqe*, *qerelle*, *qotité* ; mais on doit écrire : ..., p-q...

CONSONNES NON-ARTICULÉES.

41. (Sur les nᵒˢ 44, 45 et 46.) Quoique l'on prononce : *plom*, *aplom*, *surplom*, cependant il faut écrire : *plomb*, *aplomb*, *surplomb*, p-q... — On prononce : *accro*, *ban*, *blan*, *aquérir*, *Danemark*, et l'on écrit : *accroc*, *banc*, *blanc*, *acquérir*, *Danemarck*, p-q... — Prononcez : *abor*, *accor*, *brigan*, *lézar*, mais écrivez : *abord*, *accord*, *brigand*, *lézard*, p-q... — On doit prononcer : *plom*, *aplom*, *surplom*, *tire-plom*, et l'on doit écrire : ..., p-q... — Quoique l'on prononce : *cler*, *estoma*, *aquitter*, *Luques*, cependant on doit écrire : ..., p q... — Il faut prononcer : *alleman*, *blan*, *crapau*, *ni*, mais il faut écrire : ..., p-q... — On prononce : *artique*, *escro*, *instint*, *jon*, *carrik*, *aybak*, et l'on écrit : ..., p-q... — Prononcez : *babillar*, *bâtar*, *bavar*, *canar*, *dar*, *tran*, *nœu*, et écrivez : ..., p-q...

42. (Sur les nᵒˢ 44, 45 et 46.) Prononcez : *plom*, *aplom*, *surplom*, *tire-plom*, et écrivez : ..., p-q... — Quoique l'on prononce : *antartique*, *flan*, *aquérir*, *béqueter*, *Melloq*, *Meklenbourg* ; cependant il faut écrire : ..., p-q... — Il faut prononcer :

*badau, St - Bernar, billar, canar, basan,
plafon*, et il faut écrire : ..., p-q... — On
prononce : *mar*, je *vains, por, flan, aquie-
cer, crik, Nangasaki*, et l'on écrit : ..., p-
... —On doit prononcer : *brouillar, cama,
courtau, liar, patau, sour, tar*; et l'on doit
écrire : ..., p-q... — Il faut prononcer :
*bro, cri, jon, aquét, biftek, Berwik, Dantzi,
joko*; mais il faut écrire : ..., p-q... —
Quoiqu'il faille prononcer : *fécon, réchau,
sour, tar, tisseran, pié, vieillar*; cependant
il faut écrire : ..., p-q...

43. (Sur les n°s 47, 48 et 49.) On doit
prononcer : *clé*, des *œus*, un *ner-de-bœu*,
et l'on doit écrire : *clef*, des *œufs*, un *nerf-de-
bœuf*, p-q... —Prononcez : *Edimbour, étal-
lon*, et écrivez : *Edimbourg, étang, long*,
p-q... — On prononce comme s'il y avait
abile, abileté, abillement; mais on doit
écrire : *habile, habileté, habillement*, p-
... — Quoique l'on prononce : *aborrer,
absinte, catarre, ébaïr*, cependant il faut
écrire : *abhorrer, absinthe, catarrhe, ébah,*
p-q... — Prononcez : *Amélec, Abiméle,
crétien, corus*, et écrivez : *Amélech, Al-
mélech, chrétien, chorus*, p-q... — On doit
prononcer : *cer, ché - d'œuvre, Neu - Br-
sach*, le *bœu gras*, un *œu frais*, et l'on doit
écrire : ..., p-q... —Il faut prononcer : *Luxembour, faubour, Strasbour, ran, sa,
doit, vintaine, Madelaine, oin*; mais il faut
écrire : ..., p-q... — On prononce comme

qu'il y avait : *abit, abiter, abitude, élène, erbe, istoire, iver, omme*; mais on doit écrire : . . ., p-q . . . — On doit prononcer : *anatème, astmatique, ba! Betléem*, et l'on doit écrire : . . ., p-q . . . — Prononcez : *Antiocus, bacanal, Crysostome, Jérico, cœur, Baccus* : et écrivez : . . ., p-q . . .

44. (Sur les n°s 47, 48 et 49.) Il faut prononcer : *clé, cer-volant*, des *ners*, le *bœu gras*, des *œus*; mais il faut écrire : . . ., p-q . . . On doit prononcer : *Estain, haren, oblon, poin, flâneur, Turcoin, doitier*, mais il faut écrire : . . ., p-q . . . — Quoique l'on prononce : *ameçon, armonie, ébété, ectare, ectolitre, orloge, orreur, ymne, ydropisie*, cependant il faut écrire : . . ., p-q . . . — Prononcez : *anatème, atéisme, boneur, catécumène, désonneur, diarrée, Goliat*; mais écrivez : . . ., p-q . . . — On prononce comme s'il y avait : *antecrist, anacorète, coriste, escarre, Jésus-Crist*, et l'on écrit : . . ., p-q . . . — On doit prononcer : *eiduque, ommage, ypothèque, ysope, umeur*, et l'on doit écrire : . . ., p-q . . . — Quoiqu'il faille prononcer : *aritmétique, enrumé, Maomet, Retel, tème*; cependant il faut écrire : . . . p-q . . . — On doit prononcer : *Nabucodonosor, Macabées, oléosaccarum*, et l'on doit écrire : . . ., p-q . . .

45. (Sur les n°s 50, 51 et 52.) On prononce comme s'il y avait : *bari, cheni, outi, fourni*; mais il faut écrire : *baril, chenil, outil, fournil*, p-q . . . — Prononcez : *autone, daner*,

condaner , mais écrivez : *automne , donner* [...]
condamner, p-q... — Quoique l'on pr[...]
nonce : *Béar, mo-siéur*, ils *aime* ; cependa[...]
on doit écrire : *Béarn , monsieur, ils aimen*[...]
p-q... — On prononcera : *Châtelleraut, gr*[...]
sourci , genti , fusi , fraisi , soŭ, cu ; mais o[...]
écrira : ..., p-q... — Il faut prononcer : *con*[...]
danation, autone, daner , condanable ; mai[...]
on doit écrire : ..., p-q... — On prononce[...]
ils *avai*, ils *rendire*, ils *recevrai*, qu'ils *vinss*[...]
mais on écrit : ..., p-q... — Prononcez[...]
grési, pous , aux , plurié , Arnoud , Ménu[...]
Rochefoucaut, S^te^*-Menehoud*, et écrivez:...[...]
p-q...

46. (Sur le n° 53, 54 et 55.) Quoique l'o[...]
prononce : *cou, cam, dra* ; cependant il fau[...]
écrire : *coup, camp, drap*, p-q... — Pronon[...]
cez : *co-d'Inde* ; mais écrivez : *coq-d'Inde*[...]
p-q... — On prononce : *aimé, mangé, ap*[...]
pelé, fermé , et l'on écrit : *aimer , manger*[...]
appeler, fermer, p-q... — Quoique l'on pr[...]
nonce : *premié , dernié, singulié* ; cependa[...]
il faut écrire : *premier , dernier, singulier*[...]
p-q... — On prononcera : *papié, poirié, off*[...]
cié, sanglié ; mais on écrira : *papier, poirie*[...]
officier, sanglier, p-q... — Quoique l'on pr[...]
nonce comme s'il y avait : *Algé, bergé, boi*[...]
langé ; cependant il faut écrire : *Alger , ber*[...]
ger, boulanger, p-q... — Prononcez : *beau*[...]
cou, cors, printems, siro, galo, batéme , bi[...]
tistère, et écrivez:..., p-q:... — On prononc[...]

nimé, chanté, dansé, crié, semé, tiré, travaillé, et l'on écrit : ..., p-q... — On doit
prononcer : entié, meurtrié, aventurié, immobilié, mobilié ; et l'on doit écrire : ...,
p-q... — Il faut prononcer : balancié, ba-
chelié, coudrié, dossié, joaillié, sommié ;
mais il faut écrire : ..., p-q... —On prononcera : arché, buché, cloché, écuyé, garde-
rangé, oreillé, orangé, porché ; mais on
écrira : ..., p-q...

47. (Sur les nᵒˢ 53, 54 et 55.) Quoique
on prononce : lou-cervier, lou marin, cham,
ems, dra, cou ; cependant on doit écrire :
..., p-q... — Prononcez : eo-d'Inde, mais
écrivez : ..., p-q... — On doit prononcer
comme s'il y avait : baissé, compté, cultivé,
onoré, neigé ; mais on doit écrire : ..., p-q.
... — Il faut prononcer : néflié, poirié, cerisié, gaufrié, bourrelié ; mais il faut écrire :
..., p-q... — Que l'on prononce : premié,
entié, dernié, singulié ; mais que l'on écrive :
..., p-q... — On doit prononcer comme s'il
avait : roché, vaché, baisé, monsieu, Mon-
arché ; mais on doit écrire : ..., p-q...—On
prononce : Jean-Batiste, batéme, domter,
promt, sculture, exemter, comter, comtoir,
et l'on écrit : ..., p-q... — Il faut prononcer : bouché, frangé, légalisé, rentassé ; mais
il faut écrire : ..., p-q... — On prononcera :
neunié, loup-cervié, cellié, centenié, brigadié ;
mais on écrira : ..., p-q... — Quoiqu'il

faille prononcer : *arché*, *horlogé*, *levé*, *loy*[...]
Angés, *couché*, *dangé*, *potagé* ; cependant [...]
faut écrire : . . ., p-q . . .

48. (Sur le n° 56.)Prononcez : *Aine*, *Av*[...]
nes, *dèroi*, et écrivez : *Aisne*, *Avesnes*, *desro*[...]
p-q. . . — On prononce : *ra*, *gri*, *confu*, *gro*[...]
et l'on écrit : *ras*, *gris*, *confus*, *gros*, p-q . . . —
Il faut prononcer : *abati*, *abcè*, *lila*, *matela*[...]
mais il faut écrire : *abatis*, *abcès*, *lilas*, *ma*[...]
telas, p-q . . . — Que l'on prononce : *chall*[...]
chisme, *Chaffouse* ; mais que l'on écrive[...]
schall, *schisme*, *Schaffouse*, p-q . . . —On do[...]
prononcer comme s'il y avait : *St-Bâle*, *Kirch*[...]
Nîmes, *Vôges*, *Nêle*, et l'on doit écrire : . . .[...]
p-q . . . — On prononce : *la*, *ba*, *gra*, *épa*[...]
niai, *mauvai*, et l'on écrit : . . ., p-q . . . —
faut prononcer : *dessou*, *foi*, *boi*, *fraca*, *ma*[...]
qui, *paradi*, *propo*, *volontier*, mais il fau[...]
écrire : . . ., p-q . . . — On prononcera : *cho*[...]
nanthe, *acquiécer*, *dicipline*, *ceau* ; *cience*[...]
cier, *décéller*, *écient*, *acension* ; mais on écr[...]
ra : . . ., p-q . . .

49. (Sur le n° 56.) On prononce : *Nêle*[...]
Nîmes, *dèroi*, *Vôges*, *Kirch*, et l'on écrit[...]
. . ., p-q . . . — Il faut prononcer : *anglai*[...]
bordelai, *français*, *ba*, *la*, *niai* ; mais il fau[...]
écrire : . . ., p-q . . . — Quoique l'on prono[...]
ce : *ailleur*, *dama*, *brebi*, *bra*, *salsifi*, *vern*[...]
surpli, *taffeta*, *tami*, *tapi* ; cependant il fau[...]
écrire : . . ., p-q . . . — On doit prononcer[...]

chismatique, chérif, dicernement, inçu, chiste; mais on doit écrire : ..., p-q... — Il faut prononcer : *Duguèclin, Kirch, Néle, Béléme;* mais il faut écrire : ..., p-q... — On doit prononcer : *la, gra, gro, niai, mauvai, épai, gri;* mais on doit écrire : ..., p-q... — Prononcez : *alor, cadena, ta, Vervin, Tour, traca, Varenne, puit, Versaille, ju, moi, Soisson, panai, torticoli;* et écrivez : ..., p-q. ... — On prononcera : *chall, chisme, chiste, ressuciter, résipicence, ceptre;* mais on écrira : ..., p-q...

50. (Sur le n° 57.) On prononce : *complè, dévo, mor, peti,* mais on écrit : *complet, dévot, mort, petit,* p-q... — Il faut prononcer : *prudemmen, défectueusemen, momen, serpen;* mais il faut écrire : *prudemment, défectueusement, moment, serpent,* p-q... — On doit prononcer : *adjudan, ambulan, arc-boutan;* mais on doit écrire : *adjudant, ambulant, arc-boutant,* p-q... — Prononcez : *avoca, manda, rouè, sabo;* mais écrivez : *avocat, mandat, rouet, sabot,* p-q... — Quoique l'on prononce comme s'il y avait : *Monrouge, Moncornet, Monbar;* cependant on doit écrire : *Montrouge, Montcornet, Montbar,* p-q... — On prononce : *so, douillè, aigrelè, hugueno;* et l'on écrit : ..., p-q... — Quoiqu'il faille prononcer : *intelligiblemen, ven, dénoûmen, pitoyablemen;* cependant, il faut écrire : . . ., p-q . . . — On prononce : *boulè, sobriquè, frui, trico, scorbu, artichau, ragoû, adjoin, pon, couver, tar, mor*; et l'on écrit : . . ., p-q . . . —On doit prononcer : *Monmorency, Monbar, Mon-Cenis, Monmirel, Monpellier*; mais il faut écrire : . . ., p-q . . .

51. (Sur le nº 57.) Il faut prononcer : *bello, follè, coquè, finè, vieillo, replè, discrè*, mais il faut écrire : . . ., p-q . . . — Que l'on prononce : *calomnieusemen, démesurémen, déménagemen, retranchemen*, mais que l'on écrive : . . ., p-q . . . — Quoiqu'on prononce *enfan, chan, maintenan, fabrican, autan*; cependant il faut écrire : . . ., p-q . . . — On prononcera : *auvergna, contra, cachè, brevè, calico, aoû, poin, fron, tor*; et l'on écrira : . . ., p-q . . . — On prononce : *Monrouge, Monmédi, Monfort, Monluçon*; et l'on écrit : . . ., p-q . . . — Prononcez : *maigrè, muè, discrè, huigueno, vieillo, secrè, incomplè*; et écrivez : . . ., p-q . . . — On doit prononcer : *extrémemen, sottemen, endurcissemen, ménagemen*; et l'on doit écrire : . . ., p-q . . . — Il faut prononcer : *géan, diamän, Braban, savan, intendan, nonchalan, plan, lieutenan*; mais il faut écrire : . . ., p-q . . . — Quoiqu'il faille prononcer : *buffè, gilè, pistolè, escargo, espri, rebu, défau, atou, appoin, affron, Rober, bizar, rappor*; cependant il faut écrire :..., p-q... — On prononce : *Montmorency*, *Moncornet*, *Monjoie*, *Monbar*; mais on écrit :..., p-q...

52. (Sur les n°s 58, 59, 60 et 61.) Prononcez : *Las*, mais écrivez : *Laws*, p-q... —On prononce: *dangereu, jalou, heureu*; mais on écrit: *dangereux, jaloux, heureux*, p-q... — On doit prononcer : *Bayeu, perdri, voi, poi;* et l'on doit écrire: *Bayeux, perdrix, voix, poix,* p-q... —Il faut prononcer : vous *aimé,* vous *finiré,* vous *chantié;* mais il faut écrire: vous *aimez,* vous *finirez,* vous *chantiez,* p-q... — Que l'on prononce: *assé, né, ri;* mais que l'on écrive: *assez, nez, riz,* p-q... —Prononcez: *almana,* et écrivez: *almanach,* p-q... — Quoique l'on prononce: *ambitieu, honteu, prodigieu, jalou, sableu;* cependant il faut écrire: ..., p-q... — On prononce: *chau, Clervau, mieu, porte-fai, sain-dou, fau, pai;* mais on écrit: ..., p-q... — Il faut prononcer: vous *rendré,* vous *recevrié,* vous *ensevelissé,* que vous *rendissié;* mais il faut écrire:..., p-q... — On prononcera : *ché, ré-de-chaussée, ran des vaches, assé,* mais on écrira:..., p-q...

53. (Sur les n° 58, 59, 60 et 61.) On doit prononcer : *Las;* mais on doit écrire : ..., p-q... —Quoiqu'on prononce: *bourbeu, nébuleu, neigeu, rigoureu, squirrheu;* cependant il faut écrire:..., p-q... —Prononcez:

*deu, dou, poi, lépreu, matériau, tau, Levro,
Limou;* mais écrivez :..., p-q...—Quoiqu'il
faille prononcer : vous *attaqué*, que vou[s]
vinssié, vous *douteré*, vous *introduisié;* cependant il faut écrire:..., p-q...—On prononce: *ri, né, ché, assé;* et l'on écrit:...,
p-q...— Il faut prononcer: *almana;* mai[s]
il faut écrire:..., p-q...—On doit prononcer: *jalou, difficultueu, aventureu, pâteu, ver-
beu;* mais on doit écrire:..., p-q...— O[n]
prononcera: *échau, mieu, Périgueu, crucifi-
chau, Foi;* et l'on écrira:..., p-q...—
Quoique l'on prononce: que vous *aimié,*
vous *accouré,* vous *accroché,* que vou[s]
reçussié, vous *allongié, rendé;* cependant [il]
faut écrire :..., p-q...—Il faut prononcer:
*ran des vaches, ré-de-chaussée, né, ché, assé,
ri,* et l'on écrit:..., p-q...

RÉCAPITULATION.

54. On prononce: *aplom, plom, surplom,
tire-plom,* et l'on écrit:..., p-q...— Que
l'on prononce: *accro, blan, cler, jon, aquitter, Luqués, carrik, Dantzik;* mais que l'on
écrive:..., p-q...— prononcez: *accor, ca-
mar, chau, fon, lour, liar, nigau, réchau,
sour, tisseran, trépié, vieillar, retar, pié, ha-
sar, grimau, rougeau,* et écrivez :..., p-q
...—Quoiqu'il faille prononcer: *clé, cer, cer-
volant, ché-d'œuvre,* des *ners,* des *œus,* de[s]
bœus; un *ner-de-bœu,* le *bœu gras, Neu-*

Brisach; cependant il faut écrire : . . ., p-q.
. . . — On prononce : *Luxembour, faubour, Strasbour, étan, lon, oblòn, oin, haren, orang-outan, poin, ran, san, sein, flâneur, doit, vint, lon-temps, Madeleine, Tunstate;* et l'on écrit : . . ., p-q . . .

55. Il faut prononcer : *abile, abiller, abiter, abitude, aleine, armonie, ectogramme, élène, erbe, eure, orizon, ypocrisie, ysope;* mais il faut écrire : . . ., p-q . . . — On prononcera : *apoticaire, aritmétique, Betléem, Atanase, boneur, bonomie, coéritier, incompréensible, hypotèque, létargie;* et l'on écrira : . . ., p-q . . . — On doit prononcer : *arcange, Acaïe, cristianisme, crémé, Caldée, Eucaristie, Jérico, Macabées;* et l'on doit écrire : . . ., p-q . . . — On prononce : *bari, cheni, outi, fourni, Ste-Menehoud, Arnoud, gri, genti, fusi, persi, sourci, fraisi, soû, cu, grési, pous, aux, plurié;* mais on écrit : . . ., p-q . . . —On prononcera : *autone, daner, danable, danation, condaner;* mais on écrira : . . ., p-q . . . — Que l'on prononce : *Béar, mo-sieur,* ils *aime,* ils *reçoive,* ils *rendai,* ils *chante,* qu'ils *produisisse,* ils *eure,* ils *parlai,* ils *marche;* mais que l'on écrive : . . ., p-q . . .

56. Il faut prononcer : *cou, cam, dra, beaucou, lou, cors, printems, siró, cham, galo, batéme, batistère, Jean-Batiste, dom-*

ter, *promt, sculter, exemt, comter, set, syn-
tôme*; mais il faut écrire : . . ., p-q . . . —
faut prononcer : *co-d'Inde*; mais il faut
écrire : . . ., p-q . . . — Prononcez : *premié,
dernié, singulié, entié, meurtrié, grossié,
aventurié, immobilié, mobilié, ouvrié*; et
écrivez : . . ., p-q . . . — Quoiqu'on prononce : *papié, poirié, officié, sanglié, acié,
évié, cerisié, bigarreautié*; cependant il faut
écrire : . . ., p-q . . .—On prononce : *dangé,
couché, Algé, horlogé, levé, Montarché, vi-
ché, oreillé, monsieu, noché, gardemangé*;
et l'on écrit : . . ., p-q . . . — On doit prononcer : *Aine, Avênes, Béléme, Duguéclin,
St-Bâle, dèroi, kirch, Néle, Nimes, Vóges*;
mais on doit écrire : . . ., p.q . . . — On prononcera : *épai, ra, ba, françai, bordelai, la-
gri, confu, gro, gra, mauvai, niai*; et l'on
écrira : . . ., p-q . . .

57. Que l'on prononce : *abu, Amien,
avi, bui, embarra, empoi, camboui, ju,
lac, lambri, Londre, Orléan, o, Pari, tailli,
velour, vert-de-gri*; cependant il faut écrire :
. . ., p-q . . . — Il faut prononcer : *chall,
chisme, chérif, chiste, Chaffouse, chœnante,
Chélestadt, cène, cience, acension*; mais il
faut écrire : . . ., p-q . . . — Prononcez : *éco-
nomiquemen, autremen, écroulemen, obs-
curcissemen*; mais écrivez : . . ., p-q . . . —
Quoiqu'on doive prononcer comme s'il y
avait : *ascendan, autan, Braban, éléphan,
maintenan, pétulan, infaman, nonobstan*,

vigilan; cependant il faut écrire : ..., p-q.
... — Que l'on prononce : *aposta, chocola,
boulè, coffrè, gobelè, écri, nui, abrico, salu,
issau, atou, adjoin, affron, déser, dépar,
rappor*; mais que l'on écrive : ..., p-q...
— On prononce : *Monmirel, Moncornet,
Mon-Cenis*; et l'on écrit : ..., p-q... —
On doit prononcer : *dangereu, jalou, heureu, pieu*; mais on doit écrire : ..., p-q...
— On prononcera : *fau, poi, pri, perdri,
voi, chau*; et on écrira : ..., p-q... — Il
faut prononcer : vous *cherché*, vous *disié*,
vous *recevié*, mais il faut écrire : ..., p-q.
... —Prononcez : *né, ché, assé, ré-de-chaussée, ri*, et écrivez : ..., p-q...

Mots où l'on redouble la consonne en l'é-
crivant, quoiqu'elle se prononce comme
une consonne simple.

58. Quoiqu'il faille prononcer : *abàtial,
abbé, sabat*, cependant il faut écrire : *abbatial, abbé, sabbat*, p-q... — On prononce
comme s'il y avait : *acablement, acord,
acroc, acuser*; mais on écrit : *accablement,
accord, accroc, accuser*, p-q... — Il faut
prononcer : *aditionner, Sader, aditionnel*;
et il faut écrire : *additionner, Sadder, additionnel*, p-q... —Que l'on prononce : *afable,
boufon, ofice, tafetas*; mais que l'on écrive :
affable, bouffon, office, taffetas, p-q... —
On prononcera : *abaye, abesse, rabin, saba-*

tine, rabiniste; mais on écrira : ..., p-q.
... — On doit prononcer : *acommodement,
acoupler, acroître, aculer, bachanales, écclé-
siastique;* et l'on doit écrire : ..., p-q...
— Quoiqu'on prononce comme s'il
avait : *afaire, afiche, chifre, éfacer, cofre,
coife, oficier, grife, ofrande, piafer, sufoquer, toufe,* cependant il faut écrire : ...,
p-q...

59. On prononce : *Abeville, labe, abar-
tial, rabin,* mais on écrit : ..., p-q... — Il
faut prononcer : *acoudé, acoutrement, acul-
acomplir, acroissement, acuser, bacalauréat,*
mais il faut écrire : ..., p-q... — On prononcera : *adition, aditionnel, aditionner, Su-
der,* et on écrira : ..., p-q... — On doit
prononcer : *afiler, afleurer, afres, chifon,
étoufer, grèfe, rafiner;* mais on doit écrire :
..., p-q... — Quoiqu'on prononce : *rab-
nique, sabat, sabatine, abaye,* cependant
on doit écrire : ..., p-q... — Il faut prononcer : *acolade, acroire, acompagner,
acroupi, acusatif, ocasion, sucomber, suc-
cursale, sacager;* mais il faut écrire : ...,
p-q... — On prononce : *afamer, afiner,
afriander, éficient, encofrer, fiéfer, ofus-
quer, souflet;* mais on écrit : ..., p-q...

60. Quoiqu'il faille prononcer : *aglomér-
tion, aglutiner, agraver,* cependant il faut
écrire : *agglomération, agglutiner, aggrave-*

p-q... — On doit prononcer : *Gal, Il, schal, bil*, mais on doit écrire : *Gall, Ill, schall, bill*, p-q... —On prononcera : *mélieur, batali-e, pillage* ; mais on écrira : *meilleur, bataille, pillage*, p-q... —Il faut prononcer : *alaiter, coline, instaler* ; mais il faut écrire : *allaiter, colline, installer*, p-q... —Prononcez : *aisèle, cervèle, Charlevile* ; et écrivez : *aisselle, cervelle, Charleville*, p-q... —On prononce : *s'aglomérer, aglutination, agravant*, et on écrit :..., p-q... —Que l'on prononce : *ali-e, cerfeuli-e, funérali-es, détali-er* ; mais que l'on écrive :..., p-q... —Quoique l'on prononce : *Alemagne, balot, ralumer, sélier, tule* ; cependant il faut écrire :..., p-q... —On prononce : *sarcèle, chandèle, Abevile, Philippevile* ; mais on écrit :..., p-q...

61. Quoiqu'on prononce : *aglomération, réagraver, aglutination*, cependant il faut écrire :..., p-q... — On prononce : *famili-e, bali-e, travali-er, conseli-e* ; et l'on écrit :..., p-q... —On doit prononcer : *alouer, célule, colection, colectif, mile, paralèle, vile, valon* ; mais on doit écrire :..., p-q... — On prononcera : *chandèle, demoisèle, tourterèle* ; et l'on écrira :..., p-q... — Il faut prononcer : *Gal, Il, schal, bil* ; mais il faut écrire :..., p-q... — Que l'on prononce : *oreli-e, pastili-e, bouteli-e* ; mais que l'on écrive :..., p-q... —On prononce : *aler, Charoles, colége, valée*, mais on écrit :..., p-q.

... — On prononce : *sauterèle*, *Lunévile*, *Philippevile* ; et l'on écrit : ..., p-q...

62. On doit prononcer : *éloquament*, *pru-dament*, *savament*, mais on doit écrire : *élo-quemment*, *prudemment*, *savamment*, p-q... ... —Prononcez : *accomôdement*, *home*, *po-me*, *somelier* ; mais écrivez : *accommodement*, *homme*, *pomme*, *sommelier*, p-q... :—Quoi qu'il faille prononcer : *abandoner*, *boutoner*, *plafoner*, *vaner*, cependant il faut écrire *abandonner*, *boutonner*, *plafonner*, *vanner* p-q... — On prononce : *fraper*, *envelope*, *nape*, *suport* ; et l'on écrit : *frapper*, *enve-loppe*, *nappe*, *support*, p-q... —Il faut pro-noncer : *savament*, *ardament*, *méchament*, *réçament*, *vaillament* ; mais on doit écrire ..., p-q... — On prononcera : *comander*, *comère*, *comunier*, *enflamer*, *recomander*, *some* ; et l'on écrira :..., p-q... —Que l'on prononce : *additioner*, *assaisoner*, *bonet*, *vane*, *chaponer*, *haneton*, *nani*, *pelotoner*, mais que l'on écrive :..., p-q... — On doit prononcer : *aparition*, *aprivoiser*, *oprimer*, *supléer*, *suprimer* ; mais on doit écrire :... p-q...

63. On prononce : *indépendament*, *inces-sament*, *inconstament*, *nonchalament* ; mais on écrit :..., p-q... — Il faut prononcer *coment*, *comun*, *consomer*, *gramaire*, *infla-mation*, *somation*, *someil* ; et il faut écrire ..., p-q... —On prononcera : *anciènetée*

Ardènes, banière, bonbonière, canelle, chau-
dronier, méridiène, persiène, sansonet; mais
on écrira :... p-q... — Que l'on prononce :
apel, aprêt, insuportable, apétit, mapemon-
de, oprobre, suprimer, mais que l'on écrive :
..., p-q... —On doit prononcer : bruyáment,
constament, galament; mais on doit écrire :
..., p-q... —Prononcez : comentaire, comu-
ication, consomer, some, pomeler, renomer,
omune ; mais écrivez :..., p-q... — On
prononce : aniversaire, banir, bourdone-
ment, braconier, gazonement, Lyonais, pas-
ioner, prisonier, savoner, tyranie; et l'on
écrit :..., p-q..—Il faut prononcer : apoin-
tement, apui, suplice, supuration ; et il faut
écrire :..., p-q...

64. Quoiqu'il faille prononcer : affoura-
ger, bourache, charon, tère, cependant il
faut écrire : affourrager, bourrache, charron,
terre, p-q... —Que l'on prononce : abaicer,
accroicement, admicion, accècible; mais que
l'on écrive : abaisser, accroissement, admis-
sion, accessible, p-q... — On prononce et
on écrit : préséance, parasol, entresol, vrai-
semblance, p-q... —Il faut prononcer : aba-
tement, charrète, violète; et il faut écrire :
abattement, charrette, violette, p-q... —
Prononcez : Brunsvick, vombat, Vilna; mais
écrivez : Brunswick, wombat, Wilna,
p-q.. —On prononce : lazi, Pouzol, Braza;
et on écrit : lazzi, Pouzzol, Brazza, p-q...

—On doit prononcer : *boureau, guère, my-*
rhe, vérou ; mais on doit écrire :.., p-q..
—Que l'on prononce : *connaiçance, décré-*
cer, Jucey, profécer ; mais que l'on écrive
.., p-q.. —On prononce et on écrit : *sou-*
bresaut, resaucer, désudation, resifler, p-..
.. —Prononcez : *atiser, froter, levrète, ru-*
quète, rabatre ; mais écrivez : .., p-q.. —
On prononcera : *Delavare, Vestphalie, Vur-*
temberg, Norvège ; et on écrira :.., p-q..
—Quoique l'on prononce : *Ezar, Baziluz,*
Spezia, Cajazo, cependant il faut écrire :..
p-q...

65. Il faut prononcer : *arêt, attérer, ca-*
reau, coure, lière, sèrure, téroir, torent
mais il faut écrire : .., p-q.. — On prononce : *acembler, acis, coce, coçu, recenti,*
reçouvenir, toucer, et l'on écrit :.., p-q..
—On prononce et on écrit : *girasol, resau-*
cer, antisocial, oléosaccharum, resaut, p-..
.. — Prononcez : *atentif, batre, atester,*
alitude, flote, atirer, hote, quiter, froter
mais écrivez : .., p-q.. —Que l'on prononce : *Dvina, valfram, Vurtemberg, vo-*
verenne, et que l'on écrive :.., p-q..
On prononcera : *Abruze, pouzolane, Br-*
za ; mais on écrira :.., p-q.. — On do-
prononcer : *carière, charetée, carosse, fou-*
rer, résurection, tintamare ; mais on do-
écrire : .., p-q.. — Il faut prononcer :
décécher, deçus, Mèce, mècie, pocècion

aciéger ; mais il faut écrire :..., p-q... —
On prononce et on écrit : *parasol*, *s'entre-secourir*, *s'entre-suivre*, *polysyllabe*, p-q...
— Que l'on prononce : *atester*, *couchète*, *emmenoter*, *froter*, *garoter*, *bote* ; mais que l'on écrive :..., p-q... — Prononcez : *De-lavare*, *Elvangen*, *Norvège*, *Vilna*, et écri-vez :..., p-q... — Quoiqu'on prononce : *lazi*, *Bozolo*, *Cajazo*, *Pazi*, cependant il faut écrire :..., p-q...

66. On prononcera : *abaye*, *abesse*, *abé*, *rabin*, *Abeville*, *sabat*, *sabatique* ; mais on écrira :..., p-q... — Il faut prononcer : *acapareur*, *aculer*, *acumuler*, *bachanal*, *ocasion*, *ocupation*, *racroc*, *sacager* ; mais il faut écrire :..., p-q... — Que l'on pro-nonce : *aditionner*, *adition*, *aditionnel*, *Sa-der* ; mais que l'on écrive :..., p-q... — On doit prononcer : *afaire*, *afiche*, *boufon*, *éfort*, *étoufer*, *grife*, *ofice*, *sufoquer*, *tafe-tas* ; mais on doit écrire :..., p-q... — On prononce : *aglomération*, *agraver*, *agluti-ner*, *s'aglomérer*, et on écrit :..., p-q... — Quoiqu'il faille prononcer, *bil*, *Gal*, *Il*, *schal* ; cependant il faut écrire :..., p-q... — Prononcez : *bali-e*, *ali-e*, *melieur*, *déta-li-er*, *travali-er*, *cerfeuli-e* ; mais écrivez :..., p-q... — On prononcera : *Alemagne*, *colationer*, *colectif*, *coleter*, *halebarde*, *sé-lette*, *tule*, *valée* ; et l'on écrit :..., p-q... — Il faut prononcer : *cervèle*, *chandèle*, *de-*

moisèle, échèle, tourterèle, Lunévile, Abbevile, Philippevile; mais il faut écrire :...,
p-q...

67. Que l'on prononce : *éloquament*, *savament*, *prudament*, *vigilament*; mais que
l'on écrive :..., p-q... — On doit prononcer : *come*, *comode*, *consomer*, *pomeler*, *renflamer*, *somation*, *someil*, et on doit
écrire :..., p-q... — On prononce : *anée*,
assaisoner, *cane*, *fluxionaire*, *Lisbone*,
maçoner, *plafoner*, *tyranie*; mais on écrit :
..., p-q... — On prononcera : *apétit*, *apro-
fondir*, *insuportable*, *oposer*; mais on écrira :
..., p-q... — Que l'on prononce : *bizare*,
coure, *corection*, *équarer*, *foureau*, *pari-
cide*, *tintamare*, *torent*, *vérou*; mais qu'on
écrive :..., p-q... — Il faut prononcer : *accroicement*, *bicextil*, *cécer*, *incéçamment*,
poucière, *précoir*; mais il faut écrire :...,
p-q... — On prononce et on écrit : *soubresaut*, *préséance*, *entresol*, *tournesol*, *resifler*, p-q... — Il faut prononcer : *bèterave*,
brochète, *côtelète*, *froter*, *gavote*, *hote*, *vo-
lète*; mais il faut écrire :..., p-q... — Prononcez : *Vilna*, *Brunsvick*, *landver*, *Volga*,
et écrivez :..., p-q... — On prononce : *Cajazo*, *Palazuolo*, *Pazi*, le *Pouzin*; mais
on écrit :..., p-q...

68. On prononcera : *acoutrement*, *acroupi*,
bachantes, *bécard*, *racroc*, *sacager*; mais

on écrira :..., p-q...—On doit prononcer : aférmer, aféterie, afriander, éfréné, souflet; mais on doit écrire :..., p-q...—Prononcez : bâli-er, cali-er, oreli-er, pali-e, papiliote; mais écrivez :..., p-q...—Il faut prononcer : balon, coler, coleter, folet, milier, sylogisme; mais il faut écrire :..., p-q... — Quoiqu'on prononce : sarcèle, chapèle, brunèle, demoisèle, ruèle, truèle, tutèle, Charlevile, Abbevile ; cependant il faut écrire :..., p-q... — Prononcez : constament, vigilament, suffisament, pétulament, indépendament; mais écrivez :..., p-q...—On prononce : comisération, comissaire, consomer, Gramont, programe, rogome, somet; mais on écrit :. ..., p-q...

69. Il faut prononcer : bane, approvisionement, bonet, Pérone, soléniser, tatilloner, anexe, tyranie, colone, conaître, honéte, honeur; mais il faut écrire :..., p-q... —On prononcera : achopement, envelope, hipogriffe, oposer, oprimer, trape, suputation, supuration; et l'on écrira :..., p-q... — Prononcez : bigareau, careler, chariage, hémoragie, squirhe, carière, courier, torent, et écrivez :..., p-q... — Quoiqu'on prononce; houcine, admicion, abaicer, riçoler, supprécion; cependant il faut écrire :..., p-q... — On prononce et on écrit : vraisemblable, soubresaut, s'entre-suivre, parasol, résonner, monosyllabe, p-q... — On prononce : couchète, grote, quitance, garro-

ter, *mouchète, miète, letre*; mais on écrit:...
p-q... — Il faut prononcer : *Elvangen, vom-*
bat, Norvège, Vestphalie; mais il faut écrire
..., p-q .. — On prononcera : *Abruze-*
Eza , Pouzol; mais on écrira:..., p-q..

ARTICLE QUATRIÈME.

EMPLOI DES MAJUSCULES ET DES SIGNES ORTHOGRAPHIQUES.

70. (Sur le n° 77.) *Il n'y a pas d'homme*
quelque borné qu'il soit, dans lequel on ne
trouve quelques dispositions. S'il sait le
cultiver et en tirer parti; sans atteindre à la
perfection, il ne laissera pas d'avoir son mé-
rite. Les hommes ne sont pas de pire condi-
tion que les animaux. Or, les plus vils
d'entre ceux-ci ne sont pas dépourvus de
toutes les qualités. Il faut commencer par
une majuscule les mots..., p.q...

> *Ci-gît Charlot le paresseux ,*
> *Qui près de son heure dernière*
> *S'écria : Que je suis heureux !*
> *Je vais n'avoir plus rien à faire.*

On doit commencer par une majuscule
les mots..., p-q...

71. (Sur le n° 77.) On doit commencer
par une majuscule les mots *Virgile, César,*
Alexandre, Jean-Baptiste, Marie, p-q... —
La première lettre des mots *Rome, Paris,*
la *Belgique,* la *Normandie,* doit être une

majuscule, p-q... — Les mots suivans : les *Français*, les *Espagnols*, les *Champenois*, les *Parisiens*, les *Africains*, doivent commencer par une majuscule, p-q...—Il faut commencer par une majuscule les mots suivans : les *Protestans*, les *Mahométans*, les *Pharisiens*, les *Calvinistes*, p-q... — Il faut écrire avec une majuscule : la *Meuse*, le *Rhône*, les *Alpes*, p-q...—Les mots suivans : l'*Histoire*, la *Philosophie*, la *Peinture*, la *Sculpture*, la *Médecine*, doivent commencer par une majuscule, p-q...—Dans les phrases suivantes : *quelques français, quelques protestans, le peuple romain, la grammaire de Lhomond, l'histoire de France, quoique les mots...*, soient des noms propres, cependant ils ne prennent pas la majuscule, p-q...—Dans les phrases suivantes : *N'approche pas, ô Mort! O Mort, retire-toi! Compère le Renard se mit un jour en frais, et retint à dîner commère la Cigogne*, on doit commencer par une majuscule les mots..., p-q...

72. *La fierté généreuse du lion se manifeste surtout dans les dangers. méprisant les traits qu'on lui lance, il se défend longtemps par la seule terreur qu'il inspire. dans la plaine, et tant qu'il peut être vu, quelque nombreux que soient les chasseurs et les chiens qui le pressent, il s'arrête presque à chaque pas d'un air dédaigneux.*

31

sitôt qu'il est entré dans les forêts, il s'échappe emporté par une course rapide, comme pouvant fuir sans honte, parce qu'il fuit sans témoins. On doit commencer par une majuscule les mots..., p-q...

> avec grand bruit et grand fracas
> un torrent tombait des montagnes,
> tout fyait devant lui ; l'horreur suivait ses pas,
> il faisait trembler les campagnes.

Dans ces vers on doit commencer par une majuscule les mots..., p-q...

l'histoire sainte est l'histoire de notre religion, elle nous apprend les grandeurs de Dieu, et les merveilles qu'il a opérées pour nous. le livre qui renferme toutes ces merveilles est la bible, le plus ancien livre du monde.

73. darius et porus furent vaincus par alexandre. Il faut commencer par une majuscule les mots..., p-q... — Dans les phrases suivantes : paris est la ville la plus considérable de la france ; l'italie est sous un des plus beaux ciels de l'europe ; on doit commencer par une majuscule les mots..., p-q... — Dans les phrases suivantes : les carthaginois furent vaincus par les romains ; les français ont vaincu les algériens ; on doit commencer par une majuscule les mots..., p-q... — Il faut écrire avec une majuscule : les *Protestans*, les *Calvinistes*, les *Ariens*, les *Jansénistes*, les *Chrétiens*, les *Jésuites*, p-q... — Dans les phrases suivantes : *le Rhin est un grand fleuve ; les Alpes sont des montagnes très-élevées ;* il faut commencer par une majuscule les mots..., p-q... — Dans les phrases suivantes : *j'ai étudié la physique, la géométrie et l'histoire ; il connait la musique et la médecine ;* on doit commencer par une majuscule les mots..., p-q... — Quand on dit : *le peuple belge, trois hollandais ! plusieurs jansénistes, quelques catholiques, l'histoire romaine, la géographie de Croza ;* les mots..., ne prennent pas la majuscule, p-q... — Dans les phrases suivantes : *Quand l'enfer eut produit la goutte et l'araignée ; du palais d'un jeune lapin dame belette un beau matin s'empara ; le chêne un jour dit au roseau : vous avez bien sujet d'accuser la nature ;* on doit commencer par une majuscule les mots..., p-q...

74. (Sur les nᵒˢ 79 et 80.) Dans les mots *vérité, été, sévérité,* l'*e* prend un accent aigu, p-q... —quoique l'*e* soit fermé dans les mots *clocher, rocher, clef, assez, pied,* cependant il ne prend pas l'accent aigu, p-q. ...—Dans les mots *beccard, assujettir, dessert, greffier,* quoique le premier *e* soit fermé, cependant il ne prend pas l'accent

aigu, p-q... — Dans les mots *père, frère, manière*, ils *portèrent, après,* le premier prend un accent grave, p-q... — Dans les mots *sexe, complexe, terre,* il *jette, amer, Jérusalem,* quoique l'*e* soit ouvert, cependant il ne prend pas l'accent grave, p-q... —Quand on dit : *Où est-il? il est à Paris; il est là, dès à présent,* on doit mettre un accent grave sur les mots *ou, a, la, des,* p-q...

75. (Sur les n⁰ˢ 79 et 80.) Dans les mots *pitié, santé,* il *a porté,* on met un accent aigu sur l'*e,* p.q... —Dans les mots *portier, poirier, boucher, manger, nez, clef,* quoique l'*e* soit fermé, il ne prend pas l'accent aigu, p-q... — Dans les mots *dessert, desservant, cellier, assujettissement,* quoique le premier *e* soit fermé, il ne prend pas l'accent aigu, p-q... : — Dans les mots *mère, frère, poussière, prière,* ils *allèrent modèle,* l'*e* ouvert prend un accent grave, p-q... — Dans les mots *après, succès, procès, aloès,* l'*e* ouvert prend un accent grave, p-q... — Dans les mots tu *es, les, mes, tes ses, ces, des,* l'*e* ne prend point l'accent grave, p-q... — Dans les mots *complexion, sexe, convexe, terre, antienne,* il *appelle,* quoique l'*e* soit ouvert, il ne prend point l'accent grave, p-q... — Dans les mots *hiver, amer, Caleb, bec, Ambez, Metz,* l'*e* ouvert ne prend pas l'accent grave, p-q... —Dans les phrases suivantes *Il demeure à Charleville; je ne sais où* peut aller ; il est parti dès la pointe du jour ; je préfère celui-là ; on doit mettre un accent grave sur... , p-q...

76. (Sur le n° 81.) Dans ces phrases : *Il a dû vous voir, il s'est tû, cela est sûr* ; il faut mettre un accent circonflexe sur l'*u* des mots *dû, tû, sûr* ; pour... — Dans les mots nous *allâmes*, vous *vîtes*, ils *crûrent*, nous *partîmes*, on doit mettre un accent circonflexe sur la voyelle qui forme l'avant-dernière syllabe, p-q... — Dans les mots suivans : qu'il *aimât*, qu'il *finît*, qu'il *courût*, on doit mettre un accent circonflexe sur la voyelle qui forme la dernière syllabe, p-q... —Dans les mots suivans : il *paraît*, il *paraîtrait* ; vous *croîtrez*, vous *paraîtriez*, ils *connaîtront*, on doit mettre un accent circonflexe sur l'*i* qui précède le *t*, p-q... — Dans les mots *paraissant*, il *paraissait*, il *croissait*, l'*i* ne prend pas l'accent circonflexe, p-q... — Ecrivez avec un accent circonflexe : le *nôtre*, la *nôtre*, les *nôtres*, les *vôtres*, p-q... —Les mots *abime, age, ane, baton, chene, creme, flute*, doivent s'écrire : ... , p-q... —Les mots *ainé, apotre, arret, bete, cloitre, enquete, drole, embuches*, doivent s'écrire : ... —p-q...

77. (Sur le n° 81.) Dans ces phrases : *Il aurait du venir ; il s'est tu ; il a pris le parti le plus sur* ; on doit mettre un accent circonflexe sur..., p-q... — Dans les mots nous *partageames*, nous *finimes*, vous *reçutes*, vous *futes*, on doit mettre un accent circonflexe sur..., p-q... — Dans ces phrases : *Je voudrais qu'il vint, il faudrait qu'il s'en allat, on désirait qu'il se rendit*, on doit mettre un accent circonflexe sur..., p-q. ...—Quand on dit : *Il croitra, ils paraitront, naitre, il s'accroitra, vous connaitrez*, on doit mettre un accent circonflexe sur..., p-q...—Il faut écrire avec un accent circonflexe il *parait*, il *paraitrait*, on *connait*, nous *connaitrions*, p-q...; mais il faut écrire sans accent circonflexe *connaissant*, je *connaissais*, ils *paraissent*, p-q...—Dans les mots le *notre*, la *notre*, le *votre*, la *votre*, les *notres*, les *votres*, il faut mettre un accent circonflexe sur..., p-q...—Les mots *acre, albatre, alene, aout, arreté, baillon, champetre, dépeche, entrepot, fraiche, frele, impot, prone*, le *Rhone*, doivent s'écrire : ..., p-q... — Les mots *careme, éveque, guepe, huitre, pretre, vepres, hotel, maitre, pele-mele, grele, gite, gout*, doivent s'écrire ..., p-q...

78. (Sur les nos 82 et 83.) Dans les mots *forçat, garçon, conçu*, on doit mettre une cédille sous le c, p-q... —On doit écrire avec un tréma *hair, Ésaü, ciguë*, p-q...—On prononce comme s'il y avait : *Emma-us, Sa-ul, ha-ir, cigu-e*, mais on écrit : ..., p-q...—On doit écrire avec un accent : *poésie, poème, poète, Chloé, Noé,* et non pas avec un tréma : *poësie, poëme, poëte, Chloë, Noë*, p-q... — Au lieu d'écrire avec un tréma : *moïen, joïeux, envoïer*, on doit écrire avec un *y* : *moyen, joyeux, envoyer*, p-q... —Il faut écrire avec une cédille : *façade, façon, leçon, reçu, il renonça, menaçant*, p-q... —On doit prononcer comme s'il y avait : *na-ivement, ha-issable, fa-ience, Capharna-um, Sa-ul, Mo-ise, Isa-ie, Achélo-us, cigu-e, contigu-e*, mais on doit écrire :..., p-q... — Au lieu d'écrire : *poëtique, poësie, Noë, Chloë*, on doit écrire : ..., p-q... —On ne doit pas écrire : *moïen, roïauté, roïaume, octroïer*, mais on doit écrire :..., p-q... —

79. (Sur le n° 85.) Au lieu d'écrire : *la âme, la année, la histoire, la hirondelle, je la aime*; on doit écrire :..., p-q...; cependant il faut prononcer et écrire : *la ouate, la onzième, il faut la ouater.*— On n'écrira pas : *lorsque il arrivera, puisque elle connaît, quoique on préfère*; mais on écrira :..., p-q. ... —Au lieu d'écrire : *lorsqu'Antoine viendra, quoiqu'aimé, puisqu'Aristide*, on doit écrire :..., p-q... —On doit écrire en supprimant l'*e* : *il faut s'entr'aider, entr'ouvrir, entr'acte, une presqu'île*, p-q...; mais on doit écrire sans supprimer l'*e* : *lorsque Alexandre, il est presque impossible*, p-q... —Il faut écrire en supprimant l'*e* : *quelqu'un,* *quelqu'autre*, p-q....; mais il faut écrire sans supprimer l'*e*: *quelque ami, quelque homme*, p-q....—On écrira en supprimant l'*e* : *ma grand'mère, la grand'messe, ce n'est pas grand'chose, avec grand'peine*, p-q....—On écrira sans apostrophe : *grand merci*; et non pas avec une apostrophe: *grand'merci*, p-q. ...—Au lieu d'écrire : *si il vient, si ils arrivent*, on doit écrire : *s'il vient, s'ils arrivent*, p-q... — Il faut écrire sans supprimer l'*i* : *si Alexandre, si elle vient*, p-q....

80. (Sur le n° 86.) Il faut écrire avec un trait d'union : *irai-je? rendez-moi, rendons-nous, partiras-tu? venez-vous? vient-il? parlez-lui, allons-y*, p-q... — Il faut écrire avec deux traits d'union : *donne-le-moi, rends-la-lui, offrez-les-leur*, p-q...—Ecrivez avec un seul trait d'union: *va-t'en, donnez-m'en*, p-q. ...—On doit écrire avec deux traits d'union : *aime-t-il? viendra-t-elle? ira-t-on?* p-q... —On doit écrire avec un trait d'union : *celui-ci, celui-là, ci-joint, là-dessus, très-bon, lui-même*, p-q...—Il faut écrire avec un ou plusieurs traits d'union : *dix-huit, trente-trois, cent-vingt-deux*, p-q...—On écrira avec un ou plusieurs traits d'union : *chef-lieu, avant-coureur, arc-en-ciel, Châlons-sur-Saône, Alexandre-le-Grand*, p-q...—Lorsque, à la fin d'une ligne, un mot n'est pas achevé, on doit ...— Il faut écrire avec un ou plusieurs traits d'union: *dussé-je, viens-tu? viendront-*

elles? donnez-les, demandez-la, demande-s'-en, cours-y, p-q...—Écrivez avec deux traits d'union : *donnez-le-lui, offrez-la-leur, portons-lui-en, allez-vous-en,* p-q...; mais écrivez avec un seul trait d'union : *va-t'en, donnez-m'en,* p-q...—On écrira avec deux traits d'union : *parlera-t-il? ira-t-elle? sortira-t-on?* p-q...—Il faut écrire avec un trait d'union : *ceux-ci, ceux-là, cet homme-ci, cette femme-là,* p-q...—On doit écrire avec un trait d'union : *très-agréable, lui-méme, eux-mémes,* p-q...—Il faut écrire avec un ou plusieurs traits d'union : *vingt-cinq, quarante-neuf, trois cent-trente-six,* p-q... — Il faut écrire avec un ou plusieurs traits d'union : *choux-fleur, essuie-mains, pied-à-terre, St-Germain-en-Laye,* p-q...—Lorsque, à la fin d'une ligne, un mot n'est pas achevé, il faut...

81. *je ne doute pas que vous n'ayez entendu parler d'ésope, si célèbre par ses fables. la plus commune opinion le fait originaire de la phrygie. on sait qu'il naquit esclave, et fut vendu au philosophe xanthus de l'île de samos.* Il faut commencer par une majuscule les mots..., p-q...

> *ci-gît sous ce marbre blanc*
> *le plus avare homme de Rennes,*
> *qui mourut tout exprès le dernier jour de l'an*
> *pour ne point donner d'étrennes.*

Dans les vers qui précèdent, il faut com-

mencer par une majuscule les mots. . . . ,
p-q. . .

 antonin était gaulois, de la ville de nismes en languedoc. — à l'empereur nerva
succéda celpius trajan, né à italica, capitale
de la bétique, en espagne, aujourd'hui sé-
ville, capitale de l'andalousie, d'une famille
plus ancienne qu'illustre. — La ville capitale
de l'angleterre se nomme londres. — alexandre-le-grand était fils de philippe roi de macédoine. — les alpes sont des montagnes qui
séparent la france de l'italie et de la suisse.
— la seine traverse paris. — la meuse passe à
mézières et à charleville. — alger fut pris par
les français en 1830. — la marine était soi-
gneusement cultivée chez les grecs, et prin-
cipalement chez les athéniens. — la musique
a été portée à une grande perfection par les
grecs. — l'architecture, comme presque tous
les arts, a pris naissance en asie ; mais c'est
en grèce qu'elle s'est perfectionnée. — les
chaldéens sont regardés comme les pères de
l'astronomie. Il faut commencer par une majuscule les mots. . . , p-q. . .

 saint augustin, évêque d'hippone, essaya
de ramener les donatistes dans le sein de l'é-
glise. Il faut commencer par une majuscule
les mots. . . , p-q. . . — On doit écrire sans
majuscule : *plusieurs catholiques, quelques
protestans, la nation française, la grammaire de Wailly, l'histoire ancienne,* p-q. . .

82. Il faut écrire avec un accent aigu: *vérité, charité, unité,* il a *vérifié,* p-q...; mais on écrira sans accent aigu: *rocher, marcher, voler,* vous *allez, assez, pied, pluriel,* p-q... — On écrira de même sans accent aigu: *assujettir, greffier, Berri, essieu, terrasse, territoire,* p-q... — On écrira avec un accent grave: *frère, prière,* ils *jugèrent, modèle,* il *mène,* il *empiète, procès, après,* p-q...; mais on écrira sans accent grave: *Caleb, Jérusalem, amen, amer, cabinet, Rodez,* p-q... — On écrira de même sans accent grave: *sexe, complexe, réflexion,* je *jette,* il *appelle, muette,* p-q... — On écrira encore sans accent grave: *les, des, mes, tes, ses,* p-q... — Quand on dit: *c'est a moi, des demain, celui-la, ou est-il?* il faut mettre un accent grave sur..., pour... — Quand on dit: *Il a du se taire, et il s'est tu; cela est sur,* on doit mettre un accent circonflexe sur..., pour... — Il faut écrire avec un accent circonflexe: nous *fûmes,* vous *eûtes,* nous *allâmes,* vous *vîtes,* vous *chûtes,* p-q. ... — On écrira avec un accent circonflexe: qu'il *eût,* qu'il *fût,* qu'il *portât,* qu'il *prit,* qu'il *reçût,* p-q... — Il faut écrire avec un accent circonflexe: il *paraît,* vous *paraîtrez,* ils *reconnaîtront,* p-q...; mais on écrira sans accent circonflexe: *naissant,* il *paraissait, reconnaissez,* p-q... — Ecrivez avec un accent circonflexe: la *nôtre,* les *vôtres,* p-q... — On doit écrire avec un accent circonflexe: *apôtre*, *chéne*, *conquéte*, *extrême*, *flûte*, *pâtre*, *hêtre*, *intérét*, *maître*, *mûrier*, *trône*, *embûches*, p-q...

83. Il faut écrire avec une cédille: *façade*, *forçat*, *garçon*, *leçon*, *reçu*, p-q... — On doit prononcer comme s'il y avait: *na-if*, *la-ic*, *fa-ience*, *Esa-u*, *Sa-ul*, *Emma-us*, *ci-gü-e*; mais on doit écrire:..., p-q... — Il faut écrire avec un accent: *poésie*, *poème*, *Chloé*, et non pas avec un tréma, *poësie*, *poëme*, *Chloë*, p-q... — Il faut écrire avec un *y* et non pas avec un tréma : *envoyer*, *moyen*, *ennuyeux*, p-q... — Au lieu d'écrire: *la armée*, *la histoire*, *je la estime*, il faut écrire:..., p-q... — On n'écrira pas : *je engage, je me éloigne, tu te ennuyes, il se expose, il vient de arriver, je crois que il est arrivé, ce est moi, ils ne aiment pas, je le oublie, il la honore*; mais on écrira:..., p-q. ... — N'écrivez pas : *lorsque il viendra, puisque elle voit, quoique on dise, lorsque une fois*; mais écrivez :..., p-q... — On n'écrira pas: *lorsqu'Alexandre, puisqu'alors, quoiqu'abandonné*; mais on écrira:..., p-q. ... — On écrira: *s'entraider, entr'ouvrir*, une *presqu'île*; mais on n'écrira pas : *entr'Alexandre et Philippe, il est presqu'abandonné*, p-q... — N'écrivez pas: *quelque un, quelque autre*; mais écrivez:..., p-q... — On prononce comme s'il y avait: *quelqu'habitude, quelqu'auteur*; mais on écrit:..., p-q.

... —On ne dira pas : *j'ai vu ma* GRANDE MÈRE, *j'ai assisté à la* GRANDE MESSE, *ceci ne vaut pas* GRANDE CHOSE, *il demeure dans la* GRANDE RUE ; mais on dira :..., p-q...—On ne dira pas : *si il arrive, si ils viennent* ; mais on dira : ..., p-q...— On ne dira pas : *s'elle vient, s'un homme* ; mais on dira :..., p-q...— On prononce : *suis je ? laissez moi ! crois tu ? voulez vous ? vient il ? vas y, prends le, veut on ? serait ce, pardonnons leur* ; mais on écrit :..., p-q...— On prononce : *reporte la lui, demande le leur, apvortez les moi* ; mais on écrit :..., p-q...— On doit prononcer : *verra t il, prendra t elle, voudra t on* ; mais on doit écrire : ..., p-q...—Que l'on prononce : *celui ci, celle là, ces gens là, là haut, ci contre, très beau, nous mêmes* ; mais que l'on écrive :..., p-q...— Prononcez : *dix huit, vingt quatre, cent trente deux, deux mille huit cent vingt neuf* ; mais écrivez :..., p-q...—On prononcera : un *chef lieu,* le *sous préfet,* le *contre poison, Seine et Oise, Louis le Grand* ; mais on écrira : ..., p-q...

CHAPITRE SECOND.

MANIÈRE D'INDIQUER LES PAUSES, OU PONCTUATION.

ARTICLE PREMIER.

SIGNES DE PONCTUATION QUI INDIQUENT PRINCIPALEMENT LES PAUSES.

84. (Sur le n° 89.) *Joseph est haï de ses frères, parce qu'il les accuse d'un grand crime, et qu'il est tendrement aimé de son père. Jésus-Christ est haï des Juifs, parce qu'il leur reproche leurs vices, qu'il se déclare le fils de Dieu, et que Dieu lui-même l'appelle son fils bien-aimé. Joseph est vendu et livré à des étrangers; sa robe est teinte de sang; Putiphar le condamne, et personne ne s'intéresse pour lui: il souffre en silence. Jésus-Christ est vendu trente deniers; il est livré aux Romains par les Juifs; il souffre toutes sortes d'injures, de supplices, et enfin une mort sanglante, sans se plaindre. Joseph est mis en prison avec deux criminels; il prédit à l'un son élévation, et à l'autre sa mort prochaine. Jésus-Christ en croix entre deux voleurs sauve l'un, et laisse mourir l'autre dans l'impénitence. Enfin, Joseph est trois ans dans la prison; il arrive à la gloire par les souffrances et par les humiliations; il est appelé sauveur du monde. Jésus-Christ est* trois jours dans le tombeau; il fallait qu'il souffrît, et qu'il entrât ainsi dans la gloire. Le nom de Jésus signifie sauveur, et il l'a été en effet de tous les hommes. Il faut mettre un alinéa après les mots..., p-q... Le premier mot de chaque alinéa doit être placé, non à l'endroit où l'on commence ordinairement la ligne, mais un peu plus en dedans, p-q. le premier mot de l'alinéa doit commencer ainsi.

On divise les mers extérieures en quatre océans ou mers extérieures : 1° L'océan Atlantique, entre l'Europe et l'Afrique, à l'est, et l'Amérique, à l'ouest; 2° Le Grand-Océan, appelé aussi mer Pacifique ou mer du Sud, entre l'Amérique, à l'est, et l'Asie à l'ouest; 3° L'océan Glacial arctique, au nord des deux continens; 4° L'océan Glacial antarctique, qui occupe la partie la plus méridionale du globe. On doit mettre un alinéa avant le..., p-q...

Éloge de Caton: Les Romains estimaient Caton autant qu'ils l'admiraient. On disait de lui qu'on doutait qu'il eût fait une action dont il pût se repentir, etc. On doit séparer par un alinéa les mots..., p-q...

85. (Sur le n° 92.) Corneille n'a eu devant les yeux aucun auteur qui ait pu le guider; Racine a eu Corneille. Corneille a trouvé le théâtre français très-grossier, et l'a porté à un haut point de perfection; Ra-

cine ne l'a pas soutenu dans la perfection où il l'a trouvé. *Les caractères de Corneille sont vrais, quoiqu'ils ne soient pas communs; les caractères de Racine ne sont vrais que parce qu'ils sont communs.* Il faut mettre un point alinéa après les mots...., p-q...

Mort de Richelieu. Richelieu étant tombé dangereusement malade, pressa ses médecins de lui dire sincèrement ce qu'ils pensaient de son état. Tous répondirent qu'une vie si précieuse intéressait le ciel, et que Dieu ferait un miracle pour le guérir, etc. Il faut mettre un point alinéa après les mots ...., p-q...

La consonne x se prononce de plusieurs manières différentes: 1° Elle se prononce ordinairement comme ks, comme dans index, Félix, luxe, etc. *2° Elle se prononce comme s dans les mots Auxerre, Bruxelles, soixante,* etc. *3° Elle se prononce comme z dans les mots deuxième, sixième,* etc. *4° Elle se prononce comme gz, lorsqu'elle est au commencement d'un mot, ou qu'elle est précédée d'un e et suivie d'une voyelle ou d'un h, comme dans Xavier, Xénophon, examen, exhorter,* etc. Il faut mettre un point alinéa avant..., p-q...

86. (Sur les n°s 93 et 94.) *La clémence fait ordinairement plus d'honneur à un prince que les plus beaux exploits militaires. On ne saurait du moins disconvenir* qu'elle est plus capable de lui gagner des cœurs que les victoires les plus éclatantes. Nous avons dans la personne de l'empereur Sévère un trait de clémence qui paraîtrait incroyable, si l'histoire n'en faisait foi. On raconte qu'il se vengea d'une manière toute singulière d'un sénateur qui avait formé une conspiration pour lui enlever l'empire, etc. Il faut mettre un point simple après les mots..., p-q...

Les lettres suivantes: *S. M.*, *M^d*, *MM.*, *S. Exc.*, signifient...—Ces lettres: *S-E.*, *N-O.*, *M. N.*, *S. H.*, *S. S.*, veulent dire:...—Ces lettres: *NN. PP. et SS.*, veulent dire:...—Socrate, fils d'un sculpteur, s'appliqua d'abord à la profession de son père l'histoire fait mention de trois statues travaillées par lui, qui étaient d'une grande beauté, et qui représentaient les Grâces il renonça bientôt à cette profession pour se livrer à la philosophie il eut pour femme Xantippe, qui mit sa patience aux plus rudes épreuves Socrate recommandait trois choses à ses disciples: la sagesse, la pudeur et le silence obéissez, leur disait-il, aux volontés de vos parens, quelque dures qu'elles puissent être, etc. Il faut mettre un point simple après les mots ..., p-q...

Ces lettres: *S.-O.*, *S. M.*, *S. E.*, *M.*, *MM.*, *S.*, *N.*, *Mad.*, *M^e*, signifient:...

87. (Sur le n° 95.) *On entendit une voix*

*du ciel qui dit c'est là mon fils bienai...
en qui j'ai mis tout mon plaisir. — Mento...
répondit nous y avons été jetés. Il fau...
mettre deux points après les mots...
p-q...*

*Je ne sais si je pourrai aller vous voi...
je suis un peu indisposé. — Ces enfans mé-
ritent une récompense ils ont été très-sages...*
On doit mettre deux points après les mots
..., p-q...

*Les Dieux décident de tout ce sont donc
les Dieux, et non les hommes qu'il faut
craindre.* Il faut mettre deux points après
les mots..., p-q...

*Vous m'avez rendu de très-grands ser-
vices c'est vous qui m'avez élevé et nourri;
c'est vous qui m'avez fait instruire, c'est
vous qui m'avez procuré un établissement.*
On doit mettre deux points après le mot
..., p-q...

*Les écrivains se sont plu à combler
Louis XIV de louanges pompeuses; on les
en a quelquefois blâmés mais Horace et
Virgile en ont prodigué bien plus à Auguste, qui les avait peut-être moins méri-
tées que Louis-le-Grand, si on songe aux
proscriptions commandées par l'empereur
romain.* Il faut mettre deux points après le
mot..., p-q...

88. (Sur le n° 95.) *L'enfant répondit je
suis bien aise de souffrir pour ce que j'ai
fait. — Alexandre disait souvent je ne suis*

pas plus redevable à Philippe mon père, qu'à Aristote mon précepteur. Il faut mettre deux points après les mots..., p-q...

Les ressources de la vertu sont infinies plus on en fait usage, plus elles se multiplient. — Quelque pures que soient leurs intentions, quelle que soit leur expérience, les hommes peuvent se laisser égarer les plus habiles, les plus sages même sont faillibles. Mettez deux points après les mots..., p-q...

Les mauvaises compagnies sont dangereuses on doit les fuir. — Dieu nous a donné des commandemens ainsi nous devrons les suivre. Il faut mettre deux points après les mots..., p-q...

Nos maux physiques se détruisent ou nous détruisent le temps ou la mort est notre remède. Il faut mettre deux points après le mot..., p-q...

L'histoire est un théâtre où la politique, de même que la morale, est mise en action c'est là que les hommes n'ont plus de rang que par leurs vertus. Il faut mettre deux points après..., p-q...

Tout plaît dans les synonymes de l'abbé Girard la finesse des remarques, la justesse des pensées, le choix des exemples. On doit mettre deux points après le mot..., p-q...

89. (Sur le n° 96.) Dès que César fut entré dans le sénat, les conjurés l'entourè-

rent comme pour lui faire la cour et Cimber,
l'un d'eux, vint se jeter à ses pieds pour lui
demander une grâce. — La religion veille
sur les crimes privés les lois sur les crimes
publics. On doit mettre un point-virgule
après les mots..., p-q...

Les plaisirs sont des fleurs semées parmi
les ronces de la vie mais il faut les cueillir
avec soin, car on en flétrit aisément la
beauté passagère. — Si vous êtes sage, vous
serez récompensé mais si vous vous conduisez mal, vous serez puni. Il faut mettre
un point-virgule après les mots..., p-q...

Les principales montagnes de l'Europe
sont : les Alpes, entre la Suisse, la France,
et l'Italie les Pyrénées, entre la France et
l'Espagne les Apennins, qui traversent l'I-
talie du nord au sud les monts Krapachs,
entre la Hongrie et la Pologne, etc. Il faut
mettre un point-virgule avant les mots...,
p-q...

90. (Sur le n° 96.) Parler beaucoup et
bien, c'est le talent du bel-esprit parler beaucoup et mal, c'est le défaut du fat parler peu
et bien, c'est le caractère du sage. — Tout
l'agite, l'inquiète, le ronge il a peur de son
ombre il ne dort ni nuit, ni jour. Il faut
mettre un point-virgule après les mots...,
p-q...

Le méchant a quelquefois le calme empreint sur sa figure mais l'enfer est dans
son cœur. — Les anciens se sont peu occu-

pés de physique expérimentale cependant ils nous ont conservé un grand nombre de faits, qui ont contribué aux progrès que la science a faits dans les temps modernes. Il faut mettre un point-virgule avant les mots ..., p-q...

Ensuite il s'entretenait avec moi de cette première puissance qui a formé le ciel et la terre de cette lumière infinie et immuable qui se donne à tous sans se partager de cette vérité souveraine et universelle qui éclaire tous les esprits, comme le soleil éclaire tous les corps. On doit mettre un point-virgule après les mots..., p.q...

91. (Sur le n° 97.) *Lorsqu'on est jeune la vie paraît sans terme.— Si nous n'avions pas tant d'orgueil nous parlerions moins de l'orgueil des autres.* Il faut mettre une virgule après les mots..., p-q...

Didon pleine du désir de la vengeance s'est sauvée de Tyr avec plusieurs vaisseaux. Il faut mettre une virgule après les mots ..., p-q...

Les enfans qui sont sages sont aimés de leurs parens. Il ne faut pas séparer par la virgule la proposition incidente, p-q...

Qu'on me vende dit-il à celui qui a besoin d'un maître. — Comment avez-vous pu vous accoutumer au secret? Il faut mettre une virgule après les mots..., p-q...

Souffrez, ô Crétois! que je vous dise ce que

je pense.—C'est vous monsieur que j'ai vu. Il faut mettre une virgule après les mots: . ., p-q . . .

Cet homme par sa mauvaise conduite mérite d'être chassé.— Il croyait par de belles promesses pouvoir le gagner. On doit mettre une virgule après les mots. . ., p-q . . .

Le plus bel héritage qu'un père puisse laisser à ses enfans c'est la gloire de ses vertus et de ses belles actions. — Les affaires que je vous avais recommandé de garder sous le sceau du secret n'auraient pas dû être dévoilées. Il faut mettre une virgule avant les mots. . ., p-q . . .

92. (Sur le n° 97.) *Accoutumés aux douceurs et à la servitude de la société les habitans de l'Attique étudiaient leurs devoirs dans leurs besoins.—Courbés sous le joug de la terreur nous avons bien pu méconnaître cette maxime.* Il faut mettre une virgule après les mots. . ., p-q . . .

C'est là que l'impiété est un bon air; la foi une faiblesse; la religion un songe.— La complaisance nous fait des amis, et la vérité des ennemis. Il faut mettre une virgule après les mots. . ., p-q . . .

Les faux talens sont hardis effrontés souples adroits et jamais rebutés.—La raison supporte les disgrâces le courage les combat la patience les surmonte. Il faut mettre une virgule après les mots. . , p-q . . .

Ni le temps ni le malheur ne doivent effa-

cer de notre cœur le souvenir d'un ami.—On prend des manières polies et gracieuses avec les gens aimables et bien élevés. On ne doit point mettre de virgule avant les mots *ni le malheur, et gracieuses, et bien élevés*, p-q...

Citoyens étrangers, ennemis, peuples, rois, empereurs le plaignent et le révèrent. On doit mettre une virgule après le mot *empereurs*, p-q...

93. (Sur le n° 97.) *La vie serait bien courte si l'espérance n'en prolongeait la durée.—Ce qui me révolte c'est de voir les riches s'enorgueillir de leurs richesses.* Il faut mettre une virgule avant les mots..., p-q...

Le peuple épuisé par la guerre se séparait souvent des patriciens. — Tarquin l'Ancien quoique né au-delà des mers ambitionna la royauté.—Mithridate roi de vingt-deux nations leur rendit la justice en autant de langues après les avoir haranguées toutes sans interprète. Il faut mettre une virgule avant les mots..., p-q...

C'est toi lui dis-je qui m'as trompé.—Qu'il descende du trône lui répondit-on. — Mon ami lui dit Jésus à quel dessein venez-vous ici? On doit mettre une virgule avant les mots..., p-q...

Par son courage Charlemagne recula au loin les bornes de la France. — A la plus haute réputation de sagesse dans le gouvernement Hugues-Capet joignit celle de la valeur et de l'habileté guerrière. Il faut mettre une virgule avant les mots..., p-q...

Un trait bien remarquable de sa prudence et de sa politique fut l'ordre qu'il mit dans la succession à la couronne. — Les gens qui sont continuellement dans le tourbillon du monde sont sujets à d'étranges distractions. On doit mettre une virgule avant les mots..., p-q...

Possesseur d'une grande partie des Gaules Clovis songea à contracter une alliance digne de lui. Touché de ce qu'il avait appris des grâces et des vertus de Clotilde il la demanda à son oncle. Il faut mettre une virgule avant les mots..., p-q...

L'homme hardi peut tout et le timide rien. Il faut mettre une virgule avant le mot ..., p-q...

Télémaque aperçut de sombres et de fausses lueurs de vaines ombres d'épouvantables fantômes d'horribles figures. On doit mettre une virgule avant les mots..., p-q...

Deux généraux, six officiers, douze sergents, huit cents soldats furent tués dans ce combat. Il faut mettre une virgule avant le mot..., p-q...

RÉCAPITULATION.

94. *Une parole indiscrète coûte souvent bien cher le philosophe Anaxarque se trouvait un jour à la table d'Alexandre celui-ci lui demanda ce qu'il pensait du repas,* etc. Il faut mettre un point simple avant les mots..., p-q...

Le climat tempéré ne produit que des choses tempérées les herbes les plus douces les légumes les plus sains les fruits les plus suaves les animaux les plus tranquilles les hommes les plus poix *sont l'apanage de cet heureux climat.* Il faut mettre deux points avant le mot..., p-q... Il faut mettre une virgule avant les mots..., p-q...

Le goût du jeu fruit de l'avarice et de l'ennui ne captive jamais qu'un esprit ou un cœur vide.—*On pourrait appeler la politesse une bonté assaisonnée c'est la bonne grâce ajoutée au bon cœur.* Il faut mettre une virgule avant les mots..., p-q... On doit mettre deux points après le mot..., p-q...

Ceux qui donnent de bons conseils sans les accompagner d'exemples ressemblent à ces poteaux qui indiquent les chemins sans les parcourir. Avant le mot *ressemblent* il faut mettre..., p-q... Avant les mots *qui donnent, qui indiquent,* il ne faut pas mettre de virgule, p-q...

Ainsi va le monde aujourd'hui on est ami et demain rival. — *Je ne suis point sa mère mais lors même que je la serais je ne saurais lui être plus attachée que je ne le suis.* Avant le mot *aujourd'hui* on doit mettre..., p-q. ... Avant les mots *et demain, je ne saurais,* on doit mettre..., p-q... Avant *mais lors même* il faut mettre.. , p-q...

33

95. *Mais expliquez-moi lui disais-je les vrais moyens d'établir à Ithaque un pareil commerce faites me répondit-il comme on fait ici recevez bien et facilement les étrangers faites-leur trouver dans vos ports la sûreté la commodité la liberté entière ne vous laissez jamais entraîner ni par l'avarice ni par l'orgueil.* Il faut mettre un point simple avant le mot.. ., p-q. . . .; il faut mettre deux points avant.. ., p-q. . . .; il faut mettre un point-virgule avant.. ., p-q. . . .; on doit mettre une virgule.. ., p-q. . . .

Narbal me répondit ce mensonge Télémaque n'a rien qui ne soit innocent les Dieux mêmes ne peuvent le condamner il ne fait aucun mal à personne il sauve la vie à deux innocens il ne trompe le roi que pour l'empêcher de faire un grand crime vous poussez trop loin l'amour de la vertu et la crainte de blesser la religion. Après le mot *répondit* il faut mettre.. ., p-q. . . .; après *mensonge* et *Télémaque*, il faut mettre.. ., p-q. . . .; avant *les Dieux*, il faut mettre.. ., p-q. . . .; après le mot *condamner*, on doit mettre.. ., p-q. . . .; avant *vous poussez* on doit mettre.. ., p-q. . . .; après *vertu*, mettez.. ., p-q. . . .

96. *Lorsqu'on est jeune la vie paraît sans terme c'est un trésor qu'on croit être inépuisable.— Considérez la condition des hommes qui dirigent les affaires quelque sages qu'ils soient quelle que soit leur puissance quel*

ques lumières qu'ils possèdent que d'agitations ! que de traverses ! Après le mot *jeune,* il faut mettre . . . , p-q . . . ; après le mot *terme,* on doit mettre . . ., p-q . . . ; après le mot *affaires,* il faut mettre . . ., p-q . . . ; avant *quelle que soit, quelques lumières,* il faut mettre . . ., p-q . . .

Il suffit qu'un homme habile n'ait rien négligé pour faire réussir une entreprise le mauvais succès ne doit pas diminuer son mérite. — *La mort ne prend jamais le sage au dépourvu il est toujours prêt à mourir.* Après le mot *entreprise,* il faut mettre . . ., p-q . . . ; après le mot *dépourvu,* il faut mettre . . ., p-q . . .

On distingue quatre sortes d'e l'e muet l'e fermé l'e ouvert et l'e qui a le son de l'a. — *Je le vis périr le dard d'un Phénicien perça sa poitrine les rênes lui échappèrent des mains il tomba de son char sous les pieds des chevaux.* On doit mettre deux points après les mots . . ., p-q . . . ; on doit mettre un point-virgule après . . ., p-q . . . ; on mettra une virgule après les mots . . ., p-q . . .

97. *L'Amérique méridionale se divise en huit parties la terre-ferme au nord le Pérou et le Chili à l'ouest le pays des Amazones au centre le Brésil et la Guyane à l'est le Paraguay et la Patagonie au sud.* Il faut mettre deux points après . . ., p-q . . . ; on doit mettre un point-virgule avant . . ., p-q . . . ; on doit mettre une virgule avant les mots . . ., p-q . . .

Il en vint à bout mais par des moyens qui ternirent beaucoup sa gloire des traîtres des assassins tels furent les instrumens qu'il mit en œuvre. Avant le mot *mais*, on doit mettre..., p-q...; après le mot *gloire*, il faut mettre..., p-q...; il faut mettre une virgule après les mots..., p-q...

Quoique élevé dans une cour arienne, Clotilde était catholique. — Clovis l'épée-et la hache à la main s'élance sur les ennemis les pousse et les met en désordre. — Narbal surpris et effrayé répondit je vais chercher cet étranger qui est de l'île de Chypre. — D'abord j'eus horreur de tout ce que je voyais mais insensiblement je commençais à m'y accoutumer. Avant le mot *Clotilde*, il faut mettre..., p-q...; après les mots *Clovis* et *main*, il faut mettre..., p-q...; avant *les pousse et les met*, il faut mettre..., p-q...; avant *surpris* et *répondit*, il faut mettre..., p-q...; après *répondit*, il faut mettre..., p-q...; avant *mais* il faut mettre..., p-q...

98. *Portrait de Charlemagne Charlemagne sera toujours admiré de ceux qui liront son histoire par son courage il recula au loin les bornes de la France il aimait singulièrement les lettres il les cultivait même avec succès quoiqu'il eût toujours les armes à la main.* Après ces mots : *portrait de Charlemagne*, il faut mettre..., p-q...; après les mots *histoire*, *il aimait*, il faut mettre..., p-q...; avant *il recula*, on doit mettre..., p-q...;

avant *il les cultivait*, mettez..., p-q...; avant *quoiqu'il eût*, mettez..., p-q...

Souffrez ô Crétois que je vous dise ce que je pense vous êtes le plus sage de tous les peuples mais la sagesse demande ce me semble une précaution qui vous échappe. Il faut mettre un point simple avant..., p-q...; il faut mettre une virgule avant..., p-q...; il faut mettre un point-virgule avant..., p-q...

Jupiter et Saturne sont les planètes qui tournent le plus vite sur elles-mêmes elles opèrent leur rotation en moins de dix heures et demie. Avant ces mots : *elles opèrent,* il faut mettre..., p-q...

Le style n'est que l'ordre et le mouvement qu'on met dans ses pensées si on les enchaîne étroitement si on les serre le style devient ferme et nerveux et concis si on les laisse se succéder lentement et ne se joindre qu'à la faveur des mots quelque élégans qu'ils soient le style sera diffus lâche et traînant. Indiquez les signes de ponctuation, et rendez raison de chaque assertion.

ARTICLE SECOND.

SIGNES DE PONCTUATION QUI INDIQUENT LES DIFFÉRENTES ESPÈCES DE DISCOURS.

99. *Votre père est-il encore en vie.* — *Avez-vous oublié tout ce que les Dieux ont* *fait pour vous ramener dans votre patrie comment êtes-vous sorti de la Sicile. Il faut* mettre un point d'interrogation après les mots..., p-q...

Hélas que n'a-t-il achevé — Grâce grâce s'écria-t-il. — Oh qu'on est malheureux, quand on est au-dessus du reste des hommes. On doit mettre un point d'exclamation après les mots..., p-q...

Elle remerciait Dieu de deux grâces : l'une de l'avoir faite chrétienne ; l'autre Messieurs, qu'attendez-vous ? Il faut mettre des points de suspension après le mot..., p-q...

Qu'est-ce là ? lui dit-il. Rien Quoi rien Peu de chose Mais encore Le collier dont je suis attaché de ce que vous voyez est peut-être la cause. Il faut mettre un tiret après les mots..., p-q...

Un philosophe Hérophile plaçait l'ame dans le centre du cerveau. — La proscription des Templiers chevaliers du temple est un des événemens les plus célèbres du règne de Philippe-le-Bel. Il faut mettre entre parenthèse les mots..., p-q...

Saint Sidoine Apollinaire nous trace ainsi le portrait des Francs avant qu'ils se fussent mêlés avec les Gaulois et les Romains: Ils ont, dit-il, la taille haute, la peau fort blanche, les yeux bleus ; leur visage est entièrement rasé, excepté la lèvre supérieure, où ils laissent croître de petites moustaches, etc. Il faut placer des guillemets avant le

mot...; et après le mots..., p-q... On
peut encore en mettre..., p-q...

100. *Malheureuse qu'ai-je fait. — Mais que dis-je Et que deviendrai-je, quand Télémaque sera parti. — Oh si j'étais libre de me donner la mort pour finir mes douleurs.* Il faut mettre un point d'interrogation après les mots..., p-q...; il faut mettre un point d'exclamation après les mots..., p-q...

O grande déesse, que son père O jeune homme! tu reverras enfin A ces mots, la parole meurt dans sa bouche. — Est-ce assez dites-moi; n'y suis-je point encore. Nenni M'y voici donc Point du tout M'y voilà Vous n'en approchez point. Il faut mettre des points de suspension après les mots..., p-q...; il faut mettre un point d'interrogation après les mots...; il faut mettre un tiret après les mots..., p-q...

J'ai le malheur d'être si sensible, que, le croiriez-vous! sans savoir si le chagrin d'Auguste est fondé, depuis que je lui vois l'air sombre, je suis sombre moi-même. Il faut mettre entre parenthèse les mots..., p-q...

Le peuple s'écria: Victoire au fils d'Ulysse. — O Mort lui disait-il, que tu me sembles belle. — L'enfant répondit: Je suis bien aise de souffrir pour ce que j'ai fait ; si je suis chassé de la maison paternelle, j'en habiterai une autre qui est plus grande et plus

belle. Après le mot *Ulysse*, il faut mettre.
..., p-q...; après *O mort*, il faut mettre
..., p-q...; après le mot *belle*, il faut mettre..., p-q...; avant *Je suis bien aise* il
faut mettre..., p-q...; après *plus belle*, il
faut mettre..., p-q...

CHAPITRE TROISIÈME.

ORTHOGRAPHE PARTICULIÈRE DES VERBES.

101. (Sur les nᵒˢ 105, 106 et 107.) On
écrira avec un *e* muet : il *affligea*, je m'*affli-
geai*, nous *dédommageons*, nous *voyageâ-
mes*, p-q. dans les verbes en *ger* le *g* doit toujours être suivi d'un *e* muet devant *a* et *o*.
Il faut écrire avec deux *l* ou avec deux *t* : il
appelle, ils *achetteront*, j'*appellerai*, nous
époussetterons, p-q. dans les v. en *eler* ou *eter*
les consonnes *l* et *t* se redoublent à tous les t.
où elles sont suivies d'un *e* muet; mais on
écrira avec un seul *l* ou un seul *t* : il *rappela*,
nous *appelons*, vous *décachetez*, il *jeta*, p-q.
les consonnes *l* et *t* ne sont pas suivies d'un
e muet.—Écrivez avec un seul *l* ou un seul
t : je *décèle*, tu *empiètes*, il *démêle*, il s'*entête*,
p-q. dans les verbes en *éler*, *éter*, *êler*, *êter*,
le redoublement des consonnes *l* et *t* n'a pas
lieu.

102. (Sur les nᵒˢ 105, 106 et 107.) On
écrira avec un *e* muet : *partageons*, il *arran-
geait*, vous *mangeâtes*, j'*interrogeai*, qu'il

songeât, nous *nageons*, p-q...—On écrira avec deux *l* ou avec deux *t* : j'*attellerais*, qu'il *pelle*, il *gellera*, ils *renouvelleront*, ils *empaquetteraient*, ils *rejettent*, p-q...; mais on écrira avec un seul *l* ou un seul *t* : je *pelai*, nous *ensorcelâmes*, ils *attelèrent*, il *cacheta*, que nous *furetassions*, vous *achetiez*, p-q...
—Il faut écrire avec un seul *l* ou un seul *t* : je *célerai*, je *révèle*, tu *inquièteras*, ils *végètent*, il *prête*, p-q...—On doit écrire avec un *e* muet : *allongeons*, il *corrigea*, qu'il *ménageât*, tu *rangeais*, p-q... — Ecrivez avec deux *l* ou avec deux *t* : nous *renouvellerons*, je *nivelle*, je *décachetterai*, nous *souffletterions*, p-q...; mais on écrira : nous *carrelons*, *pelons*, vous *achetiez*, je *jetai*, p-q...—Qu'on écrive avec un seul *l* ou un seul *t* : je *révèlerai*, nous *végèterons*, il *fêtera*, vous *bélerez*, p-q...

103. (Sur les nos 108, 109 et 110.) On écrit avec deux *i* : nous *alliions*, vous *mariiez*, que vous *certifiiez*, que nous *criions*, p-q...
—Il faut écrire avec un *y* et un *i* : nous *aboyions*, vous *égayiez*, que nous *ennuyions*, que vous *payiez*, p-q... —On écrira avec un *i* : que tu *voies*, qu'ils *aboient*, je *tutoie*, p-q...
—On doit écrire avec deux *e* : il *agrée*, je *créerai*, nous *ragréerions*, *crée*, qu'ils *recréent*, p-q...—Ecrivez avec trois *e* : elle est *créée*, elles sont *agréées*, elle sera *recréée*, p-q...

104. (Sur les nos 108, 109 et 110.) On écrira avec deux *i* : nous *appropriions*, vous *associiez*, que nous *coloriions*, que vous *contrariiez*, que nous *priions*, p-q... — On écrit avec un *y* et un *i* : nous *grasseyions*, vous *délayiez*, vous *fossoyiez*, que nous *pourvoyions*, que vous *trayiez*, p-q... — Il faut écrire avec un *i* : je *traie*, que je *paie*, ils *noient*, tu *essaies*, p-q... — Écrivez avec deux *e* : je *crée*, il *agréera*, nous *récréerions*, *ragrée*, que vous *agréeriez*, ils sont *créés*, p-q... — Qu'on écrive avec deux *i* : nous *béatifiions*, vous *amplifiiez*, que nous *opprimiions*, que vous *congédiiez*, p-q... — On doit écrire avec un *y* et un *i* : nous *défrayions*, vous *grasseyiez*, que nous *voyions*, que vous *croyiez*, p-q... — On écrira avec un *i* : je *broierai*, ils *bégaient*, que tu *voies*, il *aboie*, p-q... — On écrit avec deux *e* : je *recrée*, il *agréera*, nous *ragréerions*, *crée*, que j'*agrée*, il est *recréé*, p-q... — Écrivez : elles étaient *créées*, elle est *recréée*, elle sera *agréée*, p-q...

105. (Sur les nos 111 et 112.) Il faut terminer par *ds, ds, d* : je *prends*, tu *prends*, il *prend*, p-q... — On doit terminer par *s, s, t* : je *peins*, tu *crains*, il *absout*, p-q... — Terminez par *s, s, t* : je *vis*, tu *recevais*, il *donnait*, p-q... — On doit terminer par *e, s, e* : je *chante*, tu *cueilles*, il *offre*, tu *couvres*, que j'*entende*, que tu *donnes*, qu'il

..asse, p-q... — Il faut terminer par *e*, *es*, *t* : que je *reçusse*, que tu *aimasses*, qu'il *couvrît*, p-q... — On termine par *ai*, *as*, *a* : je *restai*, tu *restas*, il *resta*; je *recevrai*, tu *recevras*, il *recevra*, p-q... — On terminera par *x*, *x*, *t* : je *peux*, tu *veux*, il *veut*; je *vaux*, tu *vaux*, il *vaut*, p-q...

106. (Sur les nos 111 et 112.) Terminez par *ds*, *ds*, *d* : j'*entends*, tu *apprends*, il *prend*, p-q... — Qu'on termine par *s*, *s*, *t* : je *peins*, tu *crains*, il *craint*; j'*absous*, tu *résous*, il *résout*, p-q... — On termine par *s*, *s*, *t* : je *finis*, tu *reçois*, il *allait*, p-q... — Il faut terminer par *e*, *s*, *e* : j'*ouvre*, tu *accueilles*, il *offre*; que je *finisse*, que tu *accostes*, qu'il *reçoive*, p-q... — On doit terminer par *e*, *es*, *t* : que je *fisse*, que tu *parlasses*, qu'il *vînt*, p-q... — On terminera par *ai*, *as*, *a* : je *continuerai*, tu *endurciras*, il *recevra*, p-q... — On termine par *x*, *x*, *t* : je *vaux*, tu *prévaux*, il *prévaut*, p-q...

107. (Sur le nº 113.) Terminez par *s* : nous *professons*, nous *coudrons*, que nous *prissions*, p-q... — On termine par *z* : vous *profanez*, vous *profitez*, vous *prendrez*, p-q... — On doit terminer par *s* : vous *dites*, vous *faites*, p-q... — Il faut terminer par *ent* : ils *portent*, ils *reçurent*, qu'ils *fuient*, p-q... — Qu'on termine par *ont* : ils *aimeront*, ils *pourront*, ils *vont*, ils *font*, ils *sont*, p-q... — On écrit avec un accent circonflexe : nous *eûmes*, vous *prîtes*, nous *chantâmes*, p-q... — Terminez par *s* : nous *viendrons*, nous *tremblerons*, nous *faisons*, p-q... — On doit terminer par *z* : vous *étudierez*, vous *viendriez*, vous *coudrez*, p-q...

On termine par *s* : vous *faites*, vous *dites*, p-q... — Que l'on termine par *ent* : ils *vendent*, ils *bénirent*, qu'ils *reçussent*, p-q... — Il faut terminer par *ont* : ils *répondront*, ils *verront*, ils *fuiront*, ils *font*, ils *vont*, ils *sont*, p-q... — On écrit avec un accent circonflexe : nous *fûmes*, vous *parlâtes*, vous *apprîtes*, p-q...

108. (Sur les nᵒˢ 114, 115 et 116.) On termine par deux *s* : que je *parlasse*, que tu *tinsses*, que nous *pussions*, p-q... — On doit terminer par *t* : qu'il *doutât*, qu'il *parvînt*, qu'il *pût*, p-q... — Il faut terminer par *e*, *s* : *chante*, *finis*, *rends*, p-q...; mais on termine par *s* : *donne-s-en*, *va-s-y*, *va-s-en chercher*, p-q... — Ecrivez avec un *e* muet : nous *engraisserions*, il *étudiera*, tu *lèverais*, je *cueillerai*, nous *acueillerions*, p-q...; mais on écrit sans *e* muet : je *rendrai*, j'*inscrirais* : je *recevrai*, nous *vendrions*, nous *répondrons*, p-q... — Il faut terminer par deux *s* : que je *frottasse*, que vous *fissiez*, que nous *vendissions*, qu'ils *bussent*, p-q... — On termine par *t* : qu'il *payât*, qu'il *bût*, qu'il recueillit, p-q...— Que l'on termine par *e, s* : *étudie, réponds, tremble, tiens*, p-q...; mais on termine par *s* : *travaille-s-y, donnes-en, va-s-y, va-s-en chercher*, p-q...— On écrit avec un *e* muet : nous *couperons*, il *restera*, nous *empièterions*, je *recueillerai*, p-q...; mais on écrit sans *e* muet : je *suspendrai*, nous *prendrions*, je *recevrais*, vous *concevriez*, p-q...

109. (Sur les n°s 114, 115 et 116.) On doit terminer par deux *s* : que je *supprimasse*, que nous *saluassions*, que vous *mourussiez*, qu'ils *perdissent*, p-q...— Terminez par *t* : qu'il *saluât*, qu'il *perdît*, qu'il *mourût*, qu'il *supprimât*, p-q...— On terminera par *e, s* : *déconcerte, finis, ris, vois, bois*, p-q...; mais il faut terminer par *s* : *va-s-y, travaille-s-y, donne-s-en*, p-q...—Il faut écrire avec un *e* muet : il *étudiera*, je *graverai*, nous *jugerions*, vous *cueilleriez*, ils *accueilleront*, p-q...; mais on écrira sans *e* muet : tu *prétendras*, ils *pourront*, nous *répondrions*, vous *croiriez*, je *tiendrais*, p-q...— On termine par deux *s* : que tu *cueillisses*, que vous *chantassiez*, que nous *fissions*, que je *finisse*, p-q...—On doit terminer par un *t* : qu'il *vînt*, qu'il *vît*, qu'il *parlât*, qu'il *restât*, p-q...— Terminez par *e, s* : *cueille, vois, reste, dis, prends*, p-q...; mais terminez par *s donne-s-en, va-s-y, va-s-en chercher*, p-q...—On doit écrire avec un *e* muet : je *té-*

moignerai, il *neigera*, nous *résumerions*, ils *recueilleront*, j'*accueillerais*, p-q..., mais on doit écrire sans *e* muet: je *mettrai*, nous *vivrions*, il *pleuvra*, je *confondrais*, p-q...

110. (Sur les nᵒˢ 117 et 118.) On doit dire: *pain* BÉNIT, *eau* BÉNITE, et non pas *pain* BÉNI, *eau* BÉNIE, p-q...—Il faut dire: *peuple* BÉNI *de Dieu*, *famille* BÉNIE *du ciel*, et non pas *peuple* BÉNIT *de Dieu*, *famille* BÉNITE *du ciel*, p-q...—Il faut écrire avec un tréma sur l'*i*: nous *haïssons*, que je *haïsse*, vous *haïssez*, qu'ils *haïssent*, p-q...; mais on écrira sans tréma: je *hais*, tu *hais*, il *hait*, p-q...— Il faut écrire avec un tréma, et non pas un accent circonflexe: nous *haïmes*, vous *haïtes*, qu'il *haït*, p-q...— Il faut dire: *cierge* BÉNIT, *cire* BÉNITE, et non pas: *cierge* BÉNI, *cire* BÉNIE, p-q...— On doit dire: *Jacob fut* BÉNI *par son père*, *famille* BÉNIE *du ciel*, et non pas: *Jacob fut* BÉNIT *par son père*, *famille* BÉNITE *du ciel*, p-q...— On doit écrire avec un tréma sur l'*i*: je *haïssais*, vous *haïrez*, que tu *haïsses*, *haïssons*, p-q...; mais il faut écrire sans tréma : je *hais*, tu *hais*, *hais*, qu'il *hait*, p-q...— On écrit avec un tréma, et non pas avec un accent circonflexe: nous *haïmes*, vous *haïtes*, qu'il *haït*, p-q...

F I N.

TABLE

DES MATIÈRES.

SECONDE PARTIE.

DES MATIÈRES.

EXERCICES. — QUATRIÈME PARTIE.

FIN DE LA TABLE.